福建江夏学院学术著作资助出版

福建江夏学院科研创新团队（23ktxs03）支持计划资助

"双碳"目标下 经济增长与能源消耗 脱钩效应研究

曾岚婷 ◎ 著

中国财经出版传媒集团

经济科学出版社

Economic Science Press

·北 京·

图书在版编目（CIP）数据

"双碳"目标下经济增长与能源消耗脱钩效应研究／
曾岚婷著. -- 北京：经济科学出版社，2023.12
ISBN 978 - 7 - 5218 - 5240 - 0

Ⅰ.①双…　Ⅱ.①曾…　Ⅲ.①经济增长 - 关系 - 能源
消耗 - 研究 - 中国　Ⅳ.①F426.2

中国国家版本馆 CIP 数据核字（2023）第 192528 号

责任编辑：张　燕
责任校对：刘　昕
责任印制：张佳裕

"双碳"目标下经济增长与能源消耗脱钩效应研究

"SHUANGTAN" MUBIAO XIA JINGJI ZENGZHANG
YU NENGYUAN XIAOHAO TUOGOU XIAOYING YANJIU

曾岚婷　著

经济科学出版社出版、发行　新华书店经销
社址：北京市海淀区阜成路甲 28 号　邮编：100142
总编部电话：010 - 88191217　发行部电话：010 - 88191522
网址：www. esp. com. cn
电子邮箱：esp@ esp. com. cn
天猫网店：经济科学出版社旗舰店
网址：http：//jjkxcbs. tmall. com
固安华明印业有限公司印装
710 × 1000　16 开　14. 25 印张　220000 字
2023 年 12 月第 1 版　2023 年 12 月第 1 次印刷
ISBN 978 - 7 - 5218 - 5240 - 0　定价：76. 00 元

前言

气候新常态下，极端天气严重影响了社会可持续发展和人类未来生存。"双碳"目标是中国实现可持续发展的重要指向，更是应对气候问题的关键。以传统制造业为主的工业行业表现出耗能高、能效低、新能源利用不足的特征，高载能行业恢复伴随着能源需求激增，工业节能降耗压力日益增大，绿色转型成效稳定性不足、扩散效应弱。工业互联网平台的应用促使上下游产业联系更加紧密，在牵一发而动全身的聚力下，兼顾发展和降耗双向指标急需考虑行业关联性；同时，信息通信技术的广泛应用，区际壁垒不断减弱，城市沟通更加容易，不同降能策略下高耗能行业出现区间转移，各地自然资源和经济水平不同，地区高增长低能耗绿色转型成效差异更是成为常态；且在复杂的国际局势压力下，国内推进高增长与低能耗并进的重要举措必会遭受不可忽视的外来冲击。因此，本书从多重角度探讨经济增长与能源消耗脱钩（decoupling）效应及其动力系统，为在不同条件约束下激发脱钩潜力、推进可持续发展提供参考。

本书聚焦关联性和个体性特征，以全局思维为导向，考虑经济能源系统内外交互影响，兼顾高增长和低能耗双向利好，在控制排放源头上为解决环境问题提供实际借鉴。本书主要的研究工作如下所述。

第一，构建了经济增长与能源消耗脱钩效应的理论分析模型，厘清了脱钩效应的内在机理和关联溢出作用机理。本书基于经济增长、产业及国际贸易、外部性及区域增长、能源经济学等相关理论，以经典内生增长模型为标准，区分物质及人力资本、传统能源和可再生能源的作用，通过动态优化的最优增长路径进行求解，构建出经济增长与能源消耗脱钩效应的内在机理，为脱钩效应的可行性和合理性提供了理论支撑；在此基础上，结合外部性理论的关联根源扩展了内在作用机理的理论分析，重点阐述了国家、省份及行业关联作用下脱钩系统变动原理。

第二，开展了经济增长与能源消耗脱钩效应影响的实证检验，识别出国家、地区及行业内部交互性和关联性作用下经济系统运行对脱钩效应的影响及作用差异。在非线性作用一般规律的检验及识别基础上，本书选择23个工业行业、30个省份及32个国家和地区为研究样本，利用半参数、动态空间模型和半参数全球向量自回归模型，探讨了产业关联下脱钩效应的影响与技术进步的非线性和行业的异质性影响，并从空间层面对脱钩效应影响因子的贡献度进行了估算及比较，通过二维分析框架探讨了如何结合地区特色缩短差距，且在开放与共享的大环境下，利用脉冲响应函数、偏导图探讨了对外贸易对脱钩产生的冲击影响，尤其是主要伙伴国的贸易、技术溢出及其传导渠道、全球共同因素等对中国经济增长与能源消耗脱钩的影响作用，有助于全方位辨识影响因子的差异性和激活脱钩效应的潜力性。

第三，提出了推进可持续脱钩以实现低能耗低碳化的高质量经济发展的相关建议。本书根据规范性分析结果，从行业人才储备、研发投入、要素匹配、信息化转型等方面发力，为脱钩效应稳定性和累积性构建良好的培育环境；以加速新型城镇化、甄别区域发展势差构建区域联动机制等为核心，改善区域绿色化建设的落后和不足，加快缩小区域绿色差距；着力优化贸易结构，构建多元化合作平台畅通外循环，防范及应对外来冲击，强化扩大有利影响，巩固绿色化发展成果。

实现脱钩的可持续、追求绝对脱钩的理想状态则需梳理局部交互性和个体异质性的影响，基于实际问题从宏观、中观、微观层面探讨脱钩效应波动的差异性，厘清内在和外来的冲击效应，因材施策、因地制宜方能精准定位、合理规划。主要结论如下所述。

（1）从理论上来看，经济增长与能源消耗脱钩可行且可稳定、可持续。脱钩普遍受要素、技术等影响，综合效应是复杂且非单向的。关联行业通过中性技术效应、规模效应及有偏技术进步效应作用于相关行业能用模式；地区间溢出媒介也是地区内脱钩系统的外生影响力量的重要传播途径；当局部交互推广到全球系统中，对外开放下国家和地区间关联溢出及全球共同因素将影响一国经济增长与能源消耗脱钩系统的稳定性和深入性。

（2）从行业层面表现来看，行业层面脱钩效应的波动性强、差异性显著。工业经济与能耗实现普遍脱钩，但脱钩的不稳定性及异质性特征明显，资本密集、劳动密集及资源密集型行业脱钩的演化路径不同。脱钩效应显示出平稳的行业自相关性，影响因素也具有一定程度的溢出表现，是内在和外在双向作用力的综合效果。行业脱钩的技术影响效应具有显著的非线性特征，表现出多样性，且随着行业属性差异而变化。

（3）从空间维度来看，地区脱钩的非均衡性问题突出，全国大部分地区脱钩效应基本以积极脱钩为中心进入震荡变化状态，地区间差异成为脱钩非均衡的重要来源。脱钩表现出显著的区间溢出，自身系统变化的惯性作用有利于脱钩发挥累积效应优势，也是减缓脱钩区域差距的助力。脱钩效应与经济发展呈现稳健性的非线性关系。在二维分析框架下，东部地区大部分省份凸显了绿色经济规模和质量的双优特点，属于地区中的示范类区域，持续发挥结构化升级、新型城镇化建设的脱钩驱动优势，巩固环境治理成效。西部大部分省份划入落后类区域，与追赶、示范地域差距大，要防范其他地区结构性调整和技术进步的负向影响，其实现绿色高质量发展任重而道远。内生运行系统中贸易自由化的环境利好效应突出，贸易自由化最终将发挥环境利好效应；全球共同因素国际能源价格波动的风险性大于驱动性。国际技术溢出对脱钩效应的影响表现出阶段的差异性特征，既是阻力构成也是动力来源。

本书在关联性视角下区分内外生影响因素是为了深入挖掘脱钩效应的潜力，从产业、空间层面逐层推进，能够全面、系统地梳理中国经济增长与能源消耗脱钩的问题，以实现对关键行业、薄弱区域问题进行有针对性的治理。

本书创作过程中得到了福州大学叶阿忠教授的悉心指导及其研究团队的帮助，获得了来自福州大学张泓老师、平潭综合实验区创新研究院吴继贵副院长、福建江夏学院刘名远教授、福建农林大学数字经济学院陈毅辉副教授、福建三明学院朱松平副教授的帮助和支持，在此表示感谢。由于受时间、资料、著者水平及其他条件限制，书中难免存在一些不足之处，恳请同行专家及读者指正。

曾岚婷

2023 年 11 月

目 录

CONTENTS

第 1 章　绪论　　　　　　　　　　　　　　　　　　 / 1

1.1　问题的提出和研究意义　　　　　　　　　　　 / 1

1.2　研究思路和研究内容　　　　　　　　　　　　 / 5

1.3　研究方法和研究创新点　　　　　　　　　　　 / 8

1.4　技术路线　　　　　　　　　　　　　　　　　 / 11

第 2 章　相关理论、基本概念和研究现状　　　　　　 / 13

2.1　相关基础理论　　　　　　　　　　　　　　　 / 14

2.2　经济增长与能源消耗脱钩基本概念界定　　　　 / 25

2.3　脱钩理论应用的研究现状　　　　　　　　　　 / 27

2.4　空间溢出理论及模型　　　　　　　　　　　　 / 34

2.5　发展史述评　　　　　　　　　　　　　　　　 / 36

2.6　本章小结　　　　　　　　　　　　　　　　　 / 38

第 3 章　经济增长与能源消耗脱钩的内在机理
　　　　和关联影响理论分析　　　　　　　　　　 / 40

3.1　经济增长与能源消耗脱钩效应的一般演化规律　 / 41

3.2　经济增长与能源消耗脱钩效应的内在机理　　　 / 51

3.3　经济增长与能源消耗脱钩影响的关联机理　　　 / 60

3.4　本章小结　　　　　　　　　　　　　　　　　 / 70

第 4 章　技术进步对脱钩非线性影响的一般表现　　　 / 72

4.1　技术进步对脱钩非线性影响的理论假设　　　　 / 73

4.2　技术进步对脱钩非线性影响的实证检验　　　　 / 75

4.3　本章小结　　　　　　　　　　　　　　　　　 / 85

第 5 章　行业关联下工业行业能耗脱钩的溢出效应
　　　　及其驱动特征　　　　　　　　　　　　　　 / 86

　5.1　工业能源消耗脱钩效应的比较分析　　　　　 / 87

　5.2　行业能耗脱钩效应的溢出性表现　　　　　　 / 98

　5.3　技术进步对行业能耗脱钩效应的非线性影响　 / 111

　5.4　技术进步对脱钩影响的结构性差异　　　　　 / 119

　5.5　本章小结　　　　　　　　　　　　　　　　 / 124

第 6 章　区域关联下经济增长与能源消耗脱钩效应的
　　　　时空差异及其影响分析　　　　　　　　　　 / 126

　6.1　经济增长与能源消耗脱钩效应的区域差异　　 / 127

　6.2　经济增长与能源消耗脱钩空间关联影响　　　 / 138

　6.3　经济增长与能源消耗脱钩效应的区域追赶路径 / 153

　6.4　本章小结　　　　　　　　　　　　　　　　 / 158

第 7 章　经济增长与能源消耗脱钩效应的国际冲击
　　　　和传导影响分析　　　　　　　　　　　　　 / 161

　7.1　中国经济增长与能源消耗脱钩的表现　　　　 / 162

　7.2　经济增长与能源消耗脱钩的国际效应及影响　 / 164

　7.3　经济增长与能源消耗脱钩的国际冲击效应　　 / 176

　7.4　技术溢出对经济增长与能源消耗脱钩的冲击影响 / 184

　7.5　本章小结　　　　　　　　　　　　　　　　 / 189

第 8 章　主要结论及政策建议　　　　　　　　　　 / 191

　8.1　主要结论　　　　　　　　　　　　　　　　 / 192

　8.2　政策建议　　　　　　　　　　　　　　　　 / 197

　8.3　研究展望　　　　　　　　　　　　　　　　 / 202

参考文献　　　　　　　　　　　　　　　　　　 / 204

第 1 章

绪　　论

1.1　问题的提出和研究意义

1.1.1　问题的提出

"双碳"目标旨在促进经济可持续发展的同时，减少碳排放甚至达到零排放，是应对全球气候变化的一个重要举措，更是保护地球家园的有力指向。在气候新常态下，全球变暖，自然灾害频发，海洋酸化，海平面上升，降雨模式变化，农作物减产，森林大火，绿色原生植物锐减，水资源系统紊乱，淡水资源稀缺等一系列环境问题严重威胁人类生存。除了若干自然因素，人类活动中化石能源消耗产生的大量二氧化碳，是一切气候问题的重要根源。而为了应对气候变化实施的取暖和制冷行为引发了新一轮的能源消耗、碳排放的恶性循环，交互更迭。缓解气候问题要求大量化石能源埋藏地下（Mcglade and Ekins，2015），最直接的解决方案则是实现化石能源消耗和经济产出的脱钩，追求经济增长速度快于能源消耗速度的相对脱钩甚至是经济增长伴随着能耗减少的绝对脱钩状态。许多国家把脱钩当作与环境斗争获得的巨大成果，认为这是衡量自身可持续发展成效的重要标准。联合国大会通过的《2030年可持续发展议程》中，也重新将物质和能源与经济增长完全脱钩的潜力当作一个长期问题（UN，2015）。当前，各国气候治理行动效力有限，与《巴黎协定》既定减排目标相差甚远（UNCCS，2019），而以降低能耗、保持增长为导向的经济增长与能源消耗脱钩必将是新一轮气候战役中的关键步骤和重要支撑。面对日益复杂的国际局势和国内转型需求，党中央、国务院统筹全局规划提出的"碳达峰、碳中和"目标充满了挑战和压力，厘清碳排放来源与经济发展之间的关系是探索达峰和中和间短暂的冲顶、有序下降顺利交接的重要切入点，也是有效履行《巴黎协定》义务的基础。

中国是世界主要经济体和能耗大国之一（Wang and Su，2019），气候、环境及能源消耗等问题也是全球各国关注的焦点。作为中国经济发展的主要贡献者，工业是重点节能治理领域，其能耗改革是重塑中国新工业体系的重要任务，也是经济新结构的重要环节，对实现经济增长与能源消耗可持续脱钩极其关键（Lin and Wang，2019）。然而，传统制造业能源效率相对较低，快速发展伴随着能源消耗和二氧化碳排放的大幅增加（Wang et al.，2018）。化工、建材、钢铁、有色四大高载能行业不断回暖，能源消费需求进一步扩大，节能减排压力极大。在这样的行业耗能模式下，控制行业能源消耗是否会损害其产出增长？是否存在工业稳速增长而能耗增速降低或能耗减速的脱钩效应？如何在关键行业领域实现有效的可持续性脱钩？

厘清脱钩效应的行业问题仅是从突出行业结构化差异的产业内部维度进行的分析，而要研究各种要素及外部条件作用的生产综合效应则要基于区域差异的空间维度出发。当下，一些工业大省的经济增长并未消除粗放型发展模式，能源开采和使用效率低下，严重依赖化石能源投入（Bai et al.，2020）。同时，国内高耗能产业转移逐渐沿着东部、中部、西部梯级递进（龚健健和沈可挺，2011）。经济发达省份为了减少高能耗产业能源消费的污染排放，会优先转移高能耗产业的生产活动地，保留服务等其他商业环节，以实现自身的治理目标。高能耗产业的空间集聚、地区转移增加了脱钩效应的空间波动性风险。自南及北，地区增长路径、效应、动能体系完全不相同，同一阶段不同地区增长路径也很有可能发生模式变迁，且市场化改革和经济、环境政策的执行也存在差异。在显著的区域差异性主导下，地区的脱钩效应是否有差距？如何推动脱钩效应的区域稳定性以实现累积？在全球化背景下，区域经济一体化概念突出，各国交互来往已成常态，能源产品交易及隐含能转移直接或间接地影响国内能源消耗需求。将生产或生活活动中能源消耗的有效减少归结于能源效率措施，则脱钩是有效的；而由于对进口依赖性增加，主要通过出口的方式转移国内能源消费，导致的经济结构变化引发能耗强度的降低，则是假性脱钩（Moreau et al.，2019）。那么，在合作和冲突交织、差异和关联并存下，贸易带来的系列效应又如何影响国内脱钩呢？掌握脱钩效应的地区差异仅是从局部视角以国家内部的地域范围为主，世界经济体系下需要基于全局视角将研究从内部区域扩展到宏观的国际区域。

信息化时代，计算机科学技术的开发、应用颠覆了传统商业模式，改变了行业互通的外在环境；交通运输系统的可达性、便利性打破了地理区域的隔阂，加速了区域交流、要素流动。随着数据化信息要素结构成分在各行业占比不断增加，其强大的辐射和渗透优势使得行业间的交流效率更高，提高了产品周转周期、缩短了产品市场化变现过程，信息要素在引导和加速物质流动过程中发挥了主导作用。《交通强国建设纲要》印发实施，强调发挥交通强国之力，基础设施网络进一步完善、交通设备更加先进，运输成本降低、区域可达性扩大、要素流动便利性更高，跨区域联系更加紧密。通信信息技术应用和交通运输发展加速了产业、地区的交流和互动，彼此内部的关联属性更加突出。因此，将脱钩效应的可持续性问题置于关联视角下是符合现实背景的。那么，如何突出关联属性呢？源于产业间、地区间及国家间的关联产生的溢出如何影响脱钩效应呢？

紧扣经济一体化、信息化等时代特色，厘清关联视角下高耗能行业、高耗能行业区位分布等属性约束下脱钩效应的产业、空间演化规律、影响机理及全球化的冲击和反馈是寻找适合我国国情的可持续性脱钩亟待解决的重要问题。

1.1.2 研究意义

经济与资源及环境研究领域的诸多文献广泛利用脱钩理论，着重探讨了如何缓解环境效应或资源局限的约束，以强化资源的绿色经济效应的实现机理。基于以往研究，本书综合考虑能源消耗的经济效应和环境效应，将关注点锁定于经济增长与能源消耗脱钩效应。针对当前解决气候新常态问题，追求经济高质量发展的情境下，本书内容具有重要的理论和实践意义。

1.1.2.1 扩展了交叉学科应用范畴，丰富了可持续发展研究

建立在已有研究框架和现实背景的基础上，本书将区域、产业、国际经济学的理论及外部性理论的思想延伸到脱钩理论应用的实际研究中，丰富了交叉学科的应用案例，进一步拓展了脱钩理论在经济学领域应用的研究内容；打破了能源—经济问题中传统的单维性和单一性的研究范式。系统性和整体性的研究思路有助于构建出多维性和复合性研究范式的理论体系，丰富了脱钩理论在可持续发展理论中的实际应用内容。

1.1.2.2 厘清脱钩演化规律及绿色发展成效，改善脱钩效应的薄弱环节

作为绿色发展的核心内容，脱钩被广泛应用于判断能源消耗节约效

应的存在性和可持续性，也成为寻求解决经济—能源—环境问题的关键着力点。本书研究经济增长与能源消耗脱钩问题，有助于厘清中国绿色发展的实际成效，总结经验为在实践中调整改革实施举措提供依据。同时，立足国情，梳理脱钩多维度、阶段性的效应特征和演化规律，有助于总结示范区域及优势产业的脱钩范式，筛选出薄弱行业、落后区域，进一步巩固现有成果、改善不足，推动稳脱钩、高增长的高质量发展。此外，对脱钩效应的研究有助于从源头着手，为控制能源消耗解决污染排放等环境问题提供实际借鉴和参考，为加大力度迎接《巴黎协定》2030 年气候目标的挑战做足准备。

1.1.2.3 挖掘脱钩效应的潜力，为实现稳定脱钩提供参考

作为全球能耗贡献度最大的成员之一，中国在能源效率、可再生能源开发等方面还有很大的进步空间。本书梳理了脱钩效应的内部问题及外部影响，对于探索、激发其潜力、推动可持续发展有积极的实践意义。开展脱钩效应的层次性问题研究有助于梳理脱钩效应的动态性演化规律；对于内部差异性、波动性问题及外部性的影响研究，有助于辨析脱钩效应的驱动和阻力因素，为缩小产业、空间层面的脱钩差异提供借鉴，深入脱钩效应的根源性以激发其潜力；也为基于共同背景下的不同条件和属性的约束探索出脱钩效应可持续的实现路径提供重要参考，推动实现全局全域的持久脱钩、促进保增长降能耗的高质量发展。

1.2 研究思路和研究内容

1.2.1 研究思路

本书遵循规范研究的基本思路，以问题为导向，遵循发现问题—分

析问题—解决问题的基本路线。研究思路整理如下：首先，从现实和理论角度提出了寻求经济增速快于能源增速或伴随能耗减速的可持续脱钩效应的迫切性，基于行业高能耗属性、能耗的转移及空间集聚属性阐述了脱钩效应的内部性和外部性问题，并提出了结合时代背景解决上述问题的必要性；对经济增长、能源经济学等相关理论进行梳理，阐述了开展研究的理论基础，并且通过数理模型的推导和分析，结合产业、区域关联及国际经济学理论中的关联内容构建了理论分析的框架，为问题分析的实证检验部分提供了理论依据。其次，通过全球层面的实证分析，为脱钩系统变动下技术非线性影响的存在性及表现性做了分析，归纳、总结脱钩变动的一般规律。再次，为了解决脱钩效应的内部化和外部影响等问题，实现整体稳定的绿色发展，以解决问题为导向，分别探讨了工业、地区经济增长能源消耗的脱钩系统性变动规律，回答了脱钩效应是怎样的问题；并通过构建实证模型，探讨了脱钩效应的行业波动及地区差距的影响因子作用的差异性，回答了如何推进行业脱钩及如何缩小差距实现地区追赶的问题；为了在更大范围内研究关联效应的影响，基于全球一体化的背景，将研究对象扩展到国家经济体，研究了对外开放与合作下国家层面脱钩系统的冲击影响及反馈路径，回答了如何应对外来影响、保持稳定脱钩的问题。最后，基于上述结论，以深化脱钩挖掘潜力为导向，从产业、区域及国家政府层面，为推进可持续脱钩的绿色发展提出了若干建议。

1.2.2　研究内容

缓解气候问题要将控制能源消耗作为直接手段，在不损害经济增长的前提下实现稳定均衡脱钩是可持续发展的第一要务。能源效率随着经济结构、技术水平的优化和进步而不断提高，然而现实中诸多问题及综合作用下效率的提升只能表现出间歇性的脱钩状态，解决中国问题，要立足中国国情探讨脱钩规律。本书的主要内容如下所述。

第1章为绪论。本章阐述了研究背景、研究意义，介绍了研究思路，并对研究内容进行了归纳和总结，对使用的研究方法进行了梳理，总结了本书的创新点，以技术路线图展示了全书的基本研究路线。

第2章为相关理论、基本概念和研究现状。本章针对书中涉及的经济增长、外部性、区域增长、产业及国际经济学等理论进行了梳理，界定了本书所研究的脱钩概念，对脱钩在可持续发展中的应用及经济增长与能源消耗脱钩的相关文献进行了归纳和总结，并进行了系统性的评述。

第3章为经济增长与能源消耗脱钩的内在机理和关联影响理论分析。本章首先对脱钩进行了具体定义和分类，并依托环境库兹涅茨曲线（enviromental Kuznets curve，EKC）分析范式从理论角度梳理了工业化不同阶段脱钩变化的一般规律和基本轨迹；基于内生增长模型的动态优化求解推导并梳理了脱钩效应现实性的理论依据和内在机理；在此基础上，结合外部性理论的关联根源扩展了内在作用机理的理论分析，重点阐述了产业、地区及国家关联下脱钩系统变动的影响根源，完成了对脱钩理论分析模型的构建。

第4章为技术进步对脱钩非线性影响的一般表现。本章在脱钩内在机理的分析基础上，选择全球50个国家为数据样本，通过梳理发达和发展中国家脱钩的表现，以探究脱钩演化的普遍性规律，通过构建门槛模型，从实证角度对技术非线性的直接影响和间接影响的存在性及一般表现进行检验，为后续基于具体国家层面开展研究奠定基础。

第5章为行业关联下工业行业能耗脱钩的溢出效应及其驱动特征。本章对归类后的23个工业行业增长与能源消耗脱钩进行了比较分析，梳理了三大部类不同行业脱钩的差异特征和变化规律，为进一步探索行业脱钩变化的根源提供了事实参考依据；基于EKC范式和产业关联溢出的理论框架借助半参数空间杜宾模型（SSDM），对行业关联溢出的直接效应和间接影响进行分析，同时探讨了行业技术进步对脱钩效应的非线性影响和异质性现象；通过分样本的模型构建探讨不同行业技术进步的脱钩作用路径的差异性。

第 6 章为区域关联下经济增长与能源消耗脱钩效应的时空差异及其影响分析。本章对我国 30 个省份的脱钩效应进行了分析,采用 Dagum 基尼系数分析了脱钩的地区变化规律和根源;基于区域经济关联的理论依据构建了动态空间杜宾模型(DSDM),探讨了影响的时空差异及直接、间接影响的动态变化,实现将脱钩效应的影响因子的贡献度进行了时空切割;通过构建二维分析框架划分了示范、追赶及落后类区域,探讨了如何结合地区特色缩短差距。

第 7 章为经济增长与能源消耗脱钩效应的国际冲击和传导影响分析。本章基于对外开放下国家经贸关联的理论依据,以 32 个国家或地区为数据样本,通过构建半参数全球向量自回归模型(SGVAR),探讨了交互关联的伙伴国、不同能耗属性国等对外经济活动对脱钩产生的冲击影响,重点分析了对外贸易、技术溢出及其传导渠道、全球共同因素等对中国经济增长与能源消耗脱钩的影响作用。

第 8 章为主要结论及政策建议。本章提炼了上述研究的结论,总结了脱钩效应的行业、区域空间的演化轨迹及影响机理,基于产业、区域及国家层面提出推进持续稳定脱钩的相关建议,积极响应低能耗低碳化的高质量经济发展和转型;并针对本书研究当前的研究局限及未来可以拓展的研究领域进行了概括总结和分析。

1.3 　研究方法和研究创新点

1.3.1 　研究方法

本书内容遵循规范研究方法的路径,通过一系列的概念和模型的推理验证解决了"是什么"的问题,辅以实证研究方法的量化分析回答了

"怎么样"，使用的具体方法如下所述。

1.3.1.1 文献分析法

本书的选题方向、理论梳理、理论分析框架构建等方面均是建立在大量文献阅读及其内容分析的基础之上。通过对国内外相关研究文献进行梳理、比较，总结现有文献的研究特点，归纳分析当前研究存在的不足，为确定本书内容指明了方向；同时通过对现有研究内容的分析并结合当前可持续发展问题研究的迫切性和紧要性，从理论和实践角度提出了本书研究的必要性；并从以往的文献内容中积累了大量研究经验，掌握了丰富的前沿研究成果，推陈出新，为突破本领域研究，实现研究内容和研究方法的创新奠定了基础。

1.3.1.2 规范分析法

本书严格按照规范分析方法的基本思路，通过演绎的方式回答了"是什么"的问题。在对脱钩的认识基础上，对经济增长与能源消耗脱钩类型、变动轨迹进行总结归纳，基于内生增长理论和经济关联理论归纳演绎了脱钩的内外影响机理，实现了对脱钩理论分析模型的构建，回答了"是什么"的问题，侧重于从已有理论进行的深度推演。上述内容侧重于规范分析法的定性分析思路，为本书开展实证研究奠定了理论基础。

1.3.1.3 实证分析法

突出实证研究中定量分析方法的使用，利用统计方法等数量分析方法对经济现象或经济活动的规律或问题进行描述、验证，总结回答了是什么情况。基于全球的一般性规律，对脱钩系统技术的非线性影响的存在性和普遍表现性进行验证，为后续基于国家层面开展的内外分析奠定基础，基于对工业行业、省级经济体及不同国家的相关数据，进行初步的整理、分析、统计检验,为本书研究提供数据支撑。利用莫兰指数、Dagum、基尼系数等基本方法对脱钩指数的变动规律进行描述;通过计量模型的构建,具体包括半参数空间模型(SSDM)、动态空间模型(DSDM)及半参数全球向量自回归模型(SGVAR),运用Matlab,R等软件对数据进行数理统计检验分析及实证模型估计,基于先内部梳理后外部的基本路径对脱钩演化规律及影响因素作用相关问题展开研究。

1.3.2 研究创新点

本书突破现有研究的不足和瓶颈,凸显系统性和整体性的研究思维,逐层推进,兼顾异质性和关联特征,从研究视角、研究方法及研究内容上补充并延伸了当前研究的成果。本书研究的创新点具体如下所述。

1.3.2.1 突出了局部交互性和系统结构性,侧重关联视角分析

以往关于脱钩效应的研究侧重于个体独立性和异质性,并未考虑局部结构的交互性,是在割裂关联的基础上进行的。本书研究突出系统化思维,基于关联视角下研究内部交互、内外交互属性对脱钩效应的冲击影响,更能够凸显脱钩影响机制的差异性和独特性,是兼顾个体异质性和局部交互性探讨脱钩稳定性和潜力性问题的重要体现,弥补了当前对内外影响及差异性问题研究的缺失。同时,研究中充分利用空间溢出效应衡量关联影响,且将这种地理空间溢出的思维应用到产业维度,突出产业关联溢出效应,是对行业关联性研究的补充和深化。

1.3.2.2 将考虑非线性关系的空间模型应用到脱钩效应研究中

现有大部分该类型研究中主要考虑线性关系,采用普通模型中的分

解思路及其对应的方法对影响因子的贡献度进行估算，但估计值相对简单且并没有显著性和有效性的检验，也很难对其按照时间和方式进行划分，更无法对估计因子溢出效应和内在影响的作用幅度进行估计。而选择的面板空间和全球模型增加了二次项、半参数项，能够预测非线性关系尺度、衡量关联溢出效应作用幅度，基于时空动态性及脉冲响应函数能够实现将影响进行长短期划分，并进行了有效性和显著性检验。这种利用面板数据构建空间模型进行的估计突破了原有研究方法和结果的局限，能够对脱钩效应涉及的内容进行更丰富的分析。

1.3.2.3 将脱钩效应研究从产业内部层面延展到空间层面

现有研究仅突出脱钩效应的单一维度或单一空间性，对技术、规模和结构的影响分析也侧重于总体，并未深入细分行业结构或分地区空间结构进行分析。本书研究将对脱钩效应的相关研究置于不同维度进行，从产业内部层面突出行业结构化差异、关联及其技术进步的影响；作为产业的空间载体，地区脱钩效应问题的研究是对产业维度的延伸和扩展，从省级空间层面突出了地区结构的独特性影响和差异，从全球空间层面突出了外来因素的冲击性和传导性。这既使得产业的空间属性特征明晰化，也将空间结构从地区的中观层面扩展到全球的宏观层面，从行业、地区空间及全球空间深化了结构、技术、规模对脱钩影响的研究。

1.4 技术路线

以前述研究内容为基础，本书的技术路线如图 1-1 所示。

"双碳"目标下经济增长与能源消耗脱钩效应研究

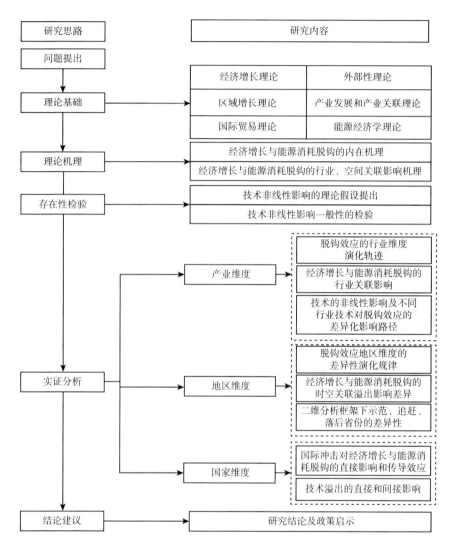

图1-1 本书的技术路线

第 2 章

相关理论、基本概念和研究现状

　　本章对涉及的相关理论进行梳理，对具体概念进行界定，开展相关研究梳理和评述。从经典的经济增长理论、区域增长理论、外部性理论、国际贸易理论、产业发展和产业关联理论、能源经济学等理论出发，归纳总结了经济系统中能源要素的不可或缺性及优化经济系统能源问题的重要性；阐述了产业、区域和国家层面经济运行系统的外部性特征，强调了绿色经济增长的问题最终回归到探索可持续能源利用，为梳理经济增长和能源消耗去同步化的理论机制提供了理论借鉴。对脱钩概念进行的梳理和界定，帮助明确了本书中所谈及的脱钩内涵；对脱钩理论在可持续发展研究中的应用研究文献进行整理和归纳，梳理、总结了当前脱钩应用研究的特点，重点针对经济增长与能源消耗脱钩的现有研究文献进行评述，分析研究中存在的不足，为本书后续的拓展研究提供了基础和文献支撑。

2.1 相关基础理论

2.1.1 经济增长理论

经济增长理论是经济学研究的重要领域之一，它主要研究的是一个国家或地区的生产总值随时间的变化规律。古典经济学阶段是经济增长理论的起始阶段。古典经济学理论聚焦影响经济增长的因素和机制，指明资本积累和劳动分工相互作用引发经济增长，发挥市场自由调控，保持二者协调，促进经济增长，然而，其不可协调的矛盾未能得到有效解决。早期经济增长理论主要源于斯密（Smith）的国民财富观和李嘉图（Richardo）的劳动价值论。斯密主张通过劳动分工实现经济增长；李嘉图认为土地是唯一的生产要素，通过土地的集中利用实现经济增长。

紧随其后兴起的新古典经济学聚焦人力资本、技术进步和资本积累等内容，极大推进了经济增长范式的理论研究演进，更好地解释了经济增长根源，为政策制定者提供了更加全面的建议和参考。与古典经济学不同的是，新古典经济学将人力资本、技术进步纳入了经济增长模型中。代表人物之一索洛（Solow，1956）提出"索洛增长模型"，假设资本形成是一个自然的过程，无须政府干预，在完全竞争市场可以实现稳定增长，揭示两种类型的增长效应——要素驱动和技术驱动，技术进步和资本积累是主要驱动力，没有技术进步等外生力量，经济增长难以持续。20世纪80年代开始，流行起来的内生增长理论修正了技术外生性增长模型，强调经济增长是由于创新和技术进步的内生推动所致，政府政策可以通过激励创新和技术进步来促进经济增长，拓展了解释经济增长与创新关系的理论内容。同时期，从总体视角上，把政府干预、制度因素等纳入增长体系研究中也成为热点方向。

20世纪60年代，聚焦总体研究视角的凯恩斯主义经济学流行起来，学者们基于宏观维度研究政府干预影响，主要观点包括储蓄率和投资率是可以调控的，政府可以通过财政政策和货币政策来实现调节；完全竞争市场不能实现稳定增长等。凯恩斯经济学从外部干预角度强调政府作用，但到70年代初期，凯恩斯主义理论由于无法用于解释及指导解决资本主义世界的现实经济问题引发了更多的讨论。70年代末期，吸收了新古典主要思想及各大学派批判式内容，新凯恩斯主义极大修正了凯恩斯主义内容，围绕不完全竞争、不完善市场、异质劳动和不对称信息等主要内容展开。代表人物之一斯蒂格利茨（Stiglitz，1988）指出，在可能造成持久性巨大冲击时，由于市场自身调整的时效性问题，政府干预可以有效解决市场失灵问题。整合新古典理论内核的新制度经济学围绕制度创新和制度变革，认为其促进资源配置优化和经济效率提高，最终引发经济增长。代表人物之一诺斯（North，1987）指出，经济组织效率性及有效制度带来交易费用的节约，都是经济增长的主要原因。其在《制度、制度变迁与经济绩效》一书中提出的"制度变迁假说"强调制度变迁是一个漫长的过程，需要政府长期干预；完全竞争市场会导致制度僵化，出现制度的无效率性，不利于经济增长。

长期以来，增长理论围绕增长源、可持续增长、增长差异性等问题展开，经历了由外生增长到内生增长理论的演进和深化。18世纪末期，亚当·斯密提出的国民财富的观念，解开了劳动生产率是财富能否实现增长的重要影响要素的困惑；哈罗德—多马经济增长模型强调了资本积累的重要作用，但是现实中稀缺的资本要素会限制可持续增长。20世纪50年代初，突破了哈罗德关于资本积累的增长范式假设，索洛（1956）迈出了外生因素内生化的第一步，著名的"索洛增长模型"指出，经济增长的主要驱动力是技术进步和资本积累，实现了将资本和劳动要素效用内生化的研究，尽管将技术因子作为外生力量来看，但是正视了经济体系增长中技术进步的作用，这为经济增长理论模型的扩展和深化奠定了理论基础。阿罗（Arrow，1962）在其著作中将隐性资产知识内生化，开启了技术知识资产内生化的研究。在此基础上，许多学者对新内生发展理论进行了不断的探索和总结，技术内生化成为新增长理论的标志和经济增长理论的深化，确切地说，新经济增长理论将研究的重点转移到了人力资本和知识对经济增长的作用上。学界对经济增长源泉的认识和研究逐步从物质资本积累的资本决定论，发展到对技术进步重要作用及其根源的认识上，表现为外生因素内生化增长模型的衍生和发展，这是人力资本中心论的重要内容。新经济增长理论认为，资源作为经济增长的生产要素，不具有唯一性，可以通过生产要素的替代性和技术、知识的进步积累提高其利用率，从而解决资源利用和经济增长的矛盾，实现可持续增长；但由于资源可利用、可获取性的限制，传统的经济增长只是将自然资源作为生产资料，以生产要素的形式促进经济增长。在现代可持续发展理论中，自然资源的价值内涵要广泛得多（周海，1999）。可持续发展能够实现资源有效利用，突破资源局限，控制资源使用的环境成本。其中，减排作为实现环境价值的重要方面，最根本的思路仍然要从新增长理论着手，以内源性增长的视角实现将影响环境的生产要素和资源局限的相关因素内生化。伯恩特（Berndt，1978）最先将能源要素等作为中间投入品与资本、劳动要素同样引入生产函数，环境问题作为成本或负效应也可以进入生产函数中。能源不仅是一种消费品，更是一种中间投入品。在生产过程中，能源的使用可以提高生产效率和产出量，同时也可以降低生产成本。因此，能源作为一种中间投入品，应该被纳入生产函数中，与资本和劳动一起参与到生产过程中。国内具有代表性的学者则侧重于从分析各类投入要素着手，尤其是专注于对能源与环境的投入对经济增长的贡献。能源要素投入和环境效应产出进入内生增长模型的研究是从理论和实际研究角度扩展了经济增长理论的范畴。

解除资源瓶颈问题的可持续增长和解决环境问题的绿色增长是当前高质量发展的重点，借鉴经济增长理论突破资源、环境等问题的限制和不足，寻求经济增长是实现长期和高效的经济增长率的重要并可借鉴的理论根源。

2.1.2　外部性理论

外部性是指市场交易中生产者或消费者的行为对其他人的福利产生影响，而这种影响并没有反映在市场价格中。外部性问题是经济学中的重要问题之一。早期的经济学家忽视了外部性，将市场视为理性决策者之间的完美协调机制，认为市场可以自我调节，不需要政府干预。马歇尔（Marshall，1890）在其《经济学原理》中虽然没有明确外部经济概念，但成功界定了企业内和企业间分工的内部经济和外部经济的差异，为外部性理论的提出和发展奠定了基础。19 世纪末 20 世纪初，美国经济学家亚瑟·扬（Arthur Young，1928）开始关注市场中的外部性问题，认为市场存在一些不完美的情况，会产生外部性问题，需要政府进行干预。市场机制无法解决外部性问题，需要政府通过税收、补贴等手段纠正外部性的负面影响。早期的外部性理论强调政府干预的必要性，为政府干预提供了理论基础。20 世纪 30 年代，庇古（Pigou，1920）提出了外部性的概念和相关理论。他认为，市场存在一些不完善的情况，会导致生产与消费的外部性，这些外部性会对社会福利产生负面影响，需要政府干预来解决这些问题。他提出了"庇古税"（Pigouvian tax），即通过对污染、交通拥堵等行为征收税收，来纠正市场中存在的外部性问题，从而使社会福利最大化。20 世纪 50 年代，这一阶段的学者们强调外部性问题可以通过交易双方之间的谈判和协商来解决。其理论特点在于强调市场机制的作用，强调市场参与者之间的互动对于解决外部性问题的重要性。到了 60 年代，外部性理论中对解决外部性问题的途径有了进一步拓展，学者们认为外部性问题可以通过制定合同、法律、奖励机制等手段来纠正。这一阶段的理论特点在于强调制度的作用，认为外部性问题的存在是因为市场制度不完善，需要通过改变制度安排，例如，通过设立产权制度、监管机构等手段，可以限制企业的污染行为，从而避免外部性问题的发生。具体来看，庇古（1920）扩展了内外部经济概念，在其《福利经济学》中确切地提出了"内部不经济"和"外部不经济"等内容，将外部因素的概念从系统的整体性视角（企业的外部环境）切换到了子系统间的局部视角（企业之间的外部性），从不同角度进一步深化了外部性理论的研究成果。以科斯为代表的学者，肯定了外部性理论的研究主题，但是认为庇古等福利经济学家对外部性问题的解决并不正确。亚瑟·扬（1928）系统地对动态的外部经济思想进行了阐述，认为产业发展使得产业内的企业或厂商的分工扩大，产生新的生产厂商专门从事新活动。该思想建立了货币外在经济相关理论，逐渐成为发展中国家接受的"平衡增长"学说和"联系效应"学说。结合新经济增长理论，罗默（Romer，1987）通过知识溢出模型描述了知识的外部性对经济的影响，同时从知识的溢出效应角度证实了内生的技术进步对经济增长的重要作用。卢卡斯（Lucas，1989）通过构建人力资本溢出模型，认为整个经济体系的外部性问题均是由人力资本溢出造成的。外部性理论的基本内容是新经济增长理论发展和延伸的重要研究思路之一。

20 世纪 90 年代以来，在环境问题外部性现象日趋明显的情况下，跨学科尤其是环境经济交叉研究逐渐流行。依托外部性理论作为学科的理论基础，环境经济学试图以此寻找到环境污染的根源。经济变量通过一定的机制实现与其他变量的联系，而这种联系产生的行为后果极易被忽略，将这种外部联系内涵扩展到资源消耗、环境问题等外部性研究领域则是实现了外部性理论在环境、资源经济学中的交叉应用。几个世纪以来经济学家对外部性的特征、实现内容及如何解决外部性问题等展开了丰富的讨论和研究。涉及的理论基础源远流长，交叉应用的实际经验广泛，有助于在区域、国家的可持续发展研究中探索外部性特征产生的经济影响。

就目前来看，识别出时空等维度经济变量的交互作用和关联特征，对深入分析一国或区域的资源利用效率和环境污染的根源等可持续问题有助于实现高质量发展，结合外部性理论确立并构建出的研究框架，更有助于接近现实辨识经济体系统内部存在的弊端和缺陷,厘清外部因素的影响。因此,外部性理论是经济关联视角下深化可持续发展内容研究的重要理论依据。

2.1.3　区域增长理论

区域增长理论是研究地理区域内经济增长的理论,其理论发展过程历经了资源驱动到创新驱动阶段。早期的地理学家强调地理环境和自然资源的重要性,衍生出以资源驱动相关理论为主的资源驱动阶段。该阶段强调资源的作用,缺陷在于过度强调资源的作用,忽视了其他因素对区域经济增长的影响。随后进入的区位因素阶段,主要观点认为,区域经济增长是受区位因素和资源分布的影响,需要政府干预来促进区域经济发展。但是这一阶段的理论缺陷在于政策偏重于重工业和大型基础设施建设,忽视了小型企业和服务业的发展,而且政府对市场的干预容易导致资源浪费和效率低下。在此基础上,理论不断演化,直至进入区域竞争阶段。该阶段主要代表人物是美国经济学家波特。区域经济增长是由产业集群和竞争决定的,需要政府和企业合作来促进区域经济发展。波特提出的区域竞争阶段的理论强调了产业集群、区域竞争和政府的作用,为政府和企业合作提供了理论基础,主要优点在于强调了产业集群和竞争的重要性,对企业和政府提出了具体的政策建议;缺点在于忽视了政府的作用,过分强调市场和企业的作用。当进入创新驱动阶段,区域经济增长理论的核心观点就聚集到创新和科技。格莱特斯在 1993 年出版的《创新驱动:如何在全球市场中取胜》中提出,创新是推动经济增长和提高企业竞争力的关键,指出创新需要跨学科、跨组织、关注市场需求和长期投资,有效创新才是一切增长问题的重点。

新古典理论的均衡增长思想是区域经济发展理论的初始状态。以索洛—斯旺等为代表的学者们表示,早期区域发展的不平衡性现象是短暂的,长期来看是平衡的,早期的不平衡增长会通过经济要素的流动推动均衡发展，使得区域差异最终收敛。威廉姆森（Williamson，1985）在假设要素具有完全流动性的前提条件下提出区域收入终将与经济增长一致走向趋同。这种基于理想状态的区域均衡增长理论忽视了空间组织的异质性，现实中发达区域和落后区域的经济增长差距并没有随着区域交流而缩小。为了解决这一现实问题，国内外学者基于非均衡增长机制的研究视角，提出了循环累积因果原理、不平衡经济理论、增长极理论、核心—边缘论及新增长理论。尽管理论描述存在差异，但本质内涵都是一致的，侧重于将要素流动的非均衡性联系到非均衡增长，侧重于讨论资本、劳动力要素及技术等内生要素在区际和区内的作用差异。以新经济增长理论的技术进步内生化为微观基础，区域经济增长将研究视角转移到技术要素角度，内容上以要素移动为主，围绕转移实现的条件性及转移后的消化和吸收等方面的问题。通常认为区际技术水平一致性是区域收敛的必要前提，同时也明确了理论本身的内在矛盾，提出了将技术作为削弱区域分化的一个重要思路和途径。结合时空维度探讨区域增长问题、区域均衡增长的理论研究和实现路径是要突出外部性，以经济增长理论与新经济地理学理论交叉组合建立符合现实的分析框架。

当前，资源、环境问题成为一般增长理论关注的重点，内源性的增长模型实现了将资源、技术等要素融合在对增长根源、增长模式等方面的探索研究中。那么，基于地理区位、空间组织的差异对区域非均衡增长理论的深化和扩展也离不开对增长中资源和环境问题的关注。从资源和环境角度开展区域非均衡性增长研究有利于实现资源优化配置，构建有效的资源整合及可持续发展战略对于促进区域经济高质量协同发展具有积极意义。

2.1.4 产业发展和产业关联理论

产业关联理论研究产业关系及其对产业发展的影响，是从协作角度深化了产业发展的理论内容。古典经济学阶段，亚当·斯密提出的"分工"理论，强调了产业发展的重要性，认为不同产业之间的协作可以提高生产效率，推动经济发展，但是忽视了政府的作用。新古典经济学的代表人物马歇尔提出"边际效用递减"理论，强调了市场需求的重要性。他认为，市场需求可以促进产业发展，而产业发展又可以满足市场需求，二者相辅相成。但是，新古典经济学也忽视了产业之间关联和协作的重要性。在此基础上，克鲁格曼（Krugman，1989）提出的产业集群，是从产业关联和协作角度逐渐完善了新古典经济学关于产业发展的理论。

产业是由参与社会生产劳动过程的技术、物质、资金等要素相互联系所构成的社会生产组织结构体系。产业并不是孤立存在的，在产业与产业之间存在着极其复杂的直接和间接的经济联系。产业发展理论以探索产业的形成、成长到成熟过程中的各种形态，主要涉及产业结构的驱动力和发展规律等主题。其中，内在机制的研究主要侧重于产业要素规模、结构、分布、密集度、技术条件等，实现对产业发展形态快慢、大小等问题分析；而外在机制主要从直接和间接驱动力角度着手，分析政府关联、区域关联及对外发展等外部影响因素对产业发展的作用。总的来说，产业发展理论经历了从重视产业分工到强调产业集群和区域竞争，再到强调创新驱动的演变过程。每个阶段都有其优点和缺陷，但都为政府和企业提供了具体的政策建议，为产业发展提供了理论基础。

产业关联理论又称投入产出理论，主要研究存在于社会经济活动过程中各产业之间的广泛的、复杂的和密切的技术经济联系（刘志迎和李芹芹，2012）。瓦尔拉斯（Walras，1874）建立了经典的均衡理论，对生产过程中高度复杂的纵横交叉的相互关系进行描述。这种对生产关系的理解和研究的深化及扩展为产业关联理论提供了重要的理论基础。魁奈（Quesnay，1978）在《经济表》中用图式实现了对社会再生产过程全貌的描述。里昂惕夫（Leontief，1980）提出的投入产出正是基于此间的研究，实现了把"一个复杂经济体系中各部门之间的相互依存关系系统地数量化的方法"，描述了生产关系，又将交互关系的经济均衡体系加以简化的过程。在经济学领域传统分类有以价格为分析对象的微观经济学和以收入为分析对象的宏观经济学，而作为属于前两者之间的中观经济的产业经济学的基本范畴主要以产业关联分析为主。里昂惕夫模型既有对产业市场结构价格一般均衡论的实证化，又有宏观统计对收入理论的多部门化，这就是产业关联分析的经济学地位（周松兰和刘栋，2005）。

不同产业发展阶段，轻重工业比例、垂直和水平分工差异、不同要素密集特色等都是影响产业发展中用能及环境问题的重要因素。在党的十六大"坚持以信息化带动工业化，以工业化促进信息化的新型工业化路子"的发展基础上，党的十九大坚持中国特色新型工业化发展道路，智能制造坚基强国，党的二十大持续以新阶段坚持推进新型工业化发展促进现代化产业体系建设。产业发展和产业关联理论为新经济时代工业生态化、智能化的绿色升级提供了研究的理论基础。

2.1.5　国际贸易理论

国际贸易理论聚集于国际贸易起源、表现及影响，是国际经济学理论体系的重要内容之一。古典国际贸易理论主要集中在 18 世纪全 19 世纪初，主要代表是亚当·斯密、大卫·李嘉图和约翰·斯图尔特·穆勒。他们认为，国际贸易的本质是不同国家之间的资源、技术和劳动力的差异，而国际贸易可以使得各国利用自己的优势生产商品并通过贸易与其他国家交换商品，实现各国的经济利益最大化。传统的国际贸易理论以亚当·斯密和大卫·李嘉图的绝对优势、比较优势理论为主。比较优势理论指出，劳动生产率的相对差别及相对成本的差异是国际贸易产生的根源，因此从生产要素结构差异角度为国际贸易的存在及发展提供了新的解释。从分工和专业化的动态演进角度来看，绝对优势具有相对宽泛和重要的理论价值，但从静态角度来看，比较优势理论是绝对优势理论基础的发展。

20 世纪 30 ~ 50 年代，新古典国际贸易理论开始兴起。新古典国际贸易理论认为，国际贸易的发生是由于不同国家之间生产要素的差异，即劳动力、资本和土地等要素的禀赋不同。国际贸易的本质是各国在利用自己的生产要素生产商品时所面临的成本差异。在此基础上，赫克歇尔、俄林从生产要素比例和结构差异角度阐述了贸易根源，为了对许多传统贸易无法解释的新现象进行进一步的探讨和分析，衍生出了当代贸易理论。当代贸易理论突破了规模收益不变的假设，将规模经济引入国际贸易分析中，从供需角度为国际贸易新现象提供了解释。规模经济理论认为，规模经济是两个国家开展专业化分工和贸易的主要原因。张伯伦模型中指出，各国生产者为了充分发挥规模经济的优势，在出口贸易中偏重于生产能够反映大多数人偏好的差别产品，其少数人的偏好则可通过进口得以实现，形成了一个贴近现实的不完全竞争的市场结构分析框架，能够体现出市场异质性和国家个体的独特性。新贸易理论中规模经济理论以不完全竞争条件为分析前提，认为规模收益递增存在于许多行业和产品的生产过程中，且区分了外部规模经济和内部规模经济，并且指出当规模经济存在于单个厂商，则主要存在内部规模经济的不完全竞争贸易发生过程；而当规模经济存在于行业间，则外部规模经济如同内部规模经济效应一样在国际贸易中发挥极大的作用，实现了从规模经济的不同渠道展开对市场结构的差异化影响的研究。当代新贸易理论还突破了技术相同的假设，突出不同国家技术异质性的存在对国际贸易的影响，这种技术差异理论不但可以用来解释不同类型国家的贸易，还可以用于解释不同阶段的产品，引发了技术或产品的生命周期理论用以解释国际贸易发生根源和国际贸易格局的形成。

当前，国际贸易理论是在全域范围内融合了新增长中的规模经济理论和外部性理论，能够反映出全球各国的分工差异及技术差距。而在对外开放力度愈加深入，全球化趋势愈加明显的情况下，中国新阶段发展中面临的环境、能源等矛盾不单是局部区域的问题，这种由于技术势差的贸易根源和规模经济产生的外部影响效应会对国内的绿色可持续发展产生重要影响。因此，国际贸易理论能够为探讨中国可持续发展问题的全球视角的分析框架提供理论基础。

2.1.6 能源经济学

能源经济学是研究能源资源的开发、利用和分配等问题的经济学分支领域。古典经济学家亚当·斯密在《国富论》中提出了"分工"理论，而能源是分工中不可或缺的一部分，因此古典经济学为能源经济学的研究奠定了基础。20世纪初，随着石油、天然气等化石能源的大规模开采和使用，能源经济学的研究逐渐兴起。该阶段的能源经济学主要研究能源的价格、供需关系和能源开发的投资、效率等问题。20世纪70年代，由于石油价格的激增和石油供应的不稳定，全球能源市场出现了严重的危机。能源经济学在此时期的研究主要集中在如何解决能源危机、改善能源供应和促进能源替代技术的发展等问题。21世纪以来，随着可再生能源技术和清洁能源技术的不断发展，新能源经济学逐渐兴起。该阶段能源经济学的研究主要关注如何有效利用可再生能源，如何推动清洁能源技术的普及和应用，以及如何实现能源的可持续发展等问题。

中国能源经济学的研究起步较晚，巨大的能源储量为经济发展提供了源源不断的动力。90年代初以来，经济和能源问题日益凸显。作为资源经济学的一个分支，能源经济学的研究和学科建设逐渐受到重视，且随着对绿色、低碳、可持续及高质量发展研究的持续，其重要性日益凸显。那么，开展能源系统的各种经济现象研究就十分迫切。中外学者们对能源经济学的概念界定不一，但基本围绕着能源配置、利用效率的经济效应和社会效应等视角，衍生出宏观层面的能源政策、能源价格确定等相关内容。能源经济学研究内容和范围不断扩大，从内到外，由经济领域扩展到经济、环境相关领域。经济领域的能源问题研究主要专注于如何实现能源充分开发和最大效率的利用以满足经济发展的需要，意图通过划分经济发展的不同阶段，研究能源资源的公平、有效配置及利用效率的相关问题对经济增长的影响，将能效改进及节能视作"第一能源"（何建坤和苏明山，2009）。威廉姆斯和劳马斯（Williams and Laumas，1981）

用印度的工业数据检验能源和其他要素的替代性问题，发现除了劳动力，其他的投入要素都是能源很好的替代品。波普（Popp，2002）指出，能源对技术创新具有正的效应。以科学发展观的视角考虑长期可持续增长的问题势必离不开考虑各种经济要素的优化配置问题，尤其是能源要素的配置和利用对经济的影响。随着能源开发和利用产生的环境问题愈加严重，高能源或资源消耗增长带来了生态失衡、环境恶化等种种弊端；能源利用与空气质量密切相关，而环境问题中的污染物排放、气候变化等与能源消费活动密不可分，尤其是能源结构和机动车污染是大气污染的主要原因（Jonathan and David，2000）。为了兼顾环境问题，能源—环境—经济 3E 系统的综合研究成为热点，并且主要关注了如何解决高能耗、高污染和经济发展的矛盾。探索循环经济下节能减排增产成为研究的热点，提高"碳生产率"和降低"能耗"将是新型能源革命和绿色发展的根本目标。

目前，能源开发利用对环境的污染已众所周知，也是中国环境的第一大污染源，影响了大气、水资源等人类赖以生存的生态环境。经济快速发展伴随着能源消耗需求激增，高能耗和高增长、多污染和好生态及能源供需等矛盾对中国高质量发展造成了极大阻碍。在全球化背景下，国际能源环境对中国经济发展的影响逐步扩大，国际能源价格波动对中国宏观经济的冲击不容忽视（李善同等，2008）。那么，从全局视角下研究能源—经济—环境系统以解决经济发展和高能源消耗的矛盾十分必要。

2.2 经济增长与能源消耗脱钩基本概念界定

脱钩（decoupling）概念源于物理学领域，也可以理解成"解耦"，表明具有响应关系的两个或多个物理量之间的相互关系不再持续或不再存在（李效顺等，2008）。1966 年，卡特（Carter，1966）首次将脱钩概念引入社会经济领域，用以设定经济发展与环境压力的响应关系弱化的目标。韦扎萨克等（Weizsäcker et al.，1997）针对全球发达国家制定了财富加倍、资源使用减半的"四倍数革命"和"十倍数革命"目标，阐述了资源消耗与经济增长比例优化的脱钩期望。至此，应用于经济领域的"脱钩"被学者们赋予了更大的适用范围，不但包括原有响应关系完全解除的内涵，更体现了响应尺度调整的内容。在经济合作与发展组织（OECD，2002）的一份战略文件中，"脱钩"被正式定义为"确保经济持续增长伴随环境质量提高"的一种监测指标；随后在关于可持续发展中对经济增长环境压力的脱钩指标的界定中再次对脱钩的内容进行了补充、延伸，描述出了经济增长与环境冲击联系阻断的内涵，也反馈了两者变化速度差异化的状态。基于驱动力—压力—状态—影响—反应框架（DPSIR），根据驱动力与压力在同一时间的增长弹性变化，脱钩可划分为绝对脱钩与相对脱钩。前者是指环境压力稳定或降低的同时发生了经济增长，而后者则是环境压力的上升速度小于经济增长率。除了将脱钩概念引入环境压力效应与经济发展领域的研究中，也有的将其扩展到物质消耗和经济增长领域。联合国环境规划署（UNEP，2011）明确指出，"简单理解，脱钩即减少用于经济增长的水或矿物燃料等资源的数量，并使经济发展与环境恶化断开连接"，且上述任何类型的脱钩均被认为积极体现了高效的经济增长。当经济发展的物质消耗在经历了下降后又回升，且超过同期经济增长速度时则是复钩（Sun and Meristo，1999）。

纳入可持续发展的国际政策目标，脱钩作为经济增长与资源投入或环境效应去同步化状态的重要衡量指标，相应地划分出了相对脱钩、绝对脱钩、复钩等类型，还根据脱钩不同状态的更迭，细分了扩展性、衰退性脱钩等八种类型（Tapio，2005）。脱钩的具体类型划分有助于梳理脱钩的一般演化规律和变动趋势。现实中，对政策有参考价值的还是基于相对脱钩、绝对脱钩及复钩、脱钩的识别和判断。复钩与脱钩的本质差异是两个变量是否实现了去同步化，这是一个关键的问题。在此基础上，对相对、绝对脱钩的判别主要是根据二者调整的尺度标准进行的，在已经实现了非同步化状态下其差距更大甚至相反，这是在解决第一个问题的前提下探讨的关于量的累积及质的飞跃，是追求脱钩可持续性及实现可持续发展的关键。绝对脱钩强调的是经济增长伴随物质消耗或坏环境效应的减少，是绝对意义上减轻气候问题或资源消耗问题，体现了脱钩效应累积性的实质性成效。因此，本书所研究的脱钩效应，既突出了对经济增长与能源消耗去同步化与否的脱钩与复钩的判别，也侧重于寻求相对脱钩的可持续性问题的研究。

2.3　脱钩理论应用的研究现状

2.3.1　可持续发展中脱钩理论应用

脱钩理论是可持续发展中的重要理论之一，其核心思想是实现经济增长和资源消耗之间的分离。德国伍珀塔尔气候环境与能源研究所（Wuppertal Institute）提出四要素改革的脱钩理论，强调在环境、社会和经济三个方面的协调上，发达国家未来50年将以财富加倍、资源使用减半为目标真正实现资源使用和经济发展的脱钩，这个理论于2000年首次被应用于研究中国碳排放与经济增长问题；OECD于2002年将脱钩作为测度因子评价经济发展与环境压力的相关关系，开启了脱钩在经济、资源与环境等方面的应用。脱钩被广泛应用于社会经济的各个领域，尤其是可持续发展研究中（Kerschner，2010；Kallis，2018）。然而，不论是进行哪种类型哪个主体脱钩效应的判断、识别，还是基于脱钩的可持续性具体目标的探讨，研究中主要尝试回答一个问题，即坏环境效应或资源利用水平是否超过为文明的安全延续而确定的最高线。

目前，应用于可持续发展研究中的脱钩理论主要从经济增长与其物质动力源和环境效应关系两个方面入手，探讨了资源消耗脱钩、环境效应脱钩及两种脱钩的关系。其一，基于物质动力源角度，主要选择各种类型的自然资源的脱钩效应进行研究。贝伦斯（Behrens，2007）基于DSPR框架利用压力驱动力强度变化率指标对欧盟主要国家1990～2002年的资源消耗与GDP的脱钩情况进行了分析和对比。王强（Wang，2018）利用Tapio脱钩指数以北京、上海、广州地区为主研究了水资源及其环境与区域经济增长的响应关系。王何明（Wang，2018）研究显示，日本国内生物量、非金属矿物和金属矿石的使用都与GDP完全脱钩，但是使用物质足迹（MF）指标时发现只有生物量和非金属矿物是绝对脱钩的。库列诺里斯（Kulionisk，2020）则以德、英、法、美等国家的能源消费足迹探讨能源消耗与经济增长脱钩问题，认为对外贸易效应、能源效率等因素的影响较大。其二，基于坏环境效应角度，大部分学者选择废弃物、温室气体等环境压力指标进行研究。马扎提亚（Mazzantia，2008）利用弹性指数法研究了欧盟废弃物、废水与国民收入的脱钩问题。孟泰（Muangthai，2014）利用脱钩来评估泰国地区火力发电产生的二氧化碳排放与经济发展之间的响应关系。斯蒂格迪（Szigeti，2017）基于生态足迹与GDP关系的研究，发现诸多国家存在GDP增长而生态足迹降低的绝对脱钩状态。科恩（Cohen，2018）则对富裕国家的温室气体排放与产出的脱钩状态进行研究，发现更加富裕国家的脱钩逐渐变弱，且与过去几十年相比，过去两年的脱钩有被强化的倾向。其三，基于两种脱钩的关系研究，其中环境效应一般选择不同类型温室气体排放指标。弗雷塔斯（Freitas，2011）利用增速形式的脱钩指标研究了巴西地区的能源碳排放等与经济发展脱钩的状况。斯坦伯格（Steinberger，2013）以39个国家物质消耗及二氧化碳和GDP关系为研究对象，发现德国地区物质消耗脱钩伴随二氧化碳排放降低。帕姆（Palm，2019）分析了瑞典温室气体、二氧化硫、氮氧化物和颗粒物等排放指标的环境效应脱钩以及土地利用、材料消耗和水资源消耗等资源类指标的脱钩问题，研究发现当地经济增长的环境效应脱钩和资源脱钩并存。

对于动力源与环境效应等脱钩的研究主要存在以下结论：脱钩、相对脱钩、绝对脱钩、负脱钩，且不同样本不同时间段的结论均不一致。相对脱钩是基础，绝对脱钩是经济发展中追求的终极目标。研究中厘清脱钩和负脱钩、绝对脱钩和相对脱钩对于可持续发展有积极的意义。物质资源中化石能源消耗既影响经济增长又是影响当前资源安全问题的关键环节，也是温室气体排放的最主要来源。那么，探讨能源消耗与经济增长的脱钩是寻求经济增长的资源消耗脱钩和环境效应脱钩并存的关键环节和重要切入点。

目前，脱钩主要以定量测算方式为主，主要包括 OECD 脱钩因子、Tapio 脱钩弹性因子、陆钟武资源脱钩指数等方式。OECD 脱钩因子是以单位 GDP 的环境负荷或资源消耗的年降低率为测算方式，受基期选择的影响且无法准确判断脱钩的程度和类别；塔皮奥（Tapio，2005）在研究欧洲交通容量与 GDP 的脱钩关系时提出了脱钩弹性计算法，并将脱钩细分成 8 个档位。这种弹性测量方式侧重于相对效率，且在国内外被广泛应用于运输、土地和能源利用、气体排放和环境污染方面。基于 IGT 方程，陆钟武（2011）提出了资源脱钩指数法对资源和经济增长之间的关系实现定量测评。除了对脱钩度进行定量测量的方式，还有许多学者基于 IDA、SDI 等对脱钩进行结构分解及综合计算，实现了对脱钩诱发因素的综合以度量脱钩度。

现有的测量方法能够多种多样，紧扣物质投入或者环境压力等与经济增长相分离的脱钩本质，主要实现了对脱钩和复钩的辨识，也能实现结合驱动影响因子进行综合度量，但无法对导致经济与环境相对"脱钩"或"复钩"的深层次原因进行识别和分析，也无法刻画出因子之间作用的具体影响路径。因此，需要将脱钩视为一个完整系统，从整体角度去探讨个体化的脱钩系统变化原因。

2.3.2　经济增长与能源消耗脱钩

现有关于经济增长与能源消耗脱钩的研究主要选择空间、产业或能源类型为依托主体,一方面,判别不同主体脱钩的存在性,梳理不同主体脱钩的时间差异;另一方面,主要从系统内部出发探讨脱钩变化的根源,以总结规律。

2.3.2.1 基于脱钩效应的识别和比较

有针对地区、产业或能源类型的脱钩效应变化轨迹进行的时间纵向比较和梳理,也有以地理空间进行的横向比较。其一,基于国家、地区或城市脱钩效应的分析和比较。罗曼(Roman,2018)利用2000~2015年哥伦比亚数据,研究发现其经济增长与能源消耗脱钩状态是不稳定的,且大部分分时段的脱钩结果不容乐观。厝万卡伍(Chovancová,2019)研究显示,1991~2015年匈牙利、波兰、捷克等国家能源消耗与GDP之间存在绝对脱钩。在不同地理区域不同年限样本的研究中,大部分国家或地区显示了脱钩甚至强脱钩的存在,但是也发现有部分国家并未实现脱钩,甚至出现短暂的假性脱钩,且同一个国家不同时间点的脱钩状态也是不一致的。除了脱钩效应的时间维度,也有针对空间维度的比较研究。伯克(Burk,2016)研究发现,高收入国家的脱钩度较大,低收入国家由于交通、工业和服务业的能耗贡献度高导致脱钩程度浅。王强等(Wang et al.,2019)比较了中国和印度的脱钩差异,研究表明,中国经济增长与能源消耗在样本期内保持弱脱钩,2014~2015年属于强脱钩,整体上呈现倒"U"型曲线特征,且中国脱钩效应比印度的状态更好。基于比较视角的脱钩效应的时空演化规律具有极大差异性。而以中国为样本的研究中涵盖了时间纵向和空间横向的脱钩识别与比较的结论也大不一样。庞家幸等(2014)针对省级经济体的研究表明,甘肃省经济增长与能源消耗脱钩效应逐年强化。关雪凌等(2015)研究显示,中国城镇产业经济增长与能源消耗总体上处于弱脱钩。刘惠敏等(2016)以中国东部地区10个省份为样本,研究表明地区复钩可能性不断增加,且东部地区脱钩效应具有显著的空间分异性。郝宇等(Hao et al.,2019)分析了中国100个城市电力消耗与经济发展脱钩效应，发现整体上和东部地区的脱钩效应呈现倒"N"型，且脱钩效应处于不断深化的下行区，而西部和中部地区的脱钩效应呈现"N"型。魏文栋等（Wei et al.，2020）指出，中国发达地区能源消耗脱钩效应总是被高估，大部分中部、西部地区的脱钩效应较为浅显。针对中国样本的脱钩效应研究因选择方法及具体样本不同并没有得出一致的结论，体现出了地区不同经济体的异质性特征。

其二，基于不同类型产业脱钩效应的分析。林等（Lin et al.，2007）研究了日本交通运输产业的生产率与其消耗的能源脱钩，发现1985～1995 年交通运输能源消耗增速大于其经济产出增速，呈现负脱钩，但是 2000～2003 年出现强脱钩。史蒂夫等（Steve et al.，2012）发现，1989～2004 年，英国地区的交通运输业能源消耗与 GDP 实现了相对脱钩而非绝对，且其脱钩状况是欧盟成员国中较好的。姜瑞等（Jiang et al.，2017）衡量了降低能源强度、提高能效、优化能源结构对中国建筑业碳排放脱钩的影响。孟明等（Meng et al.，2018）研究发现，中国工业产业自 2015 年起进入绝对脱钩状态，且未来有继续强化趋势。戈卡拉孔达等（Gokarakonda et al.，2019）针对印度地区建筑行业经济增长与能源消耗和环境影响的脱钩进行研究，并从市场动力、透明度及数据监管等方面为国家、地区的不同类型建筑发展提出了政策建议。产业脱钩效应一般围绕交通运输、建筑、工业等高耗能高载能行业，结合空间地理特征，研究结论差异性极大，体现地区、行业的双重异质性。

其三，基于不同类型能源的脱钩效应的分析。费舍（Fischer，2011）发现，在样本期间，西班牙基本实现了电力消耗和 GDP 增长的相对脱钩。车亮亮（2015）研究表明，我国极大部分地区的煤炭消费与经济增长已由绝对挂钩转变为绝对脱钩，且脱钩地区间差距逐渐缩小。张明等（Zhang et al.，2018）研究发现，2000 年后，山东城市与农村地区的生活能源消耗逐渐与人均收入脱钩，其中人口结构是农村脱钩的主要原因。张林辉（Zhang，2020）研究发现，2004～2016 年中国区域供热系统的能耗与 GDP 存在弱脱钩，其中加热系统的能源强度是驱动脱钩的主要原因，然而区域供热范围的增加和人口增长导致弱脱钩。能源类型的脱钩效应既有基于生产、生活环节划分的，也有以具体化石能源类型为主进行的，结论体现了地区、能源差异的双重性。

针对脱钩效应的识别和比较研究，实现了对脱钩和复钩、绝对脱钩和相对脱钩的判定，体现了时间维度、空间地区的特征，同时也凸显地区行业或地区能源类型的双重属性。但是由于样本的多样性和差异性，在梳理脱钩效应的一般规律上会有较大的障碍，使得研究结论的参考价值具有很大的局限性。

2.3.2.2   基于脱钩效应变动的根源

对脱钩状态演化的梳理只是进行了描述性的分析，而对问题的根源进行深入剖析才能有助于复钩—脱钩、相对脱钩—绝对脱钩的深化和演进。现有文献中针对经济增长与能源消耗脱钩根源的研究一般是借助分解法等，大部分对经济运行系统中的内部因素进行分解，也有小部分研究开始探索经济系统的外部环境影响。其一，基于经济系统的内部视角。洛加斯等（Rojas et al.，2012）研究了墨西哥分产业部门，利用指数分解法发现经济结构、能源强度对工业部门能源消耗影响较大，且能源强度变化不一定体现技术进步的能源效率，也有可能是由于生产结构变化导致的。什姆拉等（Schymura et al.，2014）使用同样的方法对40个经济体进行研究，发现国家间异质性技术的贡献率大于产业结构变化，而差异相对小的国家内部产业结构驱动效应大于技术，且不论全球经济结构是否以能源密集为主，技术变化都是能源效率提升的最重要因素。吴等（Wu et al.，2018）利用灰色关联法对不同类型国家的脱钩效应进行比较，发现技术进步、产业结构和经济增长模式是驱动发达国家和发展中国家经济增长与能源消耗脱钩的主要因素，且在发达国家中技术进步要素发挥了极大的驱动作用，而发展中国家的产业结构和经济增长模式比技术因素的驱动作用更加明显。库列诺里斯等（2020）利用结构分解法研究了德国、英国、美国等地能源足迹的主要贡献者，指出能源强度、人均收入都发挥了积极的脱钩驱动作用。同样，许多针对中国国内脱钩根源的探究也普遍使用该类型方法。郭承龙等（2015）对比了中韩经济增长和化石能源脱钩的作用因子，通过两极分解法指出替代因子、清洁因子和节能因子在韩国发挥积极的弱脱钩驱动，而在中国却体现为日渐减弱的脱钩抑制作用力。何则等（2018）利用指数分解法，指出在我国经济阶段性脱钩中能源强度、投资、土地、产业结构和劳动力效应是重要的驱动因素。林伯强等（Lin et al.，2019）利用相同方法的实证研究中显示，第二产业决定中国经济增长与能源消耗脱钩状态，且能源强度和投资效率是能源节约的两大因素，而经济结构、能源结构及空间结构却是能源消耗激增的三大因素。经济系统内部视角主要从经济系统或能源系统的单一方面进行分解，主要集中于技术、结构、规模及能源的影响差异。

其二，基于经济运行系统的外部因素视角。兰君等（Lan et al.，2016）应用空间结构分解分析估计了1990~2010年186个国家的全球能源足迹，研究显示，一个国家的人均国内生产总值与能源足迹在进口的集中度方面呈正相关关系。伍德等（Wood et al.，2018）研究中考虑了贸易因子的贡献度，发现全球维度的物质资源使用和GDP显示出负脱钩状态。莫罗等（Moreau et al.，2018）侧重于进口能源变化对国家能源密集度、能源强度的影响，发现服务部门对瑞士经济增长与能源消耗脱钩影响较大。桑业等（Sanye et al.，2019）研究发现，在一段时间内，欧盟消费足迹实现绝对脱钩，并使用生命周期评估分析欧盟消费的影响，同时还区分了本地化和进出口的影响差异。基于经济运行系统外部视角的实证研究均显示，能源直接交易或隐含能转移等行为会对系统内部的能源消耗产生一定影响，进而通过对系统内部能源方面的调试而直接作用于脱钩效应。

行业或地区经济运行系统的内部视角进行的脱钩根源性分析均是静态的，并未体现时空的动态变化。系统运行的外部环境因素研究中侧重于贸易的直接影响，尽管拓展了原有研究，但是针对贸易影响的研究并没有体现传导渠道；同时研究中使用的方法也较单一，会限制进一步深入分析。

2.4 空间溢出理论及模型

空间溢出理论是指在城市或地区发展中，经济活动的增长和技术创新的推动会在某些区域形成溢出效应，即对周边地区产生正向影响，从而促进地区的整体发展。20世纪50年代，经济学家费雪（Fisher）提出了经典空间溢出理论，认为经济活动在城市间的空间分布是由生产要素的位置和运输成本所决定的。这一理论被称为"地理经济学的第一定律"。20世纪80年代，克鲁格曼提出了新经济地理学理论，认为经济活动的空间分布受到市场规模和交通运输成本的影响。这一理论被称为"地理经济学的第二定律"。20世纪90年代，随着计算机技术和数据处理能力的提高，空间计量经济学开始受到重视。这一领域的研究主要集中在空间自回归模型、空间误差模型和空间面板数据模型等方面。21世纪以来，新经济地理学的研究重点逐渐转向了城市和地区之间的空间溢出效应。现代空间溢出理论认为，技术创新、资本流动和人口迁移等因素都会对周边地区产生溢出效应，从而促进整个地区的发展。空间溢出理论和相应的模型的发展，从最初的经典理论到现代空间计量经济学和新经济地理学，不断地完善和发展。

地理经济学强调地区间相互依赖和相互作用，地区间的人口、资本等各种资源通过投资、贸易和交流等方式传递着地区间异同属性的影响效应，地理、组织、社会、制度等属性邻近放大了溢出效用，且这种溢出也存在于产业部门间。由于不同产业具有不同的投入产出特性，因而会表现出从"相互排斥"到"相互补充"渐变的产业竞争与合作特性（竞合特性），这种竞合特性强化了产业—空间的相关性。因此，任何忽略区域和产业的空间溢出影响效应的经济活动规律都与现实是相背离的。空间计量经济学则实现了处理具有空间相关属性样本数据的模型构建，将经典统计和计量方法应用于与地理位置和空间交互作用相关的地理空间数据，通过地理位置和空间联系建立统计与计量关系，以统计和计量方法识别和度量空间变动规律及空间模式的决定因素，充分考虑了溢出效应。克里夫和奥德（Cliff and Ord，1981）为空间回归模型作了开拓性的工作；安塞林和雷（Anselin and Rey，2010）系统完善了空间计量经济学的框架体系；勒萨具和佩斯（LeSage and Pace，2010）提出了一种方法将总效应分成了直接效应和间接效应，用来更好地描述存在的空间交互作用；埃尔好斯特等（Elhorst et al.，2013）扩展了空间计量经济学解释地理单元关系的应用，还可以用于解释个人、公司、政府之间的关系。能源、经济发展的空间模型应用也比较广泛，邹艳芬和陆宇海（2005）利用空间自回归模型分析了我国能源利用效率的区域特征，发现中国省域能源利用效率与地区经济发展之间具有明显的空间依赖性，而且空间差异比较明显。刘亦文等（2016）运用空间计量模型探讨了能源技术进步空间溢出效应对能源消费强度的影响，认为内源式能源技术进步对能源消费强度的空间溢出效应要明显高于外源式能源技术。

基于空间溢出全局思维的全球向量自回归模型（GVAR）最早由丘迪克和皮桑然（Chudik and Pesaran，2004）提出，他们指出，可以利用该模型为全球经济建立多维系统，在该模型内可以有效识别和分析全球系统经济体之间的长短期关系，用于各国和各地区的经济相互关系分析。现有学者将该模型应用扩展至经济发展与环境、资源全球效应研究。张红等（2014）基于 33 个国家构建的 GVAR 模型，研究了中国经济增长对国际能源消费和碳排放的影响，探索了全球维度上经济增长、能源消费和碳排放之间的互动关系；王美昌和徐康宁（2015）构建了 33 个国家的 GVAR 模型，验证了二氧化碳、贸易开放与经济增长的长期均衡关系，但在全球范围内否定了环境库兹涅茨曲线假说在二氧化碳对经济增长的响应结论；崔百胜和朱麟（2016）构建了能源约束和碳排放约束下的内生经济增长模型的 GVAR 模型，探索了具有空间关联性的中国各省（区、市）能源消费控制对经济增长和碳排放的动态影响。应用GVAR模型能在全域视角下探讨溢出的内生系统作用机理和影响路径。

综上所述，用计量方法和历史比较法对个体国家进行环境和经济发展的研究是比较合适的（Stern，2004）。而一般情况下，把在发展阶段、气候、人文环境、资源等方面具有极大差异的国家作为研究样本探讨经济增长与能源脱钩关系，普通的计量研究方法会因此产生极大的估计偏差。因此，许多学者总是选取具有相当背景的国家比如OECD、发达国家或者发展中国家作为样本群组，这样尽管避免了某些异质性特征影响研究结果预测的缺陷，但是却无法体现出宏观层面上共同因素和个体因素的冲击作用，所以从全域角度开展经济增长与能源脱钩度的探索和研究就必须包含后工业化发达国家、发展中国家和新兴经济体等不同类型但又具有关联关系的国家，在地理区域、收入群体、经济发展、人口增长、收入增长及组织能力上都有很大差别，既能刻画单个国家自身的经济增长与能源耦合和解耦关系的发生机理，也能兼顾全球异质性特征和区域关联效应，为其他国家学习先进的经济低能耗发展路径和经验提供借鉴。因此，本书基于异质性视角使用计量和历史比较方法意图刻画出二者长期和短期关系及变动原因，也试图寻找出全球层面的高能效高产出的经验和路径，不但能够对能源消费波动和宏观经济周期之间的关系进行深入探讨，也致力于微观视角，为长期和短期的能源预警及对应措施提供有益的借鉴。

2.5 发展史述评

经济增长与能源消耗脱钩的相关文献十分丰富，研究显示了二者脱钩的可行性和现实性，但是脱钩效应发生的时间性、变化的规律及根源等问题会因选择的对象等样本差异而不同。尽管当前的研究能为可持续发展提供借鉴和参考，但目前研究中仍然存在三个方面的问题。

（1）研究中并未考虑关联属性的影响。关联性既体现在产业间也体现在地理空间领域，但现有研究中几乎没有考虑关联属性的外来影响。时空维度的经济增长与能源消耗脱钩研究突出主体性特征，侧重于识别时空维度的脱钩演化特征和差异性。这种方式主要建立在变换脱钩的测度指标，使用不同类型的增长指标、不同时间的增长指标或不同类型的能源消耗指标等，必然能够突出某个经济体或某个阶段或某个能源类型的个性特征，但结论会随着样本变化而变化。在区域、产业发展关联理论的指导下，不同层次间及同一层次内部各个子系统之间存在诸多的关联渠道。不同渠道产生的溢出是系统重要的外生力量来源，而忽视这种外来因素的作用则使得研究结论显得片面，且无法区分被关联和关联下的匀质和杂质、内生和外生等作用力的影响差异，在探讨实现脱钩和深化脱钩效应的过程中很难对症下药。忽视关联属性就是在脱离现实的假设中寻找普遍性规律。

（2）研究中强调了个体的差异性，缺乏全局性和系统性视角。目前，对于经济增长与能源消耗脱钩效应的研究突出地区的单一空间特性，或者空间和产业或能源双向属性的特征，体现出经济主体的特殊性和个体性。多属性的样本和多样性的研究结论能够提供丰富的脱钩应用理论经验，但是就特定研究对象而言，脱钩效应的分析却缺乏在共同背景下的纵向深入基础，使得现有研究结论仅能发挥有限的参考价值。同时，就特定经济体而言，不同时间节点或发展阶段等样本的脱钩效应的异质性分析能够体现出时间和空间的动态性，但却很少有基于共同背景下整体的局部概念，缺乏把研究置于整体系统中进行的局部分子分析。任何一个经济体系都拥有完整的独立运行系统，但同时也是全球经济系统中的组成部分，脱钩效应的影响既受经济内部系统的局部成分影响，也受经济系统外部环境的影响。单纯地将经济系统的外部环境当作个体整体的外来影响，而不将研究扩展到全局视角下的整体性局部角度，内部系统的研究只能体现局部纵向，而无法体现出共同背景下的共同因素和间接作用的纵横交错。研究中需要注重分析经济系统内部、外部、内外交互界面等多个维度的影响。

（3）研究中使用的量化分析方法过于单一。对于脱钩根源和影响因子探析使用的分解方法基本是依托脱钩数学式的推理，普遍从结构、规模和技术三个角度开展，这种方法简单科学且易于推算，在比较分析中能够反映影响因子的总体差异性，但无法体现出影响因素的作用差异性，更无法分离出内在因素和外在环境的差异。针对发展阶段、气候、人文环境、资源等方面具有极大差异的经济体为研究样本探讨脱钩根源的普遍规律，普通方法会产生极大的估计偏差，而选取具有共同背景的经济体作为样本，则可以避免某些异质性特征影响研究结果预测的缺陷，但是却无法体现出宏观层面上共同因素和个体因素的交互冲击作用。考虑兼顾关联性和异质性的空间模型以及具有共同因子的全局模型，不但能够将彼此交互外来因素对脱钩系统的冲击影响提取出来，也能对新形势和新经济环境下经济与环境相对"脱钩"或"复钩"的深层次原因进行分析，还能对同一背景下不同维度的经济增长与能源消耗脱钩的差异性根源有更为精准的判别、测度和分类。

2.6　本章小结

经济增长绿色转型聚焦节能、减碳、高效，是解决环境问题与可持续增长之间矛盾的关键。一直以来，理论界围绕识别经济系统、厘清经济系统构成及掌握经济系统运行规律等问题，分割出空间、产业等各个维度的研究焦点，探索出规范化的传统增长范式，成为持续开展增长性问题研究的基石，并不断演化深入完善研究体系，为实践工作提供了重要指导，且为后来者在探索经济增长实际问题时提供理论支撑，并在不同时代都是重要主题。

其一，经济增长理论是开展任何实际问题研究的起点，也将是所有研究的终点。古典经济学理论就如何增长打下"地基"，新古典经济学理论扩大了"地基"的内容，内生增长模型阐释增长因素内生化的内容，制度经济学、新制度经济学聚焦制度影响。增长的理论研究体系在不断扩大，深化认识增长的影响因素，并在持续探索影响因素作用方式上得出了重要结论，推动"资源、环境"增长说的衍生和能源经济学的发展。

其二，从不同维度研究增长问题是"资源、环境"增长说多样化、多面化和持续化的关键。区域经济增长理论将空间要素显性化，探讨增长识别及动力机制，基于要素流动性等提出了空间区域经济增长非隔离化的核心—边缘论、增长极、不平衡论等；外部性理论则基于知识、技术、人力资本溢出等，探索经济运行系统内外的关联影响，聚焦于增长系统化的理论内容；产业发展和关联理论则是在经济运行系统中的产业维度上持续探究经济增长的具体表现，以及整体系统中内外因素的作用过程；国际经济学及贸易理论则是释放空间约束，从地球村维度谈贸易的必然性、可行性及得益性，丰富了经济系统的理论内容；空间溢出理论及模型将上述局部结构关联的空间表现作为基础，构建相应空间模型以实现对空间关系的描绘。这些理论分支是经济增长问题的延续和扩大，是能源经济学研究体系的借鉴。

其三，经济增长与能源消耗关系的研究聚焦于能否及如何实现绿色低耗增长。能源作为经济产出的要素之一，是经济增长不可或缺的主动源，利用物理学领域概念"脱钩"测度二者联系，并赋予其经济学上的概念，界定了具体类别以便研究二者脱钩的动力机制，围绕在有限能源存量和无尽环保投入下经济增长方式能否改变形成了丰富的理论研究结果，也为后来者在这一问题上开展持续的具体的研究奠定了基础。

第 3 章

经济增长与能源消耗脱钩的内在机理
和关联影响理论分析

新古典理论表明经济增长有可能摆脱有限能源存量约束，具体表现为到一定发展阶段，经济不再依赖能源要素投入，二者实现脱钩。但是，杰文斯悖论（Jevons Paradox）却时刻提醒研究人员，经济学上的能源效率提升有可能提高而不是减少能耗（Sorrell，2009）。这一观点和经济增长与能源要素消耗能够实现脱钩甚至是绝对脱钩相背离。这也是尽管可能出现脱钩或者绝对脱钩，但是这种状态却不稳定的原因之一。同样，韦德（Waed，2016）在其研究中尽管没有否认脱钩的现实性，但却认为脱钩是不可持续的。

能源是生产过程中重要的投入要素之一，能源稀缺会限制经济增长，但当其充沛时，将不再是约束因素，且替代效应和技术变革可以帮助实现能源或其他资源的使用与经济增长的有效脱钩（Stern and Aronson，1984）。主流经济理论对此提出了基本解释，但是传统分析范式下研究者基于不同出发点的假设前提的设计侧重于考虑经济运行系统的个体性和内在性，虽然丰富了经济能源系统的研究，但整体上忽略系统的关联性和溢出性会使得研究内容过于单一。基于此，充分考虑能源可再生性、技术因子及其他要素，利用内生增长三部门模型的动态均衡优化解梳理脱钩效应的微观影响机理，从理论可行性上给杰文斯悖论一个有力的回复，同时也为脱钩根源的实证分析提供理论依据。基于外部性理论在产业、空间层面的应用，从产业、区域、国家等维度对经济增长与能源消耗脱钩的外部关联影响机理进行分析，构建了经济增长与能源消耗脱钩效应的可行性、关联性和可持续性等理论分析的基础框架。

3.1 经济增长与能源消耗脱钩效应的一般演化规律

3.1.1 基于弹性指数法的经济增长与能源消耗脱钩类型划分

对于脱钩趋势和程度的有效评价，还需要依靠科学可行的评价体系和计算方法，而其中基于其经济含义衍生的数学算式是目前最常用的，以末端和初始端环境压力强度的变化率为判断脱钩实现的条件：

$$dr(decoupling) = 1 - \frac{\dfrac{EP_t}{DF_t}}{\dfrac{EP_0}{DF_0}} \qquad (3-1)$$

其中，$\dfrac{EP_t}{DF_t}$ 为单位驱动力的环境压力（环境压力强度）。当把这一概念扩展到能源利用领域就延伸出能源强度的脱钩识别准则，单位能耗的产出变化可以用于识别脱钩的特征。能源经济关系判定的充分条件就在于能耗强度的变化率区间位于绝对/相对/连接区间，但是这种简单的产出投入比值指标的主要缺点在于比较单一，只能在规模总量上衡量产出能耗的简单变化关系，不能体现相对速度变化的差距。

而比较常用的是 Tapio 脱钩弹性系数法：

$$dr(decoupling) = \frac{\Delta Trans\%}{\Delta GDP\%} \qquad (3-2)$$

其中，$\Delta Trans\%$ 表示变量的变化率，丰富了脱钩量化计算的标准，突出以速度变化的弹性效应为主，将资源消费弹性系数作为解释交通运输业环境和经济脱钩或耦合的重要量化参数指标。压力/资源消费弹性系数即基于其变化率和产出变化率的差距构建的，一般认为弹性系数越小，在产出增长、环境压力（减少）的双条件下，二者的差距越大，二者脱钩度逐渐加深，反之差距减小，脱钩度变浅，二者呈现同比例甚至是超比例相关关系；而当产出和压力变化方向相反时，绝对脱钩出现于 $\Delta GDP\% > 0$，$\Delta Trans\% < 0$，绝对耦合出现于 $\Delta GDP\% > 0$，$\Delta Trans\% > 0$，此时是两个极端区间。除了上述的脱钩概念，陆钟武等（2011）对资源消耗和经济增长关系也提出了相应的量化公式，其资源脱钩指数法如下所述：

$$dr = \frac{t}{g}(1+g) \qquad (3-3)$$

其中，g 表示 GDP 的年增长率，t 是资源强度的年下降率。这种计算方式是基于量化资源消耗与经济增长关系的 IGT 方程出发，兼顾了强度和速度变化指标，但是其中终端产出总量推理过程预设了终期 GDP 的指数增长模式，层层递进的关系增加了脱钩计算的复杂性，降低了非指数式的增长模式量化的有效性。基于此，本书中阐述的关于变量增速的差距即是指在同向基础上进行的。诚然，环境压力/资源消费弹性值的数学公式兼顾了变量的总量和速度变化，数学计算公式涉及的数据均是原始统计数据，计算过程简单，易于操作，更适合应用于后期深入分析环境、资源和经济间的变化差距的驱动因素和机理。本书以基于相对变化率的弹性变化指数的计算为主，采取固定首期计算能源变化与经济变化率的比例，突出相对变化的差距，更能从效率和规模上避免单位差异带来的不可比性的缺陷，更真实地反映二者弹性变化关系。选择总量（即能源消耗总额）和效率（即人均能源消耗）指标对脱钩进行综合测度。

经济学的弹性理念主要是用以衡量两个具有因果关系的变量之间一个变量相对于另一个变量发生的一定比例的改变，体现两个变量变化速度（增速）的差距。基于此，脱钩指数（dr）的表达式为：

$$dr = \frac{g_E}{g_Y} = \frac{\Delta E\%}{\Delta Y\%} \tag{3-4}$$

其中，$g_E = \frac{\mathrm{d}\ln E}{\mathrm{d}t} = \frac{\Delta E}{E} = \Delta E\%$，$g_Y = \frac{\mathrm{d}\ln Y}{\mathrm{d}t} = \frac{\Delta Y}{Y} = \Delta Y\%$ 分别代表能源消耗和实际产出的变化率。当经济增速大于能耗增速，脱钩指数越小，脱钩越明显；反之，当二者增速差距越小，脱钩指数越大，脱钩越不明显。数理模型中增长率主要以取对数再求时间导数，其数学意义是基于连续性角度进行的，而经济学意义通常是将连续时间聚集到离散时间点。尽管有所差异，但是连续型与离散型的区别往往出于对数学工具选择的考虑，未必具有经济学上的实质性差别，经济变量通常可以连续与离散两种形式平行地处理。一个普遍认可的事实是互相对应的连续理论和离散理论之间存在着深刻的类似（胡适耕和吴付科，2004）。因此，借用数学表达式进行经济领域的解读具有一定合理性，这也是推导脱钩指数公式及进行经济学意义理论分析的基础。

韦赫马斯等（Vehmas et al.，2007）在其文章中引入了复钩/负脱钩的概念，扩充了正向脱钩和负向脱钩的认识。基于临界值的设定，当脱钩弹性指数跨越了临界值，体现出能耗增速大于经济增速则为复钩即负脱钩，而小于临界值则定义为脱钩，具体如表3-1所示。由表3-1可知，当出现经济增速上行（$g_Y > 0$），但能源消耗减速下行（$g_E < 0$）时，那么，脱钩指数 $dr_t < 0$，经济增速伴随能耗减速，二者实现绝对脱钩或强脱钩。当能源消耗增速与经济增速同向（$g_E > 0$，$g_Y > 0$），且能耗增速大于经济增速，增速比例超出临界值1（$dr_t > 1$），二者进入负脱钩或复钩，为耦合状态；在同向增长中，若经济增长率高于能耗增长率，其增速比例低于临界值1（$1 > dr_t > 0$），则说明二者脱钩了，为相对脱钩状态。脱钩指数变小（$dr_t > dr_{t+1}$），则说明脱钩度不断深化,处于实现脱钩或由相对脱钩向绝对性强脱钩转变的过程,这是绿色转型中低耗高产的利好信息。当经济出现减速（ $g_Y < 0$ ）,与其并存的能源消耗是增加（ $g_E > 0$ ）或减少（ $g_E < 0$ ）状态,识别脱钩也按照脱钩的判别规律进行,但这种在现实中极少发生,故不作为本书考虑的范畴。为了细化脱钩状态类型,根据相对脱钩与绝对强脱钩、负脱钩指数的邻近程度,将其划分为积极脱钩和消极脱钩。当脱钩指数靠近且趋向负脱钩方向变化,则为消极脱钩;当其靠近且趋向绝对性的强脱钩变化,则为积极脱钩。对相对脱钩状态进行细分是为了后文探讨脱钩的驱动机制研究提供更具体的分类信息。

表 3-1　　　　　　　经济增长与能源消耗脱钩类型划分

脱钩状态	g_Y	g_E	dr	Distance
绝对脱钩 （强脱钩）	$g_Y > 0$	$g_E < 0$	$dr < 0$	$Y\% > E\%$
相对脱钩 （有效脱钩）	$g_Y > 0$	$g_E > 0$	$0 < dr < 1$	$Y\% > E\%$
	$g_Y < 0$	$g_E < 0$		
负脱钩 （复钩）	$g_Y > 0$	$g_E > 0$	$dr > 1$	$Y\% < E\%$
	$g_Y < 0$	$g_E < 0$		

根据经济增长中能源消耗响应程度,在实际研究中划分了不同类型的脱钩状态,既体现了发展中能源消耗速度和规模的变化,是经济运行系统优化的反馈,也针对不同状态进行了界定,实现了对响应度的持续减弱、反向强化及两种状态交替演化等多种情境下脱钩类型的定义。节能技术进步、新能源的普及和推广、经济结构、规模调整及扩大等有可能成为能源消耗弱响应的重要原因,但是其响应度是衰减还是强化取决于不同发展阶段不同要素综合作用的结果。为了识别不同发展阶段脱钩效应的特征及其变化的一般路径,本书借助 EKC 分析范式对其变化的一般规律进行梳理。

3.1.2 基于 EKC 分析范式的经济增长与能源消耗脱钩的演化规律

3.1.2.1 经济发展阶段性特征

根据社会发展的不同情况对城市不同阶段进行划分,农业、工业、后工业化等各种社会类型下城市的发展具有各自的时代特征。农业社会是人类社会发展的第一个阶段,以农业生产和自然经济为主,人口多集中于农村,社会分工简单,以农业生产为主要经济活动形式,城市规模小且数量较少,能源消耗主要依赖人力和畜力,科技水平较低。当城市处于这个阶段,城市发展和生产过程中所使用的能源偏重于低水平的碳基能源,整个社会的化石能源消耗动力不足,碳排放量处于较低水平。工业社会是人类社会发展的第二个阶段,随着社会的发展,城市化和工业化进程加速,能源消耗量也在不断增加。这个阶段主要以工业生产为主要经济活动形式,城市化进程加快,城市规模增大,工业化和城市化相互促进。能源消耗依赖化石能源和电力,科技水平显著提高,工业自动化和机械化进程加快,经济增长迅速。随着工业化大发展,能源需求增加,能源消耗主要来自化石能源,如煤、石油、天然气等,进入了以能源高消耗换取经济高增长的阶段。当进入后工业化时期,以工业为主的产业模式逐渐由以服务业和信息产业为主的产业模式所替代,能源消耗主要来自化石能源和可再生能源,如太阳能、风能等,且随着技术发展,能源效率不断提升,清洁能源替代碳基能源的出现和使用,使城市的碳排放量出现下降,并最终达到一个较低的水平。

总的来说,在社会发展的过程中,城市化、科技和经济发展、能源消耗等方面都发生了巨大的变化和进步,但社会发展有其自身的特点。基于对经济发展不同阶段社会城市表现出来的特征归纳总结,借鉴经典的环境库兹涅茨曲线特点,结合工业化阶段发展的前期、中期及后期,可以对经济发展不同阶段能源消耗的演化规律开展深入分析。

3.1.2.2 工业化阶段能源消耗变化轨迹

能源作为重要的生产要素之一,具有不可或缺性的特点。能耗变化受各种因素影响,不同经济发展阶段生产过程的差异性、产业结构、技术水平,甚至新能源技术开发,以及人们对当前消费欲望的折现因子等因素都会影响。为了更好地说明经济增长和能源的关系,本书把工业化发展阶段按照下述三个阶段进行划分。

图3-1展示了不同阶段能源消耗的特点。由图3-1可知,工业化第一阶段为高速工业化时期,这一时期是以第二产业为主导的经济和以传统碳基能源消耗为主的能源投入,经济蓬勃向上,人们对于物质需求的渴求激发了当期消费的狂热,生产者加大能源投入、扩大生产。持续的传统能源的开发和广泛利用又反过来刺激经济更进一步发展,但与此同时,高耗能将伴随着大量的碳排放,进入用环境换发展的阶段。新中国成立以来,大规模的工业建设极大地推动了能源工业的发展,我国成为当时能源消耗增长速度最快的国家之一,这也印证了高速工业化发展、经济增长和繁荣离不开能源要素的投入。工业化第二阶段仍然属于能源锁定阶段,第二产业逐渐向第三产业过渡,初期可再生能源的生产供应无法完全替代传统能源满足发展需要,可再生能源开发技术匮乏和高成本市场化产生的局限性,使得追寻能效技术成为节能阶段的主要方式。随着节能减排技术不断进步,以及绿色、可持续发展配套政策的实施,双管齐下,能耗量会有阶段性的下降,整个社会表现出技术驱动和可持续发展意识提升的环境保护的利好现象;同时,对于未来环境的担忧使得人们会适度节制过度消费的欲望,跨期消费冲动减轻,则会有意识降低能耗增加速度,提升能源效率等,经济增长和能源消耗有可能进入脱钩状态。经济发展到了传统碳基能源的解锁阶段并逐渐向高级阶段演进,第三产业和可再生能源占主导。新能源开发技术成熟,低成本应用推广,实现多能互补推进,传统能源逐渐被可再生清洁能源替代。但

是，后工业化时期，以服务和智能为主导特点的社会阶段，信息通信技术（information and communication technology，ICT）生产力革命推动社会生产等各个领域广泛开展智能化转型，智能感知和执行功能的推进，智能技术的渗透及作用的发挥均需要建立在对能源的强烈需求上。信息化、数字化、智能化的新模式新业态对能源消费提出了更高要求，需求激增。如果新能源的开发和应用无法满足需求，为了保障系统运作，企业又将会依靠传统化石能源。后工业化时期，除了提高能源效率，新能源的开发和利用是有效解决智能化转型对能源需求的关键环节。

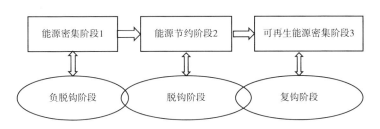

图 3 - 1　工业化不同阶段特征

能源消耗具有显著的 EKC 拐点特征，探索其能否单向递减要深究经济系统运行规律。总体来说，各国发展的非均衡性使得能源消耗整体规模不可能进入大同而治的平衡阶段。发达国家率先实现经济高级化，环境保护意识也率先苏醒，寻求"污染天堂"转移之地从空间换位角度降低本国污染排放，并且在国内拥有先进的节能技术，由内至外减缓污染程度甚至是直接转移切断本地的污染源，能够有效实现低耗能高增长的良好模式；而一部分发展中国家为了经济发展而成为"污染天堂"的承接之地。当前，在极端气候和环境问题下，全球各国都开始关注能耗和排放问题，试图寻找增长和低耗的平衡点，此时更要厘清社会发展不同阶段、不同特征影响下能源消耗的演化规律。

3.1.2.3　基于 EKC 的经济增长与能源消耗脱钩的一般规律

发达国家的经验指出，经济增长与能源消耗关系的变化规律也符合环境库兹涅茨曲线（杨先明和黄宁，2004）。EKC 理论的验证是用经济、环境指标的绝对值形式，其中的拐点实际是一种时间段特征，而非时间点，体现了交互关系逐渐变化的过程（王勇等，2016）。那么，稳健的 EKC 结论势必也适用于相对值表征下经济增长的某些现象，并成为探讨不同发展阶段下能源消耗响应变化的重要理论依据。

目前，大量研究证实了随着经济发展，能源消费量存在转折点（Seleden and Song，1994；宋马林和王舒鸿，2011；方文玉等，2016）。那么，转折点必然也是经济增长与能源消耗关系变化的重要拐点，分发展阶段依托能源消费量的拐点特征能够完成对脱钩基本变化轨迹的描述。以经济发展不同阶段的能耗特点为依据，划分为高速工业化的碳基能源锁定、工业服务化升级转型的能源解锁及服务化高级阶段的再生能源锁定三个阶段，其中不同阶段的结构、技术等也不尽相同，而脱钩也因水平差异和主要能用特点的不同而呈现曲线变化，具体如图 3 - 2 所示。图 3 - 2 中以经济发展水平为横轴，脱钩指数为纵轴，根据临界值（$dr = 1$，$dr = 0$）划分出Ⅰ、Ⅱ、Ⅲ的相对脱钩、绝对强脱钩及负脱钩区间，Ⅰ、Ⅱ区域属于有效脱钩区，Ⅲ是无效脱钩即负脱钩区。临界值（$dr = 0.5$）把相对脱钩细分成积极脱钩区和消极脱钩区，拐点 Y_1^*、Y_2^* 是脱钩指数与经济发展水平关系方向发生变化的转折点，交点 A－E 表示脱钩类型跨越变化的警戒点。工业化高速发展的能源锁定阶段，主要包含了农业到工业化的交接期和工业高速发展两个阶段，脱钩经历了Ⅰ－Ⅲ区间的演变路径，其间包含了第一个拐点和警戒点 A。以第二产业传统碳基能源消耗为主的发展模式，意味着逐步实现工业化的阶段能耗从柴草类等转变成煤炭、石油等化石能源类型。此类能源来源碳基含量高，能源消耗即伴随着大量的二氧化碳排放，对环境造成极大的污染。这一阶段的增长以高能耗和高排放为代价，体现为脱钩指数不断变大，甚至突破了警戒点的临界值，进入了负脱钩区间。高速工业化时期（$0 < Y < Y_1^*$），经济发展依赖能源要素投入，表现为二者在速度的相对值和规模的绝对值上的协同，脱钩指数值不断增长直至跨越临界值，

在一段时间内体现出了经济发展伴随着脱钩指数增加。

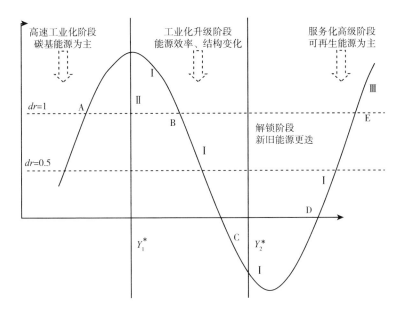

图 3－2 脱钩效应的一般演化轨迹

工业化升级阶段（$Y_1^* < Y < Y_2^*$），脱钩状态沿着Ⅲ－Ⅰ－Ⅱ区间的曲线轨迹变化。随着经济不断发展，一定时期的负脱钩（Ⅲ区）状态逐渐缓解并跨越第二个警戒点 B 后进入相对脱钩区域（Ⅰ区），历经了消极脱钩区和积极脱钩区最终进入绝对强脱钩区域（Ⅱ区），实现了理想的脱钩目标。强脱钩描述了经济增长伴随着能耗零增长甚至负增长，意味着不论基量数值有多大，能源消耗增量均为负，这是理想的高增长和低能耗表现，也是追求的可持续脱钩的最佳状态。工业化升级阶段，最先发挥作用的是技术效应，能源利用率的不断提高主要有赖于在实际生产中节能技术的广泛引进（Ma and Stern，2008）。同时，可再生能源的再生技术开发和应用改变了传统依赖化石能源的发展模式，碳基能源逐渐被替代。节能、新能源开发技术提高了能源效率、减少了化石能源消耗均是脱钩指数逐渐变小的原因。一般认为，新经济时期的新变化主要体现在社会经济的结构性特征变化带来的经济增速的差异性变化（刘

伟和蔡志洲，2016）。那么在工业化升级的新经济阶段，结构性变化体现出的存量经济到质量经济的转变，也是社会经济发展能用模式优化的主要原因之一。米志付等（Mi et al.，2016）在以中国为样本的研究中发现 2005～2012 年能源节约的能效贡献度逐渐由 23% 降到 6%，结构效度的贡献逐渐增强，超越了技术进步。在工业化升级转型的服务型产业主导阶段，产业结构变迁是脱钩的重要推力，技术驱动的脱钩效应逐渐由结构驱动所替代。在高能效主导和可再生能源更迭期间，实现经济转型中的高速发展与低污染、低能耗并存是社会进步和可持续发展成效的体现。

服务化高级阶段（$Y > Y_2^*$）是后工业化期间传统碳基能源解锁后又进入新能源的锁定阶段。脱钩状态经历了 II－I－III 的演变轨迹，由理想的绝对脱钩转变为相对脱钩，并在一定时间内进入负脱钩/复钩的无效状态。信息化、智能化技术的发展和应用，使得服务型和智能型模式成为后工业化时期的主要特征。智能商贸、制造、生产、建筑及服务等信息化模式在降低对碳能源的需求的同时激发了对新能源的需求。信息通信技术的生产力革命贡献和能源反弹效应已成为学术界主流共识。赫尔瑞和罗伊（Herring and Roy，2002）发现，远距离电子化的学习模式比传统的线下学习消耗的能源规模更大，且生产服务行业的智能商务模式、智能出行等都对能源产生极大的需求（Stern and Cleveland，2004）。这一阶段多能互补推进，新旧能源更迭演进，新能源将逐渐替代旧能源成为主流。后工业化的服务型导向时代，经济大国的经济增长率水平相对较低（纪明和梁东黎，2011），这意味着经济增长已从单纯追求数量规模的扩大转变成追求质量的结构优化。在此期间，经济增长速度降低，表现为能耗增速扩大、经济增速减缓的靠拢过程，则体现了二者之间由脱钩逐渐向负脱钩 III 区间转变。但此时，随着能源结构变化，已由对早期的化石能源的需求转变成对新能源的需求。从整体上来看，能源消耗和经济增长进入复钩状态，这种复钩状态并非是消极的。

由于效率驱动和结构驱动的作用，化石能源消耗脱钩是必然的，但是不同阶段的发展差异导致脱钩的动态变化也是存在的，表现为波动性不稳定和非均衡。未来，在经济发展、结构变化、技术进步及政策干预等因素综合作用下，能源—经济—气候系统内各子系统间耦合、分离的非线性和复杂性等动态关联属性将是导致对未来环境问题预测产生较大分歧的根本原因（孙广生，2012）。基于 EKC 理论范式梳理脱钩的变化轨迹，从一般状态下实现了对脱钩类型的甄别，以辨识经济—能源子系统分离的非线性特征，为下一步的实证分析提供了理论依据。为了深入分析脱钩效应的可行性和潜力性问题，本书通过构建内生增长模型进行动态最优求解，梳理能源压力与经济动力相关关系变化根源的普遍性规律。

3.2　经济增长与能源消耗脱钩效应的内在机理

在垂直创新模型框架下，本节将能耗强度和碳减排比例引入生产函数，将人们对气候变化的警惕意识引入效用函数，建立了一个动态的内生低碳经济增长模型。通过求解所建模型，解锁出经济长期均衡增长的最优路径下经济增长与能源消耗脱钩的表达式，实现从理论角度对能源强度和能源消费结构变化与经济均衡增长的相互关系进行讨论，也能分析各参数对经济最优增长路径的影响。在经典的内生增长模型中引入可再生能源和不可再生能源，从微观视角探讨能源经济效率变化的理论机制，借此梳理出能源压力与经济动力的相关关系，建立了微观视角下脱钩驱动的理论模型。利用内生增长模型的稳态增长动态最优化解对能源效率变化的影响因素，分离出影响二者关系的动态参数方程。

3.2.1　经济增长与能源消耗脱钩数理模型构建

在传统经济增长模型基础上，经济学家们尝试推进新古典增长理论,试图从内在角度探索增长的原动力。沿着阿诺(1962)的思路,罗默(1986)试图将技术要素作为内生因素,以克服"干中学"的缺陷和不足,将技术、知识溢出效应作为经济增长原动力的一部分解释。他指出,专业化的知识积累促使外溢效应产生,外溢效应在促进自身收益递增的同时还能促使资本、劳动要素的收益递增,最终带来经济增长。在此基础上,卢卡斯(Lucas,1988)在增长理论框架中引入人力资本生产部门,发现了人力资本在经济增长中的重要作用。因此,在探讨经济增长的同时,除了要分析传统要素的动力作用,更要在有限的条件下,探讨关键要素如何发挥自身作用,生产中不但要实现效率优化,考虑产出最大化,同时也要考虑不良产出引发的原因,及如何解锁不良产出等问题。技术、知识内生化的增长模型是解释经济增长可持续问题的重要理论来源,能源要素的内生化也是该问题的核心条件,不但体现能源的经济效应,同时还能体现其与其他要素的替代效应。许多研究中将能源枯竭问题、环境效应约束或二者双重约束等条件纳入内生增长模型中以寻求最优经济增长路径的一般属性,以此作为探讨经济发展和能源利用的可持续性规范特征的理论基础(左文鼎,2014;蔡海霞,2015),但很少从经济增长与能源消耗脱钩效应视角进行分析。由于脱钩效应是可持续发展研究的核心目标,同样拥有根植于内生增长模型的理论渊源。基于此,考虑能源要素的约束性,通过构建包含产品生产、技术研发及能源可再生的三部门模型,利用动态最优化求解方法推导脱钩效应的数学表达式,探讨经济增长与能源消耗脱钩效应的微观机理,为开展中观、宏观分析提供理论基础。

三部门模型的动态最优化求解是从代表性家庭和企业等微观单位出发,为中观、宏观层面的深入分析提供稳健的科学基础。代表者模型是主导性的宏观经济分析框架,是宏观经济动态学的标准工具(托洛维斯基,2002),也是探讨经济增长与能源消耗脱钩效应内在理论机制的重要工具。厂商对要素统一分配、组织生产,家庭根据收入消费不同类型产品并因此获得效用,部分最终产品用于资本积累,而技术和能源的持续投入在保障生产的同时也维持了家庭效用，整个环节在一个闭环系统内实现交替、对接。三部门模型的生产函数是解锁二者关系脱钩的重要切入点，其中加入能源要素以体现与产出的关联性；技术研发部门不但是经济增长的动力来源，同时也为新能源应用和推广提供技术支持；能源再生部门体现了能源开发和消耗的存量变化的运动过程，将能源分为可再生能源和不可再生能源，以便区分能源结构变化对脱钩的影响作用。

3.2.1.1　基本模型的设定和构建

基于规模报酬不变和厂商同质化的假设前提，只需针对代表性厂商的最终产品生产部门予以设定。最终产品生产函数中包括物质、人力资本、能源要素等，借鉴现有文献的设定方式，将代表性厂商最终产品的生产函数设定为：

$$F(K,uH,E) = A^{\beta}K^{\alpha}(uH)^{\beta}E^{\gamma} \qquad (3-5)$$

其中，A 表示技术水平，$uH = HY$ 是人力资本用于生产部分，Y 代表产出内容，K 是物质资本，α,β,γ 分别表示各投入要素的产出弹性。假设人力资本（H）一部分（uH）投入最终产品生产，另一部分 $[(1-u)H]$ 则在研发部门创造价值以体现以知识存量和技术进步为主的研究和开发部门的技术进步特征。

研发部门代表了知识生产、创造、积累等发挥的能效提高、生产效率进步及新能源技术研发等综合因素，则设定技术累积存量变动的方程为：

$$\dot{A} = \delta A(1-u)H \qquad (3-6)$$

其中，$\dot{A}$ 代表社会生产中的技术进步，是产出效率和能源利用效率提升的主要渠道；δ 是指研发部门的生产力系数；$(1-u)H = H_A$ 表示投入研发部门的人力资本。知识是非竞争投入，所有的研发者都可以在同一时

点利用 A，把所有研发人员成果加总，则可得上述代表知识变化和技术进步的式子。技术进步是人力资本投资、研发效率和当期技术水平利用的综合效果。研发部门投入的人力资本比例越大则代表新知识生产能力越强，技术水平、生产能力和效率水平越高。

物质资本的运动过程建立在产出主要用于消费和资本积累的假设前提下，不存在资本折旧，资本存量变化的过程可以用如下方程表示：

$$\dot{K} = Y - C \qquad\qquad (3-7)$$

其中，$\dot{K}$ 表示资本的增量，C 表示用于消费的部分，Y 表示总产出。

能源是生产中必不可少的投入要素之一，假设能源分为可再生能源和不可再生能源，那么能源存量运动方程为：

$$\dot{S} = vS - E \qquad\qquad (3-8)$$

其中，$\dot{S}$ 表示能源的增量，v 表示可再生能源的再生速度，S 表示能源存量。从可持续稳定增长的角度来说，需要源源不断的能源供应以满足人类发展的需求，同时在能源消耗过程中伴随着高效、洁净的低污染甚至是零和的正面积极影响效应，但是现实世界中不可再生能源耗竭性和高污染性、可再生能源的再生技术和适用性的局限等问题都与理想中可持续能源消耗的状态相背离，为了体现这种现实与理想的矛盾对均衡增长的影响，在能源存量运动方程中区分了可再生能源和不可再生能源，以此凸显二者的差异。

能源要素的稀缺性对最终产品生产具有不可忽视的影响从而间接作用于家庭效用，而能源消耗产生的环境效用也通过气候变化等自然环境调整对生产和生活产生约束与不利影响。家庭效用来自当前产品消费和未来消费的预期及计划，其获取受制于收入水平，而提高消费能力、扩大效用、追求收入增加等利益驱动会诱导社会中劳动、资本要素等跨部门、跨区域流动。总体而言，家庭效用等级性、可持续性差异等问题也

会反过来影响生产中能源消耗及其替代效应。假定代表性家庭的总效用
函数为：

$$U = \int_0^\infty u(c) e^{-\rho t} \mathrm{d}t = \int_0^\infty \frac{c_t^{1-\theta} - 1}{1-\theta} e^{-\rho t} \mathrm{d}t \qquad (3-9)$$

其中，$0 \leqslant \theta \leqslant 1$，$\theta$ 表示相对风险厌恶系数（跨期替代弹性的倒数），越
大表示越厌恶风险；ρ 表示纯时间贴现率，反映当前消费偏好，ρ 越大越
倾向折现未来消费的欲望，用时间贴现率可以体现出人们消费方式的影
响；一阶导数 $U'_c > 0$，二阶导数 $U''_c < 0$，表明边际效用递减。

3.2.1.2　动态优化的最优增长路径求解

不考虑能源消耗产生的环境破坏对消费者效用的影响，仅考虑产出
和效用的最优决策，即在产出、能源、资本和技术等条件的约束下要保
持消费者效用最大化则需要解决下列动态最优化问题：

目标函数：　　$\mathrm{Max}U = \int_0^\infty \left(\frac{c_t^{1-\theta} - 1}{1-\theta} \right) e^{-\rho t} \mathrm{d}t \qquad (3-10)$

约束条件：　　$\begin{cases} F(K, uH, E) = A^\beta K^\alpha (uH)^\beta E^\gamma \\[2mm] \dot{A} = \delta A(1-u)H \\[2mm] \dot{K} = Y - C \\[2mm] \dot{S} = vS - E \end{cases} \qquad (3-11)$

解决上述最优化问题是求解连续时间条件下泛函积分的最大化问
题，构造现值 Hamilton 函数，具体表达如下：

$$J = \frac{c_t^{1-\theta} - 1}{1-\theta} + \lambda_1(Y - C) + \lambda_2 \delta A(1-u)H + \lambda_3(vS - E)$$

$$(3-12)$$

其中，$\lambda_1, \lambda_2, \lambda_3$ 是 Hamilton 乘子，分别为各要素的影子价格，控制变量

为 (C, E, u)，状态变量为 (A, K, S)。最优解的一阶条件为：

$$\frac{\partial J}{\partial C} = C^{-\theta} = \lambda_1 \qquad (3-13)$$

$$\frac{\partial J}{\partial u} = \lambda_1 \beta \frac{Y}{u} - \lambda_2 HA\delta = 0 \qquad (3-14)$$

$$\frac{\partial J}{\partial E} = \lambda_1 \gamma \frac{Y}{E} - \lambda_3 = 0 \qquad (3-15)$$

状态变量的欧拉方程为：

$$\frac{\partial J}{\partial K} = \rho\lambda_1 - \dot{\lambda}_1 = \lambda_1 \alpha \frac{Y}{K} \qquad (3-16)$$

$$\frac{\partial J}{\partial A} = \rho\lambda_2 - \dot{\lambda}_2 = \lambda_1 \beta \frac{Y}{A} + \lambda_2 \delta H(1-u) \qquad (3-17)$$

$$\frac{\partial J}{\partial S} = \rho\lambda_3 - \dot{\lambda}_3 = \lambda_3 v \qquad (3-18)$$

横截性条件为：$\lim_{x \to \infty}\lambda_1 Ke^{-\rho t}=0, \lim_{x \to \infty}\lambda_2 Ae^{-\rho t}=0, \lim_{x \to \infty}\lambda_3 Se^{-\rho t}=0$，保证了资本、知识及能源变化是收敛的。其中，$g_x = \frac{\dot{x}}{x}$ 表示某参数的变化率，一般是对原值进行取对数再进行时间求导求出参数的变化率。结合上述的式子，可得各变量变化率关联式子如下：

$$g_E = \rho - \delta uH = \rho - \delta H_Y \qquad (3-19)$$

最优均衡增长路径上存在 $g_Y = g_K = g_c$，则：

$$(1-\alpha)g_Y = \beta g_A + \gamma g_E \qquad (3-20)$$

$$(1-\theta)g_Y = g_E + \rho - v \qquad (3-21)$$

可解得接近均衡路径的能源消耗、产出变化率及弹性脱钩指数的数学表达式：

$$g_Y = \frac{\beta\delta H(1-u) + \gamma(v-\rho)}{\beta + \gamma\theta} \qquad (3-22)$$

$$g_E = \frac{\beta\delta H(1-u)(1-\theta) + (1-\alpha)(v-\rho)}{\beta+\gamma\theta} \qquad (3-23)$$

$$dr = \frac{\beta\delta H(1-u)(1-\theta) + (1-\alpha)(v-\rho)}{\beta\delta H(1-u) + \gamma(v-\rho)}$$

$$= 1 + \frac{\beta(v-\rho) - \beta\delta H(1-u)\theta}{\beta\delta H(1-u) + \gamma(v-\rho)}$$

$$= 1 + \frac{\beta(v-\rho) - \beta g_A\theta}{\beta g_A + \gamma(v-\rho)} = 1 + b \qquad (3-24)$$

由以上式子可知，最优控制理论下推导的脱钩指数数学表达式中影响其变化的因素主要有生产要素、再生能源、技术水平等相关参数，体现了追求绿色经济长期增长的脱钩指标变动的内在根源，这也是开展外在影响分析的理论基础。

3.2.2　经济增长与能源消耗脱钩的内在机理

经济长期增长过程中相关变量的变化会影响脱钩指数，尤其是关键变量变化特征产生的一般性影响，是梳理和总结脱钩效应静态性演变普遍规律的重要借鉴。

由式（3-19）和式（3-20）可知，经济是否稳定增长取决于技术和能耗因子等对应参数的加权和，能源消耗速度与投入的劳动力成反比。结合式（3-21）可知，实现经济稳定增长与能源消耗减少的理想绝对脱钩状态取决于其他生产要素及可再生能源的相关因子变化。为了进一步说明具体变化，由最终的数学式进行分析。由式（3-22）可知，$v-\rho > 0(v > \rho)$ 是实现 $g_Y > 0$ 保持经济增长率为正的充分条件。这也体现了最低安全标准准则，即能耗增速不能超过能源的再生速度（Daly，1990）。该条件下能源消耗增速相伴而行，这说明经济长期增长的动力源仍来自能源消耗。转变能源来源的结构，发挥可再生能源的经济效应才是保持经济增长的同时追求传统化石能源消耗减少的绝对脱钩的重要途径。经济增长与跨期折现因子 ρ 成反比，ρ 越大表示消费者当前消费的欲望越强烈，将对经济发展造成严重影响。黄蕊等（2015）认为，跨期贴现率是会不断发生变化的，且对总体累积效应呈倒"U"型的非线性影响，过高的时间贴现率不但削弱了各国累积的总体效用更会拉低经济发展。当前消费欲望越大，能源需求越旺盛，企业对当期能源利用的动机高于未来，大肆开采导致资源枯竭，极不利于经济的可持续发展。诺德豪斯（Nordhaus，2007）认为，斯图恩（Stern）是基于 ρ 几近为 0 即未来各期和当期消费需求不变的假设前提下得出各国都必须立即减排的结论，但如果 ρ 发生变化，那么意味着并不是所有国家都需要进行节能减排，节能减排举措实施可能伴随着经济倒退。因此，兼顾经济增长和能源消耗减少，不能忽视消费因素对经济发展产生的负面影响。消费的预期、实施等是个体化行为，受限于消费者思想意识尤其是收入水平。普遍认为经济越发达，公众节能消费的环境意识越强烈，家庭收入越高，追求社会需求和价值的实现成为个人行为的导向之一，消费的绿色支付可能性越强（Sadorsky，2013）。因此，经济发展水平及收入状态也是影响绿色增长的脱钩效应实现和稳定性的重要因素。

可持续增长的主旨是既保证经济持续增长又能实现能源消耗脱钩 $g_Y > g_E$（$dr < 1$）。由式（3 – 24）可知，追求稳态均衡增长过程中，只有 $b < 0$，才能保证 $dr < 1$，脱钩实现的充要条件是由两个时点消费替代弹性、技术水平、能源结构等因素共同决定的。相关因素具体的影响模式可通过对式子进行整合获得。具体推导过程如下：

由 $dr < 1$ 及式（3 – 24）可知：

$$0 < \beta\delta H(1-u)(1-\theta) + (1-\alpha)(v-\rho) < \beta\delta H(1-u) + \gamma(v-\rho) \tag{3-25}$$

对式（3 – 25）进行移项可得：

$$(1-\alpha)(v-\rho) - \gamma(v-\rho) < \beta\delta H(1-u) - \beta\delta H(1-u)(1-\theta)$$

$$(1-\alpha-\gamma)(v-\rho) < \beta\delta H(1-u)\theta$$

$$0 < (v-\rho) < g_A\theta \tag{3-26}$$

可知 $\theta g_A > v - \rho > 0$ 是脱钩的充分条件,即当技术进步效应和跨期替代相关因子的整合效应大于能源再生率与跨期贴现率的差距时,则实现了可持续绿色增长。θ 越大两个时点物质产品消费之间的替代弹性($1/\theta$)越小,消费者消费物质产品的边际效用下降速度越快,而这种限制有利于消费者保持理性消费,避免了对物质的狂热导致的物质产品部门大规模的生产,从而避免大量消耗自然资源(许士春等,2010)。可见,考虑不同发展水平下通过调节收入限制、控制和引导消费是有助于脱钩效应产生和进行的。技术和人力资本等要素也是脱钩效应的重要影响因子。现有研究中普遍认为,当能源要素相对丰富时,相对脱钩发生概率较高,但是发生绝对脱钩的概率很低(Eric,2018)。技术水平越高,消费模式越具有节能特征,那么在最优增长均衡路径的追求过程中推进脱钩的产生和保持其稳定性、可持续性的可能性就越高。具体而言,在技术影响方面,g_A 越大,dr 值越小,脱钩越明显。充分的人力资本积累和多产的研发部门是技术创新的保障,这也将成为克服日益减少的能源存量引致的消费者福利或者生产延滞问题的关键(Edward,2015)。决定技术因子的知识研发部门投入和技术水平呈正相关。研发部门投入越大,其技能型人才的积累量越大,社会可用的有效劳动力越多,创造力越强。同样地,脱钩的有效路径要专注于低碳能源的开发,发挥绿色消费意识的主导引领,而非单独寻求能源效率技术进步(David,2008)。劳动力要素相关参数作为调节因子发挥效应,其产出弹性系数的叠加效应超过了替代效应,表明产出弹性幅度越大,脱钩指数越大,可见投入生产中的劳动力规模越大,所需要消耗的能源规模也越大,且投入研发部门的劳动力越少,越不利于技术进步,最终将不利于脱钩。而资本却是发挥了替代效应,资本产出弹性越大,脱钩指数越小,意味着资本要素有利于能源消耗的深度脱钩。具体关系表现及结果如表 3 - 2 所示。

表 3 – 2   参数变化说明

$v > \rho\,(g_Y > 0,\ g_E > 0)$	$v < \rho$
$\theta g_A > v - \rho > 0\ (dr < 1\ 正脱钩)$	$\beta g_A > \gamma(\rho - v)\ (g_Y > 0)$
$\theta \uparrow$	$b \downarrow, dr \downarrow$(脱钩深化)
$g_A \uparrow$	$b \downarrow, dr \downarrow$(脱钩深化)
$\alpha \uparrow$	$b \downarrow, dr \downarrow$(脱钩深化)
$\beta \uparrow$	$b \uparrow, dr \uparrow$(脱钩弱化)

　　在最优均衡增长求解过程中，关键性参数包含技术效应、资本要素、能源再生及高收入、发展水平等，体现了脱钩驱动的一般属性，显示当驱动因素能够发挥足够大的交叉效用时，脱钩是可行且可持续的。这是脱钩发生的合理性和有效性的重要理论依据，也为研究脱钩的潜力性问题构建了本源的理论基础。然而，基于内在增长模型的脱钩效应微观内在机理的分析是在追求经济增长效应下对相关因子进行的静态影响分析，经济运行系统的内外互动、内部协同等动态特征显示了静态分析的片面性，要全面、系统地对脱钩效应的影响机理进行分析需要重视运行系统交互性的作用。因此，为了完善脱钩的理论分析框架，后文将针对不同维度交互影响的脱钩动态性关联进行分析。

3.3　经济增长与能源消耗脱钩影响的关联机理

　　对经济增长与能源消耗脱钩的演化轨迹和理论机理进行梳理和分析对于回答如何挖掘脱钩的潜力性问题极其重要。现实中如果盲目追求"去煤化"会使目前的能源结构骤然失衡，导致能源结构调整的"硬着陆"，进而影响整个经济社会的持续健康发展（韩建国，2016）。而要在经济可承受的范围内减少对高碳能源的使用，实现能源消耗的去同步化，则需要关注经济运行系统中局部交互性、整体结构性特征。这种特征体现为，彼此间的紧密关联会成为脱钩效应的重要影响力来源。产业间具有投入产出关联效应的行业会表现为有形、无形要素流通，并产生行业间的溢出效应；而在空间维度上，交通运输基础设施等为突破空间区域的界限搭建了交流和合作平台，使得经济活动具有空间溢出的影响效应（张志和周浩，2012）。不同维度内经济子系统运行机制不同结构、不同要素的交互性会通过溢出效应建立彼此的关联性，进而产生不可忽视的外来影响力。因此，研究脱钩动态性成因则需要从时空角度深入结合产业、空间领域的互动性理论进行分析。

3.3.1　产业关联的基本范式

产业关联是指通过产业链各节点的衔接不同产业之间产生联系，反映在生产和销售环节，还体现在技术、人才、资金、信息等方面，形成上下左右对接的依存之相。下游企业需要上游企业提供原材料或零部件，上游企业需要下游企业购买其产品，或者同一产业链上的不同企业在竞争中形成虚拟关联之相，或者不同产业之间通过技术、人才、资金、信息等方面的共享和合作，形成相互关联和互相促进的相关关系。通过有效的上下游关联和依存，衍生出多种益处，能够促进产业升级，通过供应链的优化和合作，提高整个产业的效率和竞争力；能够促进区域经济发展，形成产业集群和产业链，促进资源共享和经济效益最大化；能够促进创新，通过技术、人才、资金等要素的共享和合作，推动产业的创新和发展；能够带动就业，通过产业链的扩展和升级，创造更多的就业机会。基于此，本节将从产业关联范式角度对能源消耗和产出增长脱钩演化路径的微观机理进行分析。

一般来说，行业技术进步可分为要素节约的偏向型和无要素节约的中性技术进步类型，后一种是指不会引起要素结构比例调整的技术进步，而其他类型的则归纳为要素偏向型技术进步，是指可以引起要素边际生产率变化或者引起要素边际替代率变化的技术进步（希克斯，1987）。斯图恩（Stern，2000）认为，资本等要素增强型的有偏技术进步充分发挥了对能源要素的替代效应，改变了生产投入要素结构比例，尤其是技术密集型资本产品的使用，提高能源效率、转变能源结构模式（Kim，2013）。要素节约型的有偏技术进步及替代效应能够通过改变行业结构和要素特征达到充分提高能源利用效率的增产节能作用，极有效地推动了经济增长能源消耗脱钩的形成和深化转型。行业产出的规模效应、中性技术进步通过加速专业化生产、节约交易成本等直接或间接地减少关联部门生产活动过程中的能耗。部门的产出规模和质量是评价部门内生产效率的重要指标。规模大、质量高，产出成本低，市场竞争力强，则能够有效地向垂直或水平流向部门供应或接收原材料、零部件、半成品等物质资本。行业间配合协作降低了企业投入到寻找优质资源及进行产品和服务的传输成本，极大地节约了交易成本，推动行业内部生产、供应的规模化和低成本化。而当部门内某一项特定技术达到其发展的极限后，旧技术被淘汰，新技术产生，相应的技术参数得以提升，发挥了高效生产的效力和潜力。同样，行业内实现较高技术水平的高级阶段的部门比例越多，规模效应和专业化生产越有利于生产、产品、要素及服务的输送传递，对内发挥积极的推动作用，对外则强化了彼此交流的渠道平台构建。

当能源要素从低生产率或生产率增长较低的部门向高生产率或者生产率增长较高的部门转移时，就会促进该部门内总能源效率的提高，主要体现为要素流动及依托产品的隐含性技术溢出发挥的脱钩效应的驱动作用。行业局部间的流通则是产业关联理论的核心内涵。有形、无形要素跨越产业边界所带来的产业关联属性，其流动要素、技术及知识等可以在关联产业间同时被采用或起到相互借鉴的作用，其影响力被迅速扩散（黄鲁成等，2017）。这种流动到相邻行业产生的溢出影响成为行业局部的外界条件来源之一，引发行业内脱钩系统变动。具体来讲，在供应链各节点，行业部类分而处之，强关联行业以更加紧密的蛛网形式在时空层面紧密连接，弱关联行业也会通过邻近行业的交流产生间接的溢出。行业间交流节点的存在为部门间节能高效技术提供了学习和模仿的机会。当上游企业引入高效和节能的工艺和原料进行生产时，通过前、后向关联的节点进行的产品和原料输送能够产生市场效应，为下游企业学习新技术提供借鉴。同样，激烈的市场竞争和低碳减排的环境规制举措使得同行也积极试行节能新技术，纵横交错以有形实体为依托推动能源要素节约偏向型技术溢出。而当具备市场主导优势的下游企业将节能环保理念纳入物料采购的考虑因素时，也有助于上游企业加快节能的新技术、新工艺、新材料的采用，这种由上而下的溢出在同类行业中表现得更加明显。产业间通过人才流动、思想传播等途径实现节能知识、创新方法等隐性知识溢出是技术溢出的一般方式，这种隐性知识载体在相似产业之间流动往往会产生强的技术溢出效应，在全域范畴内产生整体性的节能高产效应。基本过程如图 3 - 3 所示。

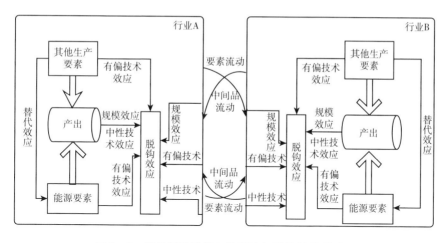

图 3 - 3　产业经济增长与能源消耗脱钩的关联过程

技术及其溢出对脱钩影响的一般属性是明显的，技术溢出本身是一个动态过程，且企业主体特征、产业集聚程度、区域环境、区位特征以及社会交流网络等因素都会在很大程度上影响技术溢出效应（赵勇和白永秀，2009）。那么，具有突出个体属性的行业与异质性突出的行业间的技术溢出势必会在方向、幅度等作用状态上具有差别，总体上会体现出系统影响的非线性特征。而要素、产品作为技术流通的载体也会成为行业局部间交互性和关联性进行的重要路径，发挥行业溢出影响。

3.3.2 区域关联的基本范式

不同地区通过交流合作，打造区域相近的经济和文化体系，促进各地区共同发展，就形成了区域关联。这种关联可以通过地理上的相互依存存在，也可以以经济上的互补和合作，包含不同地区之间的资源和产业互相补充，或者通过文化交流和融合，甚至是地方政府的合作等路径形成。总的来说，这种在地理、产业、文化，或地方合作形成的区域关联，主要会通过生产要素包括人才、资金、技术、资源等的流动和共享，促进不同地区之间加深联系；也会通过信息的交流和共享建立互融的通道，通过信息技术的发展，不同地区之间可以进行快速、高效的信息交流和共享，尤其是信息化、智能化、便捷性的现代运输体系消除了各地区间的交流壁垒，更为跨区域沟通提供了便利，经济活动在空间上突破城市或区域的地理壁垒表现出广泛的关联性。那么，基于外部性理论关注个体空间的交互性是探讨经济增长与能源消耗脱钩系统局部空间动态变化和差异性根源的重要理论基础。

3.3.2.1 空间关联与溢出效应

外部经济是地理经济学的理论基础，也是个体经济活动空间交互的理论源头。地区间通过贸易、要素流动、技术扩散和制度移植等方式进行局部碰撞，实现有形要素、产品和无形知识、技术的交流。经济体在空间维度上就建立起了广泛的关联，"垂直联系"模型也正是这一关联的实现形态（Venables，1996）。经济要素在地理区域输入、输出，一定程度的外部性表现出来的溢出效应会对邻近区域经济系统的动力、结构等产生影响。缪尔达尔（Myrdal，1957）在"循环累积因果"的关系研究中指出，在一定程度上贸易和要素的流动会对落后地区产生回波效应。当生产要素由落后地区向发达地区流动时，即为回波效应；而要素的反向流动则为扩散效应。当周边的优势资源集聚到增长极中心，发达地区实现更大幅度和更高层面的自身发展，表现出"个体增长"的极化效应；跨越了发展的前期阶段，发达地区会对欠发达地区产生反哺效应，通过发挥溢出作用改善周边区域的经济发展环境，体现为涓滴效应，实现区域共同发展。这种输入输出的区域间交互则是地理经济学中溢出效应反馈的重要渠道和体现模式。就区域经济体而言，加强涓滴效应，充分发挥发达地区对外的正面影响，意味着系统内外的沟通及外来要素的流入是落后地区经济增长新动能形成的助力和来源之一。以资源丰富的地区为例，增长中心的极化效应有助于劳动力和资本要素的流入，在一定程度上缓解了内部能源消耗压力，而涓滴效应是发挥中心地区的溢出效应，反作用于周边地区。

"地理学第一定律"指出，任何事物在空间上都是有联系的，其中距离近的比距离远的关联性更强（Tobler，1970）。经济要素流动的溢出效应都与地理距离有着直接的关联，距离在经济和社会生活中发挥着重要的作用（Combes et al.，2008）。"蔓延扩散"理论提出，空间关系具有距离衰减的特征。以企业区位选择为例，不仅要重点考核原材料、市场或劳动力成本等因素的地理位置，更要考虑全国或区域市场的区位。尽管交通便利化缩短了空间距离，但是由于客观距离差异而可能产生的时间滞后性等问题仍然是企业家选址时重要的考虑因素之一。尽管个体关联的影响作用效应不确定，但可以肯定的是相邻距离的空间位置更有利于溢出。同样，经济运行系统中能源消耗并非仅具有个体的独立性表现出隔断性，而具有一定的空间关联（吴玉鸣和李建霞，2008）。洪竞科等（Hong et al.，2020）利用中国省级层面数据的研究显示区域间能源联系的空间性和溢出效应，且忽略这种空间关联会误判交易视角能源消耗减少的潜在因素。那么，区域经济及能源关联渠道是个体脱钩效应重要的影响因素来源。

3.3.2.2 空间关联溢出的脱钩影响

"核心—边缘"结构理论表明，地区间溢出关联主要通过商品的购买、投资的增加及劳动力的移动来实现，直接影响地区的能用方式和能源储备（Krugman，1979）。交通运输的便利性、空间可达性提高了商品移动的可行性，为地区内产品结构调整产生的需求空缺或生产断层提供了解决之道。地区间经济发展差异显著，发达地区调低污染产业比例，解决耗能产品需求的直接有效的方式是进行产业地区间转移。中国大多数省份的国内贸易都表现为污染避难所模式或要素禀赋模式（张友国，2015）。经济发展水平高、规模大、创新力强的中心区域，重点布局低能耗的服务类或知识密集型产业，供应该类产品，区内保留优质资源和低污染环节，而选择性地向周边地区输出部分要素、资源等，将高污染、劣质资源驱逐出去。同样，为了满足不断扩展的产品需求，发展本地经济，资源丰富省份承接高能耗产业，为其他地区提供该类产品。地区产业结构差异化是不同商品交易、流通的重要根源，也是地区溢出影响扩散的重要因素。众所周知，要素投入是区域经济增长的主要来源。而要素替代的增长效应更是不可忽视的（张月玲和林锋，2017）。资本、劳动力要素区间自由流动，通过调整地区内产业生产要素的投入比例就能实现降低能耗、平衡能耗结构的失衡状况。发达地区凭借自身优势，吸引了大量人才、资本流入，劳动力、资本等要素在本地区形成集聚，通过消费转移的形式引起地区市场规模变化反作用于产品的流通，同时通过发挥要素替代效应发挥增长助力作用，有助于主导产业实现经济增长与能源消耗的脱钩。技术扩散、制度移植使后发地区能够通过模仿、学习引入先进技术实现制度改革创新等获得经济增长的动力（姜文仙，2014）。技术扩散过程既出现在产业层面，通过上下游产品流动实现扩散溢出；也能在区域空间维度，通过调整影响地区的产业结构、生产效率等发挥溢出作用。后发地区通过借鉴、学习先发地区的先进技术，实现节能增产推动有效脱钩甚至是绝对脱钩。从制度政策角度来看，区域经济存在行政角度的关联，导致节能减排增产不仅受制于市场机制的作用，同样会受地方性政策干预影响（盛广耀，2018）。比如，企业为了降低自身的治理成本，可以跨地区迁移到环境规制相对宽松的地区，从制度层面体现了地区内的环境政策对区外企业投资行为的影响，最终将导致地区间不同类型产业的分化调整及地区间商品交易的盛行。当某个区域的能源流入量（或流出量）占比很高，那么对该区域执行能源政策可能会对其他区域也产生较强影响（Sun and An，2016）。制度政策层面的关联作用最终反馈于产业布局、要素流通等一系列经济行为、活动的变化上，从而对相邻区域的脱钩系统产生不可忽视的影响。基本过程如图3－4所示。

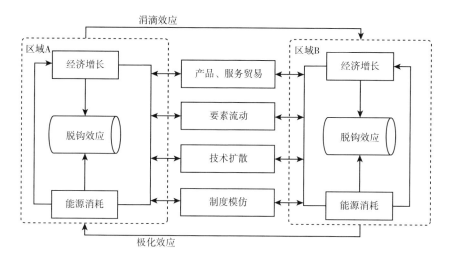

图3－4　区域经济增长与能源消耗脱钩关联

总体而言，商品、服务、要素、技术等流动体现了隐含能源或节能技术的空间转移，忽视国家价值链节点间接能源消费的空间转移的外在关联性，忽视地区间的差异性和关联性，将导致节能减排政策很难发挥应有的效力。因此，从空间维度厘清地区间经济关联的溢出对于能源流动和能源消耗方式的影响，是为脱钩效应的区域差距性问题构建理论分析基础。当把关联溢出界定在一国边界内，则主要分析国内不同地区间的交互性影响，而当空间范围的宽度不断加大，国家作为全球经济系统的局部，对外贸易等跨国交流活动使得这种关联超越了一国边界，则需要立足全球层面分析国家交往的冲击影响。

3.3.3 国际关联的基本范式

在国际经济体系下，一国的经济发展受对外或者对内的投资、贸易等影响。通过跨国产业链合作，不同国家之间实现产业互补和经济合作，也可以通过国际金融和投资合作，促进不同国家之间资本流动和金融合作，还可以通过技术创新和知识产权合作，促进不同国家之间技术创新和知识产权保护。各种关联途径下隐含能和直接能源能够跨国转移，经济活动和生产要素向具有比较优势的地方集中（贺灿飞和梁进社，2004）。跨国交流使得国家经济体的绿色化发展过程中面临诸多外来因素的冲击，这也成为国家、地区层面政策制定需要考虑的重要方面。具体流程如图 3 - 5 所示。

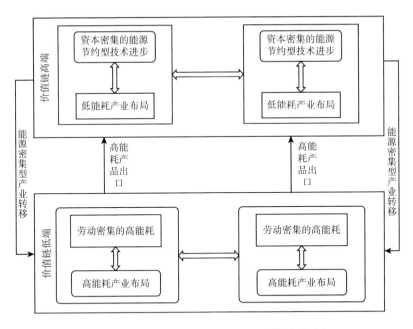

图 3 - 5　全球经济增长与能源消耗脱钩关联过程

贸易商品的结构是由国内要素禀赋及国际分工环节等因素共同决定的，而跨国贸易的技术溢出对东道国生产结构、效率的影响性也不容忽视。从要素禀赋角度来看，生产专业化的可行性及产品节能化的高效性是由自身资本和劳动丰裕程度决定的。资本跨国流动推动了资本要素的地理空间集聚性，而资本的丰裕性则有利于资本密集型行业发展。其行业在市场规模的影响下能够呈现出能源消耗型技术进步（何小钢和王自力，2015）。劳动密集型地区的技术水平较低、能耗高、污染重，在以环境换发展的基本导向下商品生产以劳动密集型结构为主。同时，在全球价值链分工体系中，发达国家布局发展低能耗的知识密集型服务行业，处于价值链的高端环节，注重进口高能耗产品比例而出口低能耗产品；发展中国家普遍位于价值链的低端环节，承接发达国家的污染转移产业，出口高能耗产品，生产、加工需要高化石能源投入但低附加值的产品。因此，贸易对一国生产的能源消耗产生极大的影响。从技术溢出视角来看，发展中国家可以从发达国家购买资本品从而达到快速提升的能效和产出。节能技术和蕴含高科技的技术溢出跟随着物化于进出口设备，以及操作说明或培训项目里的隐形技术也在商品转移时一并得到了交付，但是，这种隐形的溢出效应由于传导路径的障碍或者吸收能力差异导致影响的时滞长、范围有限。国际技术溢出效应对脱钩影响受限于各国经济水平。而在开放经济下全球化洪潮中，全球共同因素国际能源价格水平的变化直接调节能源供求的配置状态，这种通过供应端传导至其他方面的共同要素变化会对经济、能源系统产生不可忽视的复杂影响。面对不断变化的国际能源市场价格水平，进口国一般要通过调整内部技术水平和优化经济结构，努力提高自身抗风险能力，减少外来冲击。

在信息化、智能化模式主导阶段，资源、商品的互通性已经跨越了国家地理空间局限，实现更大范围的交互沟通，经济体共同的经济活动及其关联会通过影响内部的产业布局、技术水平等方面作用于个体的经济运行系统。因此，基于全球层面开展经济交互性的溢出对脱钩的影响分析是符合现实背景的。

3.4　本章小结

本章依托弹性理念、EKC理论分析范式、内生增长模型的动态优化及关联理论的交互属性等，描述发展的一般规律，并对不同阶段的发展特征和能耗表现进行描述，将内在微观视角的影响机理分析扩展到全局范围下产业、空间层面，实现了基于交互性影响的静态到动态的分析，构建了内在、外在影响的理论机理的分析框架，具体结论如下所述。

（1）基于弹性指数的内涵界定将脱钩划分为相对脱钩、绝对强脱钩和负脱钩，细分了靠近绝对强脱钩的积极脱钩和靠近负脱钩的消极脱钩，用以识别脱钩的具体状态；EKC理论分析范式下，能源消耗拐点性是经济发展一般性规律的反馈，相应的脱钩效应也具有显著的非线性变化特征。高速工业化的能源锁定阶段，经济增长与能源消耗沿着脱钩到负脱钩轨迹；工业化升级阶段的能源解锁、新旧能源更迭初期阶段，变化沿着负脱钩到脱钩的轨迹，期间会出现积极脱钩乃至绝对强脱钩的理想状态；智能化、信息化及服务化的后工业化阶段，传统碳基能源解锁、新能源锁定，高回弹率和低增长率并存，脱钩效应演化逐渐进入相应的EKC上行区，沿着积极脱钩—消极脱钩—负脱钩的轨迹，重新进入了相对无效脱钩区间。

（2）经济长期发展过程中其能源消耗脱钩的可行性和潜力性方面普遍受要素、技术等相关参数影响。技术的综合效应是复杂且非单向的。投入研发部门的人员越多，技术创新力越强，技术水平越高，但其脱钩影响效应的发挥受制于发展的形态或消费结构，考虑技术效应则需兼顾发展差异，研究其潜力性问题则要关注技术因子、规模水平的非线性效应。只有当能源再生技术水平能够保证能源供应满足现期和预期消费需求时，才能发挥有效积极的脱钩驱动和经济增长效应。生产中资本要素的能源替代效应比较明显，而劳动力投入却不利于脱钩深化。静态分析强调了脱钩机理的内在性和微观性，那么开展动态关联影响分析则是进一步的深化。

（3）跨越产业边界的有形物品、要素、技术等的流动和交互，影响了行业部类的要素结构比例调整，邻近关联行业通过产生中性技术效应、规模效应及有偏技术进步效应形式产生对外影响，作用于相关行业生产的能用模式和脱钩的行业可持续策略的实施。空间维度，国内不同地区间通过产品、要素、技术等渠道交互关联，表现为隐含式的间接能源消耗和节能型技术观念传播及模仿，以及地方政府对环境问题的行政性管制差异，导致的污染产业空间迁移对地区产业结构布局的间接影响等，均是边界内地区间溢出的重要表现形态，也是地区内脱钩系统外生影响力量的重要传播途径；当将这种局部交互推广到跨边界的全球系统中，国家经济体对外开放下的关联溢出及全球共同因素是其内部系统运行的外来冲击源，会影响一国经济增长与能源消耗脱钩系统的稳定性和深入性。

第 4 章

技术进步对脱钩非线性影响的
一般表现

自 2004 年以来，全球能源消费总量激增。尽管如此，仍然发现许多国家经济增长与能源消耗出现脱钩，即出现经济增长率大于能源消耗变化率，但是这种现象会发生经常性的波动，而在波动过程中，通常发现这些国家总能源消耗呈现上升趋势（Ekins，2009）。很明显，能源消耗规模和脱钩指数朝着不一致的方向变化。那么，这种规模和质量的冲突是否表明了各国气候治理其实并没有看起来那么有效？还是说虽然治理有效，但是技术进步引发的能源消耗的反弹性抹杀了这些成效？由此，在全球层面上，探讨全局技术效应的一般性作用特征，对于开展具体国家经济增长与能源消耗脱钩效应的演化轨迹和动力机制研究尤其重要。

为了寻找在全球范畴内脱钩效应的技术作用的普遍性表现，本书筛选出 50 个发达国家和发展中国家为样本，探讨脱钩在各国发展中的一般性规律。本章以脱钩形成及深化的内在机理分析为基础，以全球部分国家为研究对象开展关于技术作用的非单一性影响分析，对于脱钩形成机制中的技术影响的多向性提供一种普遍性分析，为后续章节研究技术非线性作用提供铺垫。

4.1   技术进步对脱钩非线性影响的理论假设

由内生增长模型推演的脱钩效应表达式可知，有效节能的前提是保障经济正增长的同时，增长速度远超能源消耗速度，产生这种正脱钩甚至是积极脱钩主要是由技术水平、能源结构、消费等因素共同决定的。社会的消费结构受限于经济发展水平。从供应角度来看，先进的产业体系能够提供高质量低成本产品，为人们生活提供有效的保障；从消费角度来看，收入越高，对于低碳消费必要性的认知会驱动人们尽量选择节能减碳的生活方式。低收入人群生活更趋向于传统的能源消耗方式，传统能源消耗不仅能够影响环境，还会对人们的健康产生负面影响。而高收入人群则更倾向于使用清洁能源，如太阳能、风能、水能等。在高收入水平和高度城市化水平下节能减排的主张才更容易被接受（Sadorsky，2013）。这种意识的转变不仅将促使居民自觉地减少直接能源消费，提升能源使用效率，还能有效遏制家庭部门的能源回弹效应（Ouyang et al.，2010；Polomeni，2016）。优越的生活条件使人们更加关注未来的利益和可持续性，而不是为了满足当前的消费欲望而对未来的资源和产品进行打折。人们越重视未来，在追求发展的同时越能有效控制能耗，二者之间就有机会实现深脱钩。同时，城镇化水平越高，人口集聚衍生出技术创新和技术进步，使得能源效率提升，能源结构优化。新技术也是推动可再生能源发展的关键。随着城镇化进程的不断加速，城市人口规模不断扩大，能源技术进步引发的可再生能源对不可再生能源的替代也将减缓能源效率提升导致的回弹效应（Ouyang et al.，2010）。产业结构变化将直接影响能源需求和能源消耗结构（路正南，1999）。产业结构分为合理化、高级化或高度化等，合理化强调的是产业内各生产要素的配置情况，均衡度越高代表产业结构越合理，高级化是不同产业比例关系的体现。在合理化演化阶段，生产要素配置的均衡度是高效发挥要素价值的重要前提；在高级化阶段，产业结构变化直接调整了产业能源消耗密度，由二产为主逐渐向三产比例不断攀升的后工业化阶段过渡，逐渐显现出能源密度低的产业在国民经济中占有较大的比重，能源消耗需求将不断减少。现代化起源于西方早期的一个概念，它描述了一个国家的工业化和城市化水平，同时包含经济部门对技术的使用状况，将书中能够表述发展状态的产业结构、人均收入和城镇化水平共同纳入现代化的范畴内。那么，本章可得假设1：现代化发展可推动脱钩深化，经济和社会越发达，脱钩就越强。

技术进步是内生增长理论中影响经济增长的重要因素之一。先进的技术可以提高生产效率，扩大生产规模，降低生产成本，比如可以通过加大自动化技术的应用减少人力成本，提高产品质量和产出效率，进而成为促进产出扩大、经济增长的重要支撑。技术也是解决能耗问题的关键。技术进步对降低能源消耗、提高能源效率起着重要作用，同时技术也有助于推动新能源的发展和普及。只有解决技术问题，可再生能源才能在市场上得以推广应用。随着科技进步，能源相关技术不断升级，如太阳能、风能、水能等新型清洁能源，这些技术的应用可以降低传统能源消耗，减少对环境的污染。作为填补传统化石能源的有利替代，可再生能源具有可持续利用、低污染衍生等特点，清洁能源的推广应用可以改变电力结构，减少火力发电带来的碳排放。发展清洁新能源可以很好地协调能源和环境问题，是调整经济结构、构建低碳经济的一个重要突破口。同时，在工业生产和交通运输方面，新技术应用也能够降低能源消耗。例如，高速铁路推广和智能化交通系统的应用，可以降低交通拥堵和能源消耗。此外，新材料技术的发展也能够降低能源消耗，例如新型节能建材的应用，可以减少建筑物能耗。且在智能化发展阶段，大规模的机器人代工，生产自动化水平的提高，人工智能在生产活动中的应用，能够产生"互补效应""替代效应"，"机器代工"红利超越人口红利的效益，以流程节能减排与产品高性能为目标的智能制造也有利于提高资源利用效率，减少能源消耗。然而，技术进步也会带来新的能源消耗。新技术研发需要大量的能源支持，如计算机芯片制造、高端材料合成等都需要大量的能源消耗。此外，电子产品的普及也会增加能源消耗，如智能手机、平板电脑、笔记本电脑等的普及，会带来大量的能源消耗。新技术的应用也会带来新的能源消耗，如人工智能、云计算等技术的应用，都需要大量能源支持。智能家居、智能制造、智能交通等新兴技术的出现，需要更多的电力支撑。此外，互联网、数据中心等新兴行业的发展也对能源消耗提出了更高的要求。加快全社会智能化系统、工业互联网平台、"上云用数赋智"改造的稳步推进，为了保障系统运作，需要大量的能源保障。因此，总体来说，既存在技术进步提高能源效率，优化结构，促进经济增长与能源消耗脱钩的积极作用，也存在由于技术进步引发的能源回弹，导致负脱钩产生的可能性。那么，本章提出假设2：技术对经济增长与能源消耗脱钩影响存在多向性。以上述假设为基础，本书选择国家为样本进行脱钩系统的一般性规律和表现的实证检验。

4.2 技术进步对脱钩非线性影响的实证检验

4.2.1 指标选择和数据来源

为了探讨技术和社会现代化、生产要素对低能耗经济系统的影响，选择经济增长与能源消耗脱钩指数作为因变量，其测算过程如前文公式所述，由经济增长和能源消耗变化率构成。现代化内涵可以深刻地凸显经济发展水平和居民消费习惯，因此选择经济发展、产业结构、城镇化指标表征现代化水平。其中，选择人均国民收入（gni）代表经济发展水平，以工业增加值占比表征产业结构（$indus$），以城镇人口占比代表城镇化水平（$urban$）。为了体现技术水平的影响，选择专利申请数量

（tech）为指标，并将此作为门槛变量，以讨论技术变化的阈值效应。为了体现可再生能源对低能耗经济增长模式的影响性，选择可再生能源消耗总额作为指标。生产要素分别选择资本形成总额（K）和年末就业人数（L）来衡量。具体变量的定义和描述如表 4 - 1 所示。

表 4 - 1　　　　　　　　　　　变量描述

变量名称	变量	定义
脱钩	dr	经济增长与能源消耗变化率的比值
经济发展	gni	人均收入
产业结构	indus	工业增加值占 GDP 的比值
资本	K	资本构成比值
劳动	L	就业人员
可再生能源	renew	可再生能源
技术水平	tech	专利数
城镇化	urban	城镇人口占比

为了确保所选样本数据可获得性及全球样本的有效性，本章所涉及的数据涵盖了 2004 ~ 2016 年 50 个高、中、低收入国家，其能源消费总量占全球的 88%。模型所使用数据来源于公开的统计数据，其中，Y、gni、$indus$、$urban$、$tech$、$renew$、K 和 L 相关数据来自世界银行和国际货币基金组织（IMF），能源消耗总量从国际能源机构（IEA）获得。dr 是以选定的 2003 年为基期计算的。由于数据获得的难度，排除样本国家以外的其他国家。为保证模型回归的有效性，若干指标采用对数形式。表 4 - 2 是数据的描述性统计，包括平均值、最小值和最大值。

表 4 - 2　　　　　　　　　指标数据的描述性统计

变量	单位	均值	最大值	最小值	标准值
dr	无	0.275	7.132	-11.578	1.105
gni	现值 LCU	3812.588	165805.9	6.583	14929.442
indus	%	28.929	77.414	13.682	9.399

续表

变量	单位	均值	最大值	最小值	标准值
K	%	24.239	47.81881	10.217	6.150
L	%	4.147	17.295	0.22	2.151
$renew$	万吨标准煤	2124.941	25001.92	6.237	4354.742
$tech$	件	13543.49	310244	15	38310.51
$urban$	%	68.029	100	9.034	19.148

4.2.2　门槛模型的构建

20 世纪初的经济学家尝试使用非线性函数来描述经济变量之间的关系。在 80 年代，门槛效应开始在经济学和社会科学领域中得到更广泛的应用。此后，面板数据分析中的门槛效应也开始逐渐引起研究人员的注意。汉森（Hansen，1999）提出的门槛效应模型是一种面板数据分析方法，用于研究门槛效应对某个结果的影响，门槛效应由两个阶段组成，即阈值以下的阶段和阈值以上的阶段。在阈值以下的阶段，某些变量对某个结果的影响微弱，而在阈值以上的阶段，这些变量对该结果的影响变得非常强烈。因此，门槛效应模型需要分别估计阈值以下和阈值以上的效应。门槛模型克服了对非线性关系的传统处理方法，不需要利用取对数进行转化，就可以实现对非线性关系进行有效估计。那么，本书就采用汉森的面板数据门槛模型分析不同技术水平下经济发展水平对脱钩效应的差异化影响。根据这一思想，本书选择技术水平作为门槛变量，以经济发展作为核心解释变量进行分析，依据门槛值将样本进行分区，在不同区间探讨解释变量对被解释变量的影响。构建门槛模型如下：

$$dr_{it} = \alpha_i + \beta_1 \ln gni_{it} I(\ln tech_{it} \leq \gamma_1) + \beta_2 \ln gni_{it} I(\gamma_2 > \ln tech_{it} > \gamma_1)$$
$$+ \beta_3 \ln gni_{it} I(\ln tech_{it} > \gamma_2) + \beta_4 indus_{it} + \beta_5 urban_{it}$$
$$+ \beta_6 renew_{it} + \beta_7 k_{it} + \beta_8 L_{it} + \varepsilon_{it} \tag{4-1}$$

其中，I 为指示性函数，i,t 分别代表国家和省份，γ_i 代表具体的门槛值，$\beta_1,\cdots,\beta_8$ 代表解释变量的系数，ε_{it} 是具有独立且同分布的误差项，α_i 为截距项。估计过程中可以利用最小二乘法进行估计，得出残差平方和，残差平方和越小，则门槛值越接近真实水平。因此，在估计过程中，通过最小化残差平方和求解门槛值，并对估计门槛值进行假设检验，检验其显著性和真实性。

4.2.3　技术水平对脱钩效应影响的实证结果分析

4.2.3.1　基础检验结果

为了保证数据的稳定性，对所有变量进行单位根检验，常用的检验方法有 ADF 检验、PP（Phillips-Perron）检验、IPS（Im，Pesaran and Shin）检验和 LLC（Levin，Lin and Chu）检验。ADF 检验是最常用的单位根检验方法之一，对数据进行差分，比较不同阶数差分后的序列是否具有单位根，从而确定是否具有单位根。Phillips-Perron 检验是一种基于 ADF 检验的改进方法，其原理是将 ADF 检验中的回归方程改为非参数回归，从而避免了参数调整的问题。IPS 检验是 2003 年提出的一种单位根检验方法。IPS 检验基于 ADF 检验和 PP 检验，通过引入交叉项来解决 ADF 检验和 Phillips－Perron 检验中可能存在的异方差性和自相关性问题。IPS 检验的优点是可以减小检验结果的标准误，从而提高检验的准确性。LLC 检验是 2002 年提出的一种单位根检验方法。LLC 检验是基于 ADF 检验和 PP 检验的改进方法，通过引入 Lagrange 乘数检验来解决 ADF 检验和 PP 检验中可能存在的异方差性问题。LLC 检验的优点是不需要进行参数调整，且适用于样本量较小的数据。具体结果如表 4－3 所示。由表 4－3 可知，由 ADF/PP/LLC/IPS 的统计值可知，大多数变量在1%、5%或10%的显著性水平上拒绝零假设，表明变量在其原值水平上是稳定的，后续进行协整检验以确定变量之间的长期关系。

表 4 - 3		单位根检验结果		
变量	ADF	PP	IPS	LLC
dr（level）	205. 215 ***	212. 067 ***	− 3. 917 ***	− 8. 409 ***
gni（level）	125. 652 **	138. 5 ***	− 0. 369	− 4. 620 ***
indus（level）	118. 800 *	134. 421 **	− 1. 480 *	− 11. 377 ***
urban（level）	202. 241 ***	538. 320 ***	− 17. 292 ***	− 32. 276 ***
tech（level）	215. 106 ***	278. 671 ***	− 6. 384 ***	− 9. 697 ***
renew（level）	126. 414 **	192. 956 ***	− 0. 323	− 5. 320 ***
K（level）	153. 604 ***	140. 291 ***	− 3. 568 ***	− 6. 205 ***
L（level）	155. 267 ***	236. 21 ***	− 3. 0322 ***	− 6. 773 ***

注：＊、＊＊、＊＊＊分别表示通过 10%、5%、1% 的显著性水平检验。

　　协整检验是一种用于检验两个或多个变量之间是否存在长期稳定的线性关系的方法，检验结果可以用于建立长期关系模型。表 4 - 4 表示面板协整检验结果。由 Pedroni 协整检验可知，基于维度内和维度间的面板检验和分组检验中的统计值显示，除 rho 外，面板和分组的 ADF 和 PP 统计数据在 1% 的水平上显著，拒绝了没有协整的零假设。这表明样本中脱钩指数和其他变量存在长期关系。其中，利用方差膨胀因子进行各变量的相关性分析，得出对应的方差膨胀因子即 VIF 为 1. 36，远小于经验规定的 10，说明变量之间不存在多重共线性，保证后续参数估计值的优良性。

表 4 - 4			协整检验结果			
Pedroni	Panel			Group		
统计值	rho −	PP −	ADF −	rho −	PP −	ADF −
	9. 9870	− 44. 429 ***	− 10. 497 ***	12. 100	− 30. 552 ***	− 8. 633 ***

注：＊＊＊表示通过 1% 的显著性水平检验。

4.2.3.2　门槛效应检验结果

　　门槛模型可以捕捉结构断点，并使用固定效应变换通过最小二乘法估计门槛值的回归斜率。根据汉森的估计方法，选择抽样次数为 300

次，通过自举法确定 P 值实现对门槛效应的检验，具体结果如表 4 – 5 所示。由表 4 – 5 可知，单一门槛值的 LR 检验（F 统计量）在 1% 的显著性水平上拒绝了没有门槛效应的零假设，而双重和三重门槛的 F 统计量没有通过显著性检验，表明脱钩指数和技术水平之间的关系存在一个转折点，在这个转折点前后，脱钩影响因子的作用效应会发生变化。具体而言，当门槛值超过 2.666 时，经济发展对脱钩的影响将在规模或方向上发生变化，因此根据门槛值可以将技术水平分为两个区间，即低技术水平区（≤2.666）和高技术水平区（>2.666）。

表 4 – 5   门槛估计值

项目	Model	门槛值	F Statistic	95% 置信区间
tech	单一门槛	2.666	244.92 *** (0.000)	[2.647，2.716]
	双重门槛	3.610	17.68 (0.193)	[3.525，3.620]
	三重门槛	3.676	5.94 (0.610)	[3.658，3.686]

注：*** 表示通过 1% 的显著性水平检验。

4.2.3.3 技术水平对脱钩效应的非线性作用的存在性分析

目前，根据样本统计值可知，发达国家脱钩指数小于发展中国家的脱钩值。这与 IGT 方法的结果一致（Wu et al.，2018）。其中，在样本期间，2/3 的发展中国家脱钩指数最终小于 1，表明大部分发展中国家经历了从经济增长与能源消耗负脱钩到脱钩的发展过程，逐渐实现绿色低耗能高增长。发达国家中除希腊外大多数都表现出明显、稳定和积极的脱钩。其余 1/3 的发展中国家，包括巴西、埃及、印度、印度尼西亚、墨西哥、土耳其、越南和孟加拉国，脱钩指数相对值较大，并且在大多数时候都呈上升趋势，说明低耗能的经济增长模式不显著，传统高能耗高增长的模式占主导。

在根据门槛值开展的差异性影响分析中，将 650 个样本数据按照大于及小于 2.666 的临界点，对不同数据样本分类进行分开估计，具体结果如表 4 - 6 所示。由表 4 - 6 可知，在以三个区间为样本进行的回归中，gni 系数均在 1% 的水平上显著，说明不同经济发展水平对脱钩指数的影响是显著的，但在不同阶段，影响的方向和尺度发生了变化，说明不同技术水平下收入对脱钩的影响是有差异的。在低技术水平区间下，gni 增加 1% 将导致 dr 减少 0.000187%，脱钩加深，表明生活水平的提高可以减轻能源消费负担，更好地促进经济增长。在一定的技术水平层次，人们出于对可持续发展的关注及对下一代生存的关心，会更注重环境生态问题，表现为收入越高，越注重节能和环保。然而，这种收入带来的驱动作用受制于技术水平。在高技术水平区间，gni 系数表明，收入增加 1% 将导致 dr 增加 0.000524%，表明在该技术水平区间，收入的低耗能驱动特征已经不存在。随着收入升高，脱钩效应逐渐减弱，这是正脱钩或积极脱钩不稳定的表现。在以服务和智能为特征的工业化阶段，信息和通信技术在商业、制造、建筑等领域的广泛应用将对能源需求产生反弹效应，抵消信息技术进步导致的能源消耗减少，并最终导致经济增长与能源消费脱钩对收入增长的拖累效应。随着技术不断进步，人们使用能源的效率将会提高，这样就可以更加节省能源，减少对自然资源的消耗；但是，事实上，随着技术的进步和生产力的提高，人们使用的能源总量并未减少，反而不断增加。在高水平技术区间，收入增加对脱钩表现的抑制作用是符合社会现象的。

表 4 - 6　　　　　　　　　　　　门槛回归结果

变量	整体模型	低技术水平区（≤2.666）	高技术水平区（>2.666）
gni	0.00008 * (0.088)	- 0.000187 ** (0.019)	0.000524 *** (0.000)
$indus$	0.0149 ** (0.019)	- 0.0241 ** (0.024)	0.0151 ** (0.049)

变量	整体模型	低技术水平区 （≤2.666）	高技术水平区 （＞2.666）
urban	−2.171 *** （0.000）	−1.332 *** （0.002）	−2.257 *** （0.001）
renew	−0.189 ** （0.067）	0.0123 （0.947）	−0.187 （0.156）
K	−0.0478 （0.913）	1.137 ** （0.038）	0.460 （0.387）
L	0.0789 *** （0.003）	−0.0113 （0.728）	0.0677 ** （0.032）
cons	3.855 *** （0.002）	1.034 （0.474）	4.321 ** （0.017）
样本数量	650	216	434
R^2	0.492	0.626	0.423

注：*、**、***分别表示通过10%、5%、1%的显著性水平检验。

同时，在低技术水平区间，产业结构系数显著为负，说明产业结构合理化程度改善1%，脱钩指数下降0.0241%，脱钩加深，在低技术水平区间，产业结构调整有利于低耗能经济增长模式形成。随着经济的发展，产业结构不断调整，优势核心产业持续转型发展，推动传统产业向高附加值和低能耗的方向转型升级，同时促进资源的优化配置，可以降低能源的消耗，从而有利于低耗能的经济增长模式形成。而在高技术水平区间，产业结构对脱钩的影响由积极转变成消极。工业产值比例增加1%，将导致脱钩指数增加0.0151%，表明随着工业比例扩大，脱钩的驱动力逐渐减弱。在高技术水平区间，经济活动主要由服务业组成，虽然服务业相对于制造业和工业来说，其能源消耗的比例较低，但是服务业的发展也依赖于各种设施和设备的支撑，如电脑、空调、照明等，这些设备也需要大量的能源消耗，同时，信息技术的发展带来了大量的电子设备和通信设备，这些设备如服务器、数据中心等的使用需要大量的能源支持。虽然产业结构调整可以推动低耗能经济增长模式的形成，但是产业结构调整需要大量的投资，可能会导致传统产业的衰退，需要技术和人才支持，实施过程中可能会出现经济和社会问题等，这些都可能会影响低耗能经济增长模式的形成和推广。从表 4 - 6 中可以看出，城镇化系数在 1% 的水平上显著为负，表明城镇化水平每提高 1%，不论技术水平如何，都能驱动脱钩指数降低，低技术和高技术水平区间 dr 分别下降 1.332% 和 2.257%，表明城镇化发展促进脱钩，并且随着技术进步，驱动力逐渐增强。城镇化水平对脱钩的影响在高技术水平地区表现得更为显著。城镇化程度高的地区具有成熟的政策和基础设施，在节能节约的宣传上也更为积极主动，居民的节能低碳意识更为先进。除了城镇化水平的积极影响外，其他因素的作用都受到技术门槛的限制，表现出双向的积极促进和消极抑制。

可再生能源对传统能源的替代效应是明显的。在整体模型中，可再生能源的系数值表明，其增长 1% 将导致 dr 下降 0.189%，表明在不考虑技术水平差异下，可再生能源的增长能缓解能源需求，驱动脱钩。相比传统的化石燃料，可再生能源具有可再生、清洁、环保等优点，是低能耗模式的关键代替物。在低技术水平区间，K 系数估计值显著为正，表明 K 增加 1% 将导致 dr 上升 1.137%。全社会资本规模扩大，那么紧随其后的就是大量的工业生产和商业活动，在工业生产领域，增加资本可以扩大生产规模，增加设备数量，从而增加能源消耗。在商业领域，增加资本可以带来商业活动的扩大，如大型商场、超市的建设和运营，这些商业活动同样需要大量的能源支持。同样，资本增加引发的消费活动增加，也会引发能源消耗激增；资本增加还会带来更多的经济利益，使得人们更加追求经济利益的最大化，而忽视了环境保护的重要性。这就会导致环境污染和资源浪费的增加，从而加剧了能源消耗的压力。然而，不考虑技术差异带来的影响，资本要素的系数估计值虽然不显著，但是可以看出，资本的投入可以提高能源的利用效率。通过投入资本，可以引进先进的设备和技术，提高能源的利用效率和生产效率，从而实现资源节约和环境保护的目标。总体样本和高技术水平区间，显著为正

的 L 系数表明，就业率每增加 1% 将导致 dr 分别增加 0.0789% 和 0.0677%，就业提高不利于低耗能经济增长模式的形成。由于只有技能型和知识密集型劳动力在绿色发展中才能发挥作用，单纯劳动力数量的增加并不意味着绿色发展的深化，低素质劳动者缺乏绿色生态意识，即使劳动力扩大也无法发挥要素替代效应。

4.2.3.4 结论

基于固定首期计算的脱钩指数值，通过构建门槛模型、普通面板回归模型，选择全球样本对脱钩演化的普遍性规律，及技术作用方式的普遍性表现进行分析，得出如下结论。

（1）大多数国家已经从耦合转向脱钩，特别是强脱钩和绝对脱钩的发达国家，在实现减排目标方面具有比较优势。在发展中国家出现有弱脱钩现象，甚至部分国家出现没有脱钩。缺乏可持续和稳定的脱钩要求发展中国家继续探索气候治理目标深度脱钩的潜力。

（2）技术水平以抑制产业结构和收入对脱钩影响的形式表现出明显的断点效应，技术作业具有倒"U"型曲线特征，即在断点以下对脱钩的主动驱动力增强，而在断点以上对脱钩的阻断作用占主导地位。城市化对能源消费的缓解作用没有受到限制。只有当社会发展与技术水平相匹配时，经济增长才超过能源消费增长，甚至能源消费放缓，导致脱钩加深。

（3）现代性对脱钩的影响是由三个指标所带来的叠加力组成的。现代性对可持续发展脱钩的推动作用仅在低技术水平上得到证明，而在高技术水平下，其牵引力可能超过城市化的驱动力，因此不具有决定性。推进现代化并不总是有利于绿色发展。

（4）生产投入要素与能源是互补的，在不受技术水平约束的情况下，在脱钩上表现出相反的力量。可再生能源的替代是实现高质量发展的有力工具，因为替代性是从可再生能源的广泛推广中探索出来的。将能源密集型资本转化为技术密集型资本，推广可再生能源，强化技术力量，是实现绿色发展可持续脱钩的有效策略。

4.3　本章小结

　　技术作为脱钩系统运行的门槛点，会引发其他影响因素的转向，在尺度或者方向上发生变化。在研究中，可以认定为高技术水平和低技术水平的脱钩系统的动力机制是有差异，也可以识别出技术对脱钩系统具有直接的非线性影响，这种非线性直接影响也会通过传导作用，使得脱钩系统其他影响因素产生结构性突变，表现为较为复杂的脱钩效应的作用关系。而以全球部分国家为例进行的实证检验通过验证这种结构性变化的普遍性表现，为后文从产业、区域及国家层面开展的特定个体的具体化研究奠定了基础。

第 5 章

行业关联下工业行业能耗脱钩的
溢出效应及其驱动特征

　　作为实体经济主体，工业是国内能源消耗的主场地，其高速发展伴随着大量能源消耗和温室气体排放。松弛工业能源消耗及其增长的紧密关系、实现二者有效稳定脱钩是解决行业能耗和气候环境压力的重要手段。工业行业能耗脱钩意味着工业运行系统中出现了能效高、能耗少、快增长的好现象，这是绿色治理成效的综合反馈和行业可持续发展的重要成果。随着工业化和城市化程度加深，产业结构优化成为新经济体系的调整方向之一，生产过程中节能、环保技术和新工艺、新理念的引入，削减了能耗投入，提高了能源利用和产出效率，整个生产系统表现出较为良好的节能趋势。那么，在降耗能和好增长的情况下，工业行业能耗脱钩的变化轨迹是朝着持续稳定的趋势前进的吗？行业密切关系产生的溢出关联效应下，二者变化的差距保持不断扩大，还是会受行业内外因素的影响而发生不一样的转变？这种由上下游投入产出的关系是会对二者变化的差距产生影响？还是会对二者变化差距的动力因子产生影响？因此，厘清和识别行业治理成效及实现机理更有助于后现代化工业发展模式的转型。

基于此，本章以工业行业为研究对象，探讨了行业间溢出效应下的绿色增长，聚焦影响行业能耗脱钩变化的动力因子及其作用差异，以解锁行业产出增加和能耗减少脱钩的绿色转型的密码，为推动稳定可持续地脱钩提供借鉴和参考。运用半参数空间杜宾模型 SSDM，通过构建产业关联权重矩阵探讨行业溢出效应、技术非线性特征和技术效应的行业异质性的脱钩影响等，以识别内外生因子的作用差异和非线性影响机理。

5.1　工业能源消耗脱钩效应的比较分析

5.1.1　工业行业能耗和产出变化

工业行业能耗和产出变化如图 5 - 1 所示。由图 5 - 1 可知，从能耗变化上看，行业能耗增长率逐年下降，由基期年到 2004 ~ 2017 年增速比率可以发现，第一产业能耗由 14% 降低到 5%，第二产业由 18% 降低到 1%，第三产业由 17% 降低到 5%，且在某些年份中出现负增长，说明能耗减少趋势明显，且第二产业能耗减少程度更突出，也说明工业行业能效改革成效显著。能源效率提升成为当前能耗减少的重要途径，且随着可再生能源技术的成熟及应用推广，新能源替代也是传统化石能源减少的重要原因。从产业产出来看，一产增速比例降低较快，由 2004 年的 22% 下降到 2017 年的 3%，说明一产增速疲乏，这也是工业化时期主要标识，由一产为主的结构模式逐渐进入工业占主导的结构，二产、三产增速强劲。大部分样本年份中二产增速保持积极上升，产出增长比率由早期 19% 增速最高能提高到 23%。这说明工业化时代工业主导模式增长效应良好。三产增速由早期的 18% 提高到 20%，且部分年份能保持在 15% 以上的增速，尽管了 2017 年，增速减缓到 12%，但是整体上看，规模不断扩大，增长积极向上，工业主导结构体系逐渐进入了服务业主导的结构模式中。由三大产业的产出和能耗增速的变化趋势看，产业产出变化和能耗变化呈反向变动，服务业仍保持适度的增长率，工业产出减少，但是产业间的能耗均处于减速状态，且变化曲线较产出变化曲线更加陡峭和显著，说明单位产出的能耗解脱了高比例甚至是同比例的投入趋势，能耗和产出的变化率差距逐渐增大。

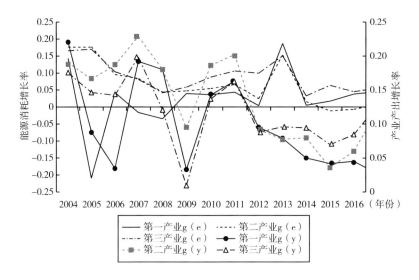

图 5-1　三产产出和能耗增长率变化

资料来源：《中国工业统计年鉴》《中国能源统计年鉴》。

工业是国民经济的重要组成部分，其发展经历了从规模小、水平低、产业结构单一的阶段，到如今规模大、技术水平逐步提高、产业结构不断优化的阶段。工业快速发展，离不开能源消耗尤其是化石能源大量的投入，但这种强工业模式对环境造成的污染和温室气体排放也是不容忽视的。尽管在不断的治理举措生效下，工业降耗、绿化治理获得了较为突出的成绩，但是，"双碳"目标时间窗口紧凑，气候环境问题日益严重，解决能源结构优化、传统行业占比高等困扰工业行业绿色化转型的问题迫在眉睫。因此，深入工业细分行业探索产出和能耗的关系是厘清系列问题的基础。

5.1.2　工业增长与能源消耗脱钩效应的演化路径

采取固定首期的弹性指数法计算工业行业和分行业能耗脱钩指数。固定基期的计算方式是从相对视角突出变化差距，兼顾效率性和规模性，避免单位差异产生的不可比缺陷（刘卫东等，2016）。在工业产出和能耗双增长趋势下，行业能耗脱钩指数逐年下降，说明产出增长率大于能源消耗增长率，脱钩效应由消极逐渐演化到积极脱钩，说明增长和消耗差距逐渐拉大，工业绿色化转型成效显著。但是整个样本期行业能源消耗脱钩指数上下波动，一个时期的脱钩深化则伴随着下一个时期的脱钩减弱，整个过程脱钩效应显示出波动性。这种不稳定不利于行业积极脱钩效应的优势积累。由图 5－2 可知，样本期间，工业脱钩指数由0.5 左右减少到0.2，进入积极脱钩区域，尽管解锁工业产出与能耗显示出利好趋向，但过程中表现出一降一升的循环变动。可再生能源比例的扩大、高污染类型的传统化石能源消耗量的下降及节能治污技术的应用等均能够降低工业特别是高能耗行业的能耗。同样地，通信信息技术广泛应用背景下催生的"互联网＋制造业"产业发展模式，制造型企业"两化融合"深度化的节能效应，都为工业绿色脱钩转型提供了条件。在治理初期实现的脱钩体现了庞大消耗量的短期内迅速降低，但是循环波动的非稳定性现象说明，追求行业绿色化绝对强脱钩要注重量的积累，预防质变出现产业低耗能高效率的升级瓶颈。深入分析细分行业脱钩的演化规律，进一步厘清工业行业脱钩问题是解锁相关问题的关键。

5.1.2.1　建筑业和制造业能耗脱钩变化轨迹

图 5－3 和图 5－4 展示了制造业和建筑业能耗、产出演化及脱钩指数的变化趋势。由图 5－3 和图 5－4 可知，制造业和建筑业的产出和能耗处于双增长的路径中，其中制造业产出增长速度大于建筑业，而能耗增速却小于建筑业，制造业的产出和能耗增速的差距大于建筑业，脱钩

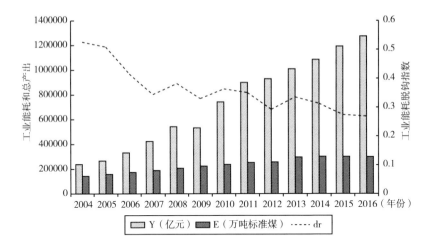

图 5 - 2 工业脱钩指数及总能耗变化

资料来源:《中国工业统计年鉴》《中国能源统计年鉴》。

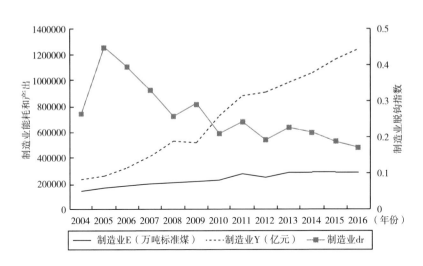

图 5 - 3 制造业能耗、产出及脱钩轨迹

资料来源:《中国工业统计年鉴》《中国能源统计年鉴》。

指数更小,脱钩度比较深。由图 5 - 3 可知,制造业脱钩指数变化幅度和工业总体保持一致,维持在 0 ~ 0.5,呈现能耗和产业增长的脱钩状态,且该种状态持续深化。由于可再生能源的引入,其占总能源消费比例的增加有利于工业行业特别是高能耗行业的能源消耗强度降低,加之

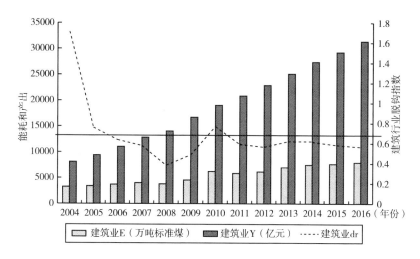

图 5 - 4　建筑业能耗、产出及脱钩轨迹

资料来源:《中国工业统计年鉴》《中国能源统计年鉴》。

通信信息技术的广泛应用,"互联网 + 制造业"产业发展模式不断成熟,制造型企业两化融合深度化产生的节能效应,都为新经济时期制造业行业绿色脱钩转型发展提供了可能。

建筑业是近几年来能耗治理的重灾区,单独分析建筑业脱钩指数变化轨迹是对工业能耗治理的重要环节。由图 5 - 4 可知,建筑业的脱钩指数较之整体工业行业而言相对较大,且震荡也更为深刻。建筑业行业产出呈喷涌式爆发增长,能耗总量同向增长,双增长的情况下,建筑行业脱钩指数刻画了建筑行业能源的复钩—脱钩变化过程。脱钩指数从2005 年开始进入大幅降低区间,并在 2008 年脱钩指数达到最低点,后又上升,最终保持在 0.6 附近。早期建筑业产出和能耗复钩现象的出现是不可避免的。建筑行业能源效率低下,城乡建设粗放,粗犷型的建造过程能源浪费严重,重规模轻效率,行业发展依靠大量的资源投入,建筑业总产值的增加以其能源的大肆消耗为代价,出现较大的脱钩指数值是行业发展现状的真实写照。2007 ~ 2008 年,《中华人民共和国节约能源法》修订,针对建筑业的能源利用和过度浪费制定了具体的惩罚措施，期间的脱钩指数出现阶段性变化，呈现大幅下降。建筑行业要不断进行整改和优化，针对行业较低的节能标准以及不突出的执行率，精细化的管理和节能环境的培育仍然是建筑业改进的主要方式，以深入挖掘行业产出和能耗脱钩的潜力。

5.1.2.2 工业细分行业能耗脱钩变化轨迹

梳理工业增长与能源消耗脱钩的变化趋势，总结细分行业差异性是下一步重要工作。对工业细分行业按照投入产出标准进行合并分类，划分出 23 个细分行业，具体包括煤炭采选（CMW）、石油和天然气开采（OGE）、金属矿采选（MMD）、非金属矿和其他矿采选（NMOD）、食品和烟草业（FAT）、纺织（TXT）、纺织、服装、鞋帽、皮革、羽绒及其制品（TCLI）、木材加工和家具（WPF）、造纸、印刷和文教体育用品（PPCES）、石油、炼焦和核燃料加工（PPCNG）、化工业（CI）、非金属矿物制品（NMMP）、金属冶炼和压延加工（MSC）、金属制品（MPI）、通用和专用设备（GESE）、交通运输设备（TEM）、电气机械和器材（EMEM）、通信设备、计算机和其他电子设备（CECO）、仪器仪表（ICOM）、其他制造产品业和废品废料（OTHERS）、电力、热力的生产和供应（EHPS）、燃气生产和供应（GPS）、水的生产和供应（WPS）。结合行业特色，以中国社会科学院 2014 年度创新工程重大科研成果提出的基于行业劳资比例差异作为分类的基准点，划分为三大类行业。食品、纺织、服装皮革、文教体育、木材家具、仪器仪表、金属制品及电气机械制造等行业的资本劳动比最低，故将整合后的相关行业划入劳动密集型行业中。石油加工、金属加工、化学原料及制品等产业资本劳动比最高，故将相关行业划入资本密集型产业。为了研究方便，考虑到新技术的引进和应用需要资本的支撑，把技术密集型行业也归入资本密集型行业中，资本密集型行业则包括 PPCNF、CI、NMMP、MSC、TEM、GESE、CECO、OTHERS 八个行业。自然资源和可再生能源类均划入资源密集型行业，具体包括 CMW、OGE、NMD、NMOD、EHPS、GPS、

WPS 七个行业。

劳动密集型行业除了包含传统食品和纺织，还涉及电气和器材制造业。劳动密集型行业产出规模和能耗双增长，但是产出增长率大于能耗增长率，二者脱钩指数在积极脱钩范畴内，表明劳动密集型行业也进入了行业能耗的有效脱钩状态，且在逐渐深入和稳定的可持续推进中。由图 5-5 可知，大部分劳动密集型细分行业脱钩指数变动分布在 0.3~0.7，是积极脱钩到消极脱钩区间，遵循了先稳步下降再小幅上升后又下降的基本轨迹，并最终进入积极脱钩区间。大部分在能耗和产出增速差距变化的路径上呈现出相似的变化轨迹，其中电气机械器材脱钩指数在同类行业中较大且变化幅度也较大。电气机械器材制造业、金属制品业的脱钩指数在同部类行业中相对较大且变化路径与整体不相同，经历了不断变大后再呈波动性小幅降低的逆过程，也体现了这两个行业与其他传统劳动密集型行业的差异；纺织业、服装和皮革制造业的脱钩指数也在同类中占据前段位置，脱钩指数变化幅度最明显，经历了复钩—脱钩的过程，早期纺织行业的脱钩指数大于 1，显示出复钩状态，随着新技术新工艺在劳动密集型领域的扩大和应用，纺织业的能耗效率不断提升，最终进入脱钩状态。其中，脱钩指数最低的当属造纸、印刷和文教体育用品制造业，始终保持在 0.5 以下的低位深度脱钩位置。木材加工和家具制造业的脱钩指数在本部类内最大，是较浅脱钩的表现，尽管在变化轨迹上延续了逐层下降的趋势，但从总体上来看脱钩度始终低于业内其他细分行业。仪器仪表、食品和烟草制造业的脱钩指数始终在积极脱钩区间，小幅变化并未改变该行业的低能耗高产出的属性，尤其是仪器仪表制造业集结了技术和劳动密集型的特点，具备了"高技术、高产出、低能耗、低污染"的特点。

资本密集型行业中的资本劳动比值最高，包括石油、化工业等部门，产出规模和能耗都在双增长区域，同类型行业的脱钩指数变化即产出和能耗增长差距的变化路径趋同，石油加工、炼焦及核燃料加工业脱钩指数值和变化幅度较大，经历了早期的复钩到脱钩过程，有稳步上升的趋

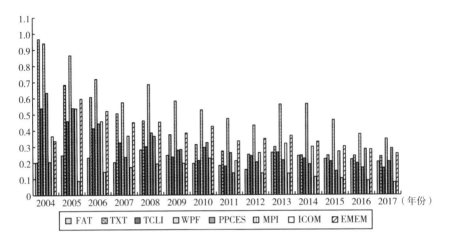

图 5 - 5　劳动密集型行业脱钩指数

势，其他资本密集型行业的脱钩指数保持在平稳脱钩的路径中，具体如图
5-6 所示。由图 5-6 可知，大部分细分行业的脱钩指数在 0.2 ~ 0.5 区
间变动，基本上和总体行业的变动轨迹是一致的，经历了稳步下降、小
幅上升后再缓慢下降，是利好的表现。非金属矿物制品业、通信设备制
造业、交通运输制造业脱钩指数值在同行业内相对较突出。非金属矿物
制品业包括建筑用材料、水泥及其他制造品，行业生产伴随大量能源消
耗，能效低下，相应的资本设备运转也需要大规模能源投入，行业脱钩
状态不良，具有极大的深化空间。通信设备脱钩指数显示出逆方向变
化，先增加稳定在 0.6 左右后小幅下降，总体上数值在同部类中较大。
随着信息技术的发展和应用，市场对通信设备、计算机及电子产品的
需求激增，但行业整体处于创新断层阶段，创新力度不足，精加工环
节和高技艺缺失，以资源要素投入驱动的粗犷模式主导，生产伴随着
高能耗，该行业中产出和能耗的脱钩指数值较大。当创新条件和环境
成熟，行业绿色节能增产技术的引入有利于行业降耗实现脱钩。交通
运输设备制造业脱钩指数也是逆向变化，一阶段的小幅上升后又减少
继而保持在一定区间，脱钩状态波动性较大。物流发展、出行需求等
刺激交通运输设备的需求，短期内在生产制造过程需加大要素投入提

高产出规模，但当技术效应等因素发挥作用时，脱钩指数值减少，脱钩度弱化。

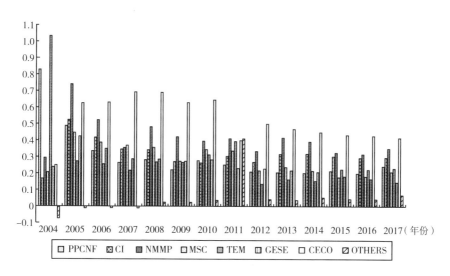

图 5-6 资本密集型行业脱钩指数

资源密集型行业包含自然资源和可再生能源要素密集行业。由图 5-7 可知，除了水的生产和供应及电力、热力部门，该行业普遍显示出稳定的积极脱钩状态，脱钩指数集中在 0.2~0.5 波动，部分行业出现了绝对脱钩的理想状态。石油和天然气开采业属于能源供应部门，脱钩指数最小，最先进入绝对脱钩。"十三五"期间各行业大幅度超额完成减排任务，而之前中石化推出的"能效倍增"三步走计划，预计投资数百亿元主要从管理、结构、技术等方面开展减排低耗增效的"减加法"，实施成效显著。煤炭开采、洗选业部门脱钩指数变化幅度较明显，由相对脱钩增强为临近绝对脱钩状态。为了解决采矿部门普遍存在的高能耗高污染等问题，"绿色冶炼"采矿技术的对标管理模式，极大地提高了行业的能源效率，实现了增产、节能及减排的三赢局势。非金属矿采选业和金属矿选业脱钩指数的变化与工业整体值一致，但是幅度区间更加紧凑，指数值保持在 0.1~0.2 的积极脱钩区间。可再生能源生产部门的电力、热力、燃气及水的生产和供应部门脱钩指数在资源型部类中相对

偏大，后者脱钩指数小幅稳步增加，进入消极脱钩状态，节能增产具有
较大的提升空间；电力、热力生产和供应部门脱钩指数在保持短期的高
值后也逐渐减少，从0.52降低到0.045，实现了由消极脱钩到积极脱钩
的转变。

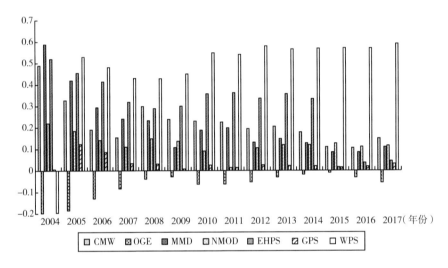

图5-7 资源密集型行业脱钩指数

　　而具体从可再生能源生产部门的脱钩变化轨迹来看，图5-8为可
再生能源细分行业的行业产出和能耗示意图，图5-9为不同行业脱钩
指数变化轨迹。由图5-8可知，燃气部门的产出规模最大，其中电力
热力产出位居第二，相对于产出规模而言，所需的能耗规模较小，但从
变化趋势可知，能耗和产出均属于增长区间。由图5-9可知，三大部
门满足脱钩的基本条件，其中，水的生产和供应部门能耗和产出的增速
差距最大，脱钩指数最小，除了在2005年出现大幅波动外，大部分都
均衡保持在深度脱钩的边缘，而其他两个能源种类供应部门的能耗和产
出增速差距变化的路径几乎相仿，在经历了一段时间的波动后，都维持
在0.6左右，保持在制造业有效脱钩的区间。从脱钩度而言，这两个部
门还有较大潜力去扩大产出和能耗增速的差距，减少脱钩指数，深化脱
钩度，应是未来着力挖掘脱钩潜力的领域。

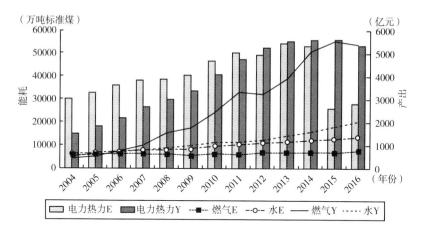

图 5-8　可再生能源行业产出和能耗

资料来源：《中国工业统计年鉴》《中国能源统计年鉴》。

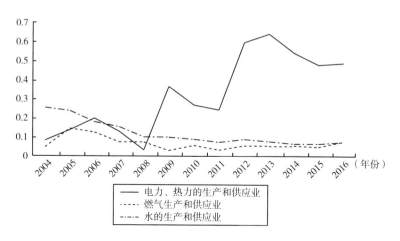

图 5-9　可再生能源行业脱钩指数

由分行业脱钩指数来看，三大行业经历了消极脱钩到积极脱钩状态的演变，且大部分延续了循环渐进式的下降变化轨迹，但显示出绿色化转型和治理的良好成效。资源密集型行业脱钩度相对较显著，脱钩指数变动范围相对集中，大部分细分行业保持在积极脱钩区域。劳动密集型和资本密集型行业的脱钩指数变动范围更分散，部分行业是从负脱钩区间或消极脱钩区间上升到积极脱钩区间，是行业节能减排举措实施成效的最佳反馈。不可否认的是,绿色理念已经凸显成效,伴随着全社会生产过程中绿色节能技术的广泛使用及绿色生产工艺的增长,社会能耗脱钩指数进入相对脱钩领域,并始终保持一定的均衡度。节能增产的有效脱钩效应已经跨越了控制能耗量的量变阶段,上升到追求生产质变的边缘,那么能否突破质变的界限就需要进一步梳理行业脱钩变动的原因,厘清行业关联影响、技术非线性和行业异质性的作用特征。

5.2　行业能耗脱钩效应的溢出性表现

产业间的关联溢出对产业生态化、绿色化高阶状态的影响不容忽视,但溢出具有复杂的延阻和驱动的双向作用力。其中,普遍认为,技术因子效应存在节能和回弹两种效应,而行业异质性也使得这种作用轨迹更加复杂,体现出一定程度的非线性,是产业系统变化的复杂内在因素。因此,本书利用能够体现溢出属性和非线性特征的半参数空间模型(SSDM),对脱钩效应的行业溢出、技术的非线性及行业异质性的影响机理进行分析。

5.2.1　指标选取和数据来源

以工业行业为研究对象,选择行业脱钩指数、全要素生产率、固定资产、劳动力资本、电力消费和外商直接投资,构建半参数空间模型以探讨脱钩的技术、要素及能源再生性的非线性、直接和溢出影响。工业行业能耗脱钩指数值(dr)由能源消耗增速和行业产出增速构成,采取定基方式计算。能源选取各分行业年末的能源消耗总量,包括终端能源消费量、能源加工转换损失量和能源损失量三个部分,本章从生产端角度选择总量概念的能源消费数据,包含了以国内生产为主投入的能源消耗量;工业产值以工业品出厂价格指数对现价产值进行缩减获取不变价。实现依靠技术促进的经济增长和能源利用效率的提高，全要素生产率的作用极其重要（段文斌和余永泽，2011）。结合前人的研究，选择全要素生产率（tfp）来表征技术水平变化差异。许多研究中采用全要素生产率代表技术进步（Solow，1956）。全要素生产率反映了经济增长中"质"的部分，加快转变经济发展方式的根本问题就是要全面提高其全要素生产率（林伯强，2012）。工业细分行业全要素生产率主要借鉴现有学者的做法，利用 DEA-Malmquist 指数计算（沈能，2006）。总产出采用行业规模以上企业总产值，资本要素基于永续盘存法的基本思路计算获得。由于现有研究中使用的固定折旧率无法体现行业特色，为了进一步体现细分行业特色，折旧率借鉴陈诗一的计算办法，以当年折旧除以前一年固定资产原值求取不同的折旧率（陈诗一，2011）。工业细分行业资本存量没有直接的统计数据，必须进行估算，其当期资本存量 = 可比价投资额 +（1 － 折旧率）× 滞后一期资本存量，可比价投资额以固定资产投资净值进行平减后获得。统计年鉴没有提供工业分行业的固定资产投资价格指数，故使用工业全行业的固定资产投资价格指数来对工业分行业现价投资额进行平减。资本及劳动力对脱钩系统具有直接或间接的影响，但是是否存在正向的替代作用或显著的溢出作用目前没有一致定论。因此将劳动、资本作为解释变量纳入现有模型中。其中，资本（K）使用固定资产原值，劳动（L）使用各行业规模以上企业年末员工数。能源结构差异通过影响能源的替代性关系而影响能源与经济系统（Kim and Heo，2013）。清洁、便利的集约型的电力及其来源渠道的多样化体现了能源结构比例的调整。动力来源中新旧动能转换体现了传统化石能源和可再生能源的逐步切换，电力结构中可再生能源比例逐渐增大，替代传统化石燃料发电。采用行业电力消费增速衡量能源结构（$eners$）的变化，其中电力消费量按照折标系数进行折算。作为外源性技术和资本的载体，FDI 对东道国能源消耗和经济增长的影响并没有统一的结论。外商直接投资（fdi）会利用国际技术溢出进而提高中国经济的能源生产效率（Huebler and Keller，2010），但是对能源消费和经济增长关系的影响却存在空间和行业的差异性（齐绍洲等，2011）。选取工业行业当年实际外资投资总额代表 fdi 指标。为了消除异方差，部分变量取其对数。文中工业分行业的累计折旧、固定资产原值等口径的数据均选取规模以上工业企业指标值，所有数据来源于 2004 ~ 2017 年《中国工业统计年鉴》《中国能源统计年鉴》及《中国统计年鉴》。为了消除异方差，部分变量取其对数，表 5 - 1 给出了各变量原始数据的描述性统计。

表 5 - 1　　　　　　　　　变量的描述性统计

变量	均值	最大值	最小值	标准差
dr	0.2753	1.0334	- 0.4954	0.19948
L	380.33	1110.34	14.54	281.4911
K	16274.14	145492.1	382.94	21035.95
tfp	1.0875	6.693	0.121	0.4268
fdi	793.1699	4420.34	0.34	1036.393
$eners$	0.08873	0.5807	- 0.2407	0.09918

5.2.2　非线性关系及产业关联性检验

5.2.2.1　基础检验

为了保证结果的稳健性和可靠性，对各变量进行单位根检验。由 LLC、IPS、ADF、PP 结果可知，各变量原阶序列在 5% 的显著性水平检验下拒绝了"存在单位根"的原假设，原阶序列均是平稳的。

表 5 - 2　　　　　　　　　单位根检验结果

单位根	dr	$\ln L$	$\ln C$	$\ln fdi$	$eners$	tfp
LLC	- 17.9732 *** (0.0000)	- 4.9371 *** (0.0000)	- 10.372 *** (0.0000)	- 12.538 *** (0.0000)	- 3.945 *** (0.000)	- 20.5832 *** (0.0000)
IPS	- 14.1038 *** (0.0000)	- 1.6424 * (0.0503)	- 3.2758 *** (0.0005)	- 7.2011 *** (0.0000)	- 4.074 *** (0.0000)	- 18.0957 *** (0.0000)

续表

单位根	dr	$\ln L$	$\ln C$	$\ln fdi$	$eners$	tfp
ADF	202.954 *** （0.0000）	64.2178 ** （0.0391）	79.9072 *** （0.0014）	133.940 *** （0.0000）	92.840 *** （0.0001）	267.678 *** （0.0000）
PP	238.951 *** （0.0000）	90.8445 *** （0.0001）	103.844 *** （0.0000）	187.964 *** （0.0000）	173.353 *** （0.0000）	330.581 *** （0.0000）

注：括号内数值表示显著性检验 P 值；*、**、*** 分别表示通过 10%、5%、1% 的显著性水平检验。

为了进一步检验变量间是否存在长期关系，同时进行了 Pedroni、Kao 等检验，Kao 检验建立类似 Engle - Granger 的回归方程，并在此基础上提取残差项构造检验统计量，具体结果如表 5-3 所示。由表 5-3 可知，Kao 检验结果中各变量在 1% 的显著性水平下拒绝原假设；Pedroni 检验中 Group 和 Panel ADF 及 PP 均通过检验，大部分具有显著性特征。综合检验结果可知，变量间确实存在长期稳定的均衡关系。

表 5-3　　　　　　　　　　协整检验结果

统计量	Panel rho	Panel PP	Panel ADF	Group rho	Group PP	Group ADF
Pedroni	1.6619 （0.9517）	-7.2469 （0.0000）	-7.6683 （0.0000）	4.4187 （0.0000）	-8.7359 （0.000）	-7.5470 （0.0000）
Kao（ADF）	-18.8673（0.000）					

注：括号内数值表示显著性检验 P 值。

5.2.2.2　非线性关系检验

基于经典的 EKC 假设，行业发展与脱钩是非线性的区间对应关系。现有研究中经常采用多次项、指数函数等数学公式表示非线性相关。基于柯布 - 道格拉斯生产函数推导出的能源与产出关系数学表达式中增加产出的多次项，以验证二者的非线性关系。利用数理模型中的连续时间变化增长率与现实中离散的增长变化率二者仅在数学意义上有差异，而在对应的经济理论上是深刻相似的原理的基本准则，对基于绝对数值的原式进行相应的数字处理，得出基于相对比值的脱钩和产出变化关系的数学关系式。为了进一步验证工业细分行业全要素生产率对脱钩效应的非线性关系，在普通的回归方程中逐渐增加其二次项，模型如下所示：

$$dr_{it} = a_i + \beta_1 tfp_{it} + \beta_2 tfp_{it}^2 + \beta_3 \ln fdi_{it} + \beta_4 \ln K_{it} \quad (5-1)$$
$$+ \beta_5 \ln L_{it} + \beta_6 geners_{it} + \varepsilon_{it}$$

其中，当 TFP 一次项、二次项系数 $\beta_1, \beta_2 \neq 0$ 且符号不一致时，说明行业全要素生产率对脱钩效应的影响具有显著的拐点特征。拐点前后是二者关系的方向和幅度发生变化的起始点。

对上述回归模型进行估计，结果如表 5-4 所示。由表 5-4 可知，一次项、二次项系数符号不一，且均通过 1% 的显著性水平检验，说明行业全要素生产率与脱钩效应间存在预期的"U"型族类曲线的关系，体现出明确的非线性关系，二者关系具有上行区间和下行区间。在上行区中，随着全要素生产率提高，脱钩效应日渐深化；在下行区中，全要素生产率的提高不但弱化了脱钩效应，还有可能是负脱钩的重要影响因素。具体的关系轨迹可由后文的半参数模型的偏导图推导出来。

表 5-4　　　　　　　　　基本回归结果

$\beta_1(tfp)$	$\beta_2(tfp2)$	$\beta_3(fdi)$	$\beta_4(K)$	$\beta_5(L)$	$\beta_6(geners)$	C
-0.08336***	0.008873***	-0.01154	-0.1303***	-0.00664	-1.03908	1.1924

注：*** 表示通过 1% 的显著性水平检验。

全要素生产率代表的技术水平和行业经济增长与能源消耗脱钩效应存在显著的 EKC 曲线特征。现实中，大部分经济变量的关系并非线性的，更多是以非线性关系存在，但传统处理的方法是以一次项、二次项和三次项方式，将非线性问题处理为线性表示形式，将数据的非线性转化为线性。但是，这种处理方法可能会导致较大的"设定误差"，进而使检验结果（"U"型、"N"型、倒"N"型等结论）不够稳健，不足以准确反映变量之间的真实关系（李平和慕绣如，2013）。半参数模型结合参数和半参数的优点，更加灵活，且有更高的拟合优度和更大的应用价值（冯烽和叶阿忠，2015），结合空间模型构建的半参数空间模型可较好地捕捉空间相关性的特征（Su and Jin，2010）。因此，构建半参数空间模型以将技术的非线性作用的具体模式模拟出来。

5.2.2.3　产业关联性检验

地理空间理论中一般采用莫兰指数判断空间的相关性，反映空间邻近区域单元属性值的相似程度，利用地理权重指数和观察值进行计算，其中地理权重矩阵能够为区域单元之间的网络关系进行赋值，因此常被用于研究对象空间关系的重要媒介。莫兰指数具体的公式如下：

$$\text{Moran's } I = \frac{\sum_{i=1}^{n} \sum_{j=1}^{n} w_{ij}(Y_i - \bar{Y})(Y_j - \bar{Y})}{S^2 \sum_{i=1}^{n} \sum_{j=1}^{n} w_{ij}} \tag{5-2}$$

其中，$S^2 = \frac{1}{n} \sum_{i=1}^{n} (Y_i - \bar{Y})^2$。Moran's I 取值介于 [-1, 1] 区间，当介于 [0, 1] 时表示邻近区域正相关，越接近 1 就表示邻近区域间属性相似度越强，同质性程度高，关系越紧密，较易形成高或低集聚；取值介于 [-1, 0] 时表示负相关，说明区域间属性差异较大，异质性程度高，倾向于形成高低或低高集聚。Moran 值越接近负值，则说明差异越大，或者集中性不好。本书中，将空间相关性检验借用于行业关联检验中，其中产业关联权重指数 W_{ij} 参考耿鹏和赵昕东（2009）关于产业权重的计算方式，利用投入产出表获取工业行业关联权重指数。以 2010 年投入产出表计算的产业关联权重指标中脱钩指数的 Moran 指数均值为 0.1219，相应的 p 值为 0.0721；进一步检验脱钩指数是否具有产业关联特征，利用 2015 年投入产出表获取的产业关联权重指标，计算出其 Moran 指数均值为 0.1424，p 值为 0.0433，两种权重指数值计算的莫兰均值分别在 10% 和 5% 的显著性水平下拒绝了"不存在空间自相关性"的原假设,说明工业经济增长与能源消耗脱钩指数存在显著的产业间关联溢出。

5.2.3 半参数空间模型的构建和估计

简单的 Moran 值检验只能判断出变量是否存在空间相关性,无法用于识别使用的空间模型类型。为了巩固空间模型构建的合理性,佛罗瑞克等(Florax et al.,2003)扩展了经典线性回归模型,在普通 OLS 回归模型中添加空间滞后项进行判断。一般准则是哪一种滞后项的 LM 和 RLM 统计量显著,那么就选择哪一个滞后项添加到普通方程中。在安塞林等(Anselin et al.,2010)提出的利用 LMERR、LMLAG 等统计量判断适用空间模型类别的基础上,勒萨具等(Lesage et al.,2009)作为空间杜宾模型的倡导者,认为空间杜宾模型应该成为研究的起点。因为如果在空间模型设定中遗漏了自变量或因变量的空间项,那么将会造成遗漏偏误的问题(Green,2001)。如果只是忽略了空间自相关误差项 $W\varepsilon$,则只是造成了一些效率的损失而已,进一步来说,如果数据生成过程即便是其他空间计量模型,那么选择空间杜宾模型也不会得到有偏的估计(姜磊,2018)。研究中选择构建半参数空间杜宾模型作为探讨产业脱钩效应关联溢出的主要模型,具体模型选择的检验结果如表 5 – 5 所示。由表 5 – 5 可知,根据工业分行业普通 OLS 空间项检验结果,空间滞后项、误差项的 LM 和 RLM 均通过了 1% 或 5% 的显著性检验,这种用于选择空间溢出方式的实证检验结果说明,工业部门数据生成过程中需要使用包含滞后和误差的部门关联模型进行分析。用于选择固定还是随机效应的 LR 检验结果拒绝了空间随机效应,模型选择固定效应形式。而空间杜宾模型中对模型能否简化成误差或滞后的 Wald 检验拒绝了模型简化为滞后或误差的原假设,从统计角度进一步验证了固定效应空间杜宾模型的有效性和合理性。

表 5 - 5 空间模型检验结果

项目	LM（Lag）	RLM（lag）	LM（error）	RLM（error）
Stastictis	4. 8544 **	6. 9303 ***	10. 4746 **	12. 5505 ***
P	（0. 028）	（0. 008）	（0. 001）	（0. 000）
LR（spatial - fixed） 254. 947（0. 0000）				
Wald（lag）	27. 6334 （0. 0000）	Wald（error）	23. 9565 （0. 0000）	

注：**、*** 分别表示通过 5%、1% 的显著性水平检验。

空间杜宾模型包含了解释变量和被解释变量的时空滞后项，既能够描述出邻近区域的因变量对主体区域发生了溢出关联，同时也能将空间误差模型中通过误差项传递的空间溢出包含在内，这是一种更普遍的模型，包含了内外生自变量的空间溢出传递效应。全要素生产率代表行业的技术水平，将其设定为半参数形式，进入空间模型中，用于研究工业行业技术水平与脱钩效应的关系。半参数项的增加不仅有助于放宽对样本容量的要求，同时更放松了预设变量关系前提的限制，避免了由于预设关系而导致检验结果不够稳健，最终影响对反应变量之间真实关系描述的准确度（李平和慕绣如，2013）。半参数模型的估计过程结合了参数与非参数模型的优点，其中参数项的收敛速度保持与原参数模型的收敛速度一致，半参数项的收敛速度比非参数模型估计的收敛速度快（潘文卿等，2011）。因此，采用半参数空间模型能更好地刻画行业能源脱钩系统时间和空间上的运行路径及受影响轨迹。普通空间杜宾模型如下：

$$dr_{it} = \rho \widetilde{dr}_{it} + \alpha_1 \ln L_{it} + \alpha_2 \ln K_{it} + \alpha_3 \ln fdi_{it} + \alpha_4 eners_{it} + \alpha_5 tfp_{it}$$

$$+ \beta_1 \ln \widetilde{L}_{it} + \beta_2 \ln \widetilde{K}_{it} + \beta_3 \ln \widetilde{fdi}_{it} + \beta_4 \widetilde{eners}_{it}$$

$$+ \beta_5 \widetilde{tfp}_{it} + \mu_i + \varepsilon_{it} \qquad (5-3)$$

其中，$\widetilde{dr}_{it} = w_{ij} \times dr_{jt}$，$\ln \widetilde{L}_{it} = w_{ij} \times \ln L_{jt}$，$\ln \widetilde{K}_{it} = w_{ij} \times \ln K_{jt}$，$\ln \widetilde{fdi}_{it} =$

$w_{ij} \times \ln fdi_{jt}$ ，$\widetilde{eners}_{it} = w_{ij} \times eners_{jt}$ ，$\widetilde{tfp}_{it} = w_{ij} \times tfp_{jt}$ 分别代表变量空间滞后项，ρ 是被解释变量的空间滞后项系数，w_{ij} 是产业权重矩阵；α_k ，β_k 分别代表解释变量的时间和空间滞后项的系数，μ_i 代表个体固定效应；随机扰动项 ε_{it} 服从 $(0, \sigma^2)$ 。

环境库兹涅茨曲线（EKC）一般使用混合指数函数、对数函数、多次项式等方程，这种简单的数学表达式只能说明变量之间的非线性关系，至于这种关系是通过什么形态展示的，需要借助半参数相关模型。在空间模型中加入半参数项不仅有助于放宽对样本容量的要求，同时更放松了预设变量关系前提的限制，半参数模型的估计过程结合了参数与非参数模型的优点，其中参数项的收敛速度保持与原参数模型的收敛速度一致，非参数项的收敛速度比非参数模型估计的收敛速度快。因此，构建以全要素生产率为半参数项的工业行业半参数空间杜宾模型如下：

$$
\begin{aligned}
dr_{it} = {} & \rho \widetilde{dr}_{it} + \alpha_1 \ln L_{it} + \alpha_2 \ln K_{it} + \alpha_3 \ln fdi_{it} + \alpha_4 eners_{it} \\
& + \beta_1 \widetilde{\ln L}_{it} + \beta_2 \widetilde{\ln K}_{it} + \beta_3 \widetilde{\ln fdi}_{it} + \beta_4 \widetilde{eners}_{it} \\
& + G(tfp_{it}) + \mu_i + \varepsilon_{it}
\end{aligned} \tag{5-4}
$$

对于半参数项的估计，简要步骤如下：设 $E[G(tfp_{it})] = 0$ ，否则归入固定效应项中，基于上述假设进行参数和半参数项估计。假设参数 ρ ，α, β 已知，则两边取期望后整理的半参数项的初步估计值为：

$$
\begin{aligned}
\widehat{G}(tfp_{it}, \rho, \alpha, \beta) = {} & \widehat{E}(dr_{it} \mid tfp_{it}) - \rho \widehat{E}(\widetilde{dr}_{it} \mid tfp_{it}) \\
& - \alpha_k \sum_{k=1}^{4} \widehat{E}(X_{kit} \mid tfp_{it}) - \beta_k \sum_{k=1}^{4} \widehat{E}(\widetilde{X}_{kit} \mid tfp_{it}) - \mu_i
\end{aligned} \tag{5-5}
$$

将 $G(\cdot)$ 的初步估计代入模型中消除截距项，获得含有待估参数的方程如下：

$$dr_{it} - \hat{E}(dr_{it} \mid tfp_{it}) = \rho[\tilde{dr}_{it} - \hat{E}(\tilde{dr}_{it} \mid tfp_{it})]$$

$$- \alpha_k \sum_{k=1}^{4} [X_{kit} - \hat{E}(X_{it} \mid tfp_{it})]$$

$$- \beta_k \sum_{k=1}^{4} [\tilde{X}_{kit} - \hat{E}(\tilde{X}_{kit} \mid tfp_{it})] - \mu_i$$

$$(5-6)$$

根据上述方程获得相应参数的估计值 $\hat{\rho}$，$\hat{\alpha}_k$，$\hat{\beta}_k$，代入式（5-5）可以求固定效应项的估计值。考虑可能存在的内生性问题会使得误差项相关，造成估计结果的偏误，于是一般认为可以寻找工具变量解决上述问题。而现有关于工具变量的选择一般以空间滞后项或时间滞后项，或者选择外部工具变量。本书选择全要素生产率的空间滞后项作为工具变量。

局部线性估计法用于求解相应项，其中 $\hat{E}(dr_{it} \mid tfp_{it})$，$\hat{E}(\tilde{dr}_{it} \mid tfp_{it})$，$\hat{E}(X_{it} \mid tfp_{it})$，$\hat{E}(\tilde{X}_{it} \mid tfp_{it})$、$\hat{G}(\cdot)$ 分别为 $E(dr_{it} \mid tfp_{it})$，$E(\tilde{dr}_{it} \mid tfp_{it})$，$E(X_{it} \mid tfp_{it})$，$E(\tilde{X}_{it} \mid tfp_{it})$、$G(\cdot)$ 的估计值，计算窗宽值后进行一阶偏导数的计算。偏导数值能够精准地描述出技术水平对行业脱钩的作用。估计过程利用 R、Matlab、Eviews 等软件求固定窗宽、期望值、偏导数等。

5.2.4　行业能耗脱钩效应的关联溢出表现及影响

通过半参数空间模型实现对工业经济增长与能源消耗脱钩的关联性和技术的非线性作用进行具体分析，识别关联溢出的直接和间接影响，具体结果如表5-6所示。由表5-6可知，对比普通回归、空间模型的结果，空间模型具有较大的 R^2 值；模型主要解释变量的系数估计值相对稳定。相对于普通模型，空间模型对某些参数的系数估计值进行了调试，而就空间杜宾模型和半参数空间杜宾模型而言，半参数空间杜宾模型具有相对较高的极大似然值,且参数估计值反馈的作用方向没有发生变化,仅在幅度上实现了微调。行业关联属性的溢出效应借助空间滞后项体现,具体作用效应主要以半参数空间模型估计值进行解读。

表5-6 回归结果

变量	PRM	SDM (tfp)		SSDM (tfp)	
	α_k	α_k	β_k	α_k	β_k
ρ (dr)			-0.395*** (-3.479)		-0.369*** (-3.6557)
tfp	-0.0235*** (-3.3045)	-0.0998** (-2.1893)	-0.086*** (-3.1867)	偏导图	
$\ln L$	0.0135 (0.3332)	0.0295 (0.4742)	0.471** (2.3046)	0.0033 (0.0884)	-0.0489 (0.0883)
$\ln K$	-0.1283*** (-4.0354)	-0.292** (-2.4592)	-0.998** (-2.1009)	-0.0573* (-1.72)	-0.128*** (-2.6404)
$\ln fdi$	-0.0102 (-0.7404)	0.0317** (1.9942)	0.165** (2.5336)	0.0334** (2.3964)	0.0449*** (2.576)
$geners$	-1.088*** (-7.6023)	0.193** (2.5282)	0.256 (-1.3788)	0.228*** (-2.7059)	0.167 (1.4331)
R^2	0.67	0.708		0.68	
Loglilike	247.15	258.90		263.14	

注:括号内数值表示 T 值大小;*、**、*** 分别表示通过10%、5%、1%的显著性水平检验。

行业脱钩指数的产业滞后项估计值为负值且显著,说明脱钩溢出效应明显,行业间脱钩具有直接关联性,这与 Moran 指数检验得出产业间显著相关性的结论是一致的。具体来说,半参数空间模型中脱钩滞后项 $w \times dr$ 系数为 -0.369,负值说明关联行业脱钩指数增加1个单位,即能源消耗与行业产出增速的差距缩减1个单位,则会引起主体行业产出与能耗的增速差距扩大0.369个单位,脱钩指数减小。关联行业脱钩系统不利的调整产生的溢出效应会成为促进主体行业脱钩效应深化的重要外来因素。胡翠和谢世清(2014)针对制造业企业行业间溢出研究表明,上下游配套行业变化会扩散并正向影响到主体行业的企业。可见,行业间的"模范学习"和"前车之鉴"形成示范效应，邻近行业会引以为鉴，减少低效高能耗的生产、运输等环节。行业脱钩指数增长，脱钩度变浅，有可能发生积极脱钩—消极脱钩、消极脱钩—负脱钩的演化。脱钩度变浅甚至负脱钩的现象会给其他行业予以警示，关联行业以此为戒，积极改善本行业生产中的环境不友好行为，推动绿色化发展的脱钩指标朝着良性方向深化，反映了行业脱钩关联的积极溢出效应。

行业关联的溢出效应也会通过生产要素体现出来。行业固定资产系数估计值及溢出系数均为负且通过显著性检验，说明行业固定资产投资的增加能够在一定程度上深化自身行业的脱钩效应，且从行业间获得的溢出影响也发挥了积极作用，是解决脱钩潜力性问题的主要外力来源之一。具体而言，固定资产投资增加，将会引起脱钩指数减少，脱钩程度增强，行业的能源消耗和产出增速差距加大，增加固定资产投资有利于推动绿色发展的脱钩指标深化。资本要素可以通过发挥其替代性或互补性直接影响能源经济系统作用机制，同样，资本作为技术效应的传导要素，对行业脱钩也会发挥一定影响。固定资产在行业间也具有显著的溢出效应。邻近行业固定资产投资增加，关联的主体行业的脱钩指数减少，脱钩度加深。行业间的这种溢出意味着消极—积极或负—正的脱钩良性驱动效应。上下游行业固定资产水平发生变化，对行业内的产出和能耗变化的差距具有一定的调节作用，且这种增值现象会依托流通渠道进而影响邻近行业的脱钩指数。行业劳动力要素时空项的系数估计值为正，说明劳动力要素存在叠加效应，但没有通过显著性检验说明行业劳动力要素对脱钩系统的影响不明显。劳动力综合作用的显著性与否取决于劳动力质量。一般而言，接受过良好教育的人员更注重环境保护，在生产指导、管理过程中更懂得节能降耗对于企业和社会发展的意义；同样，拥有绿色消费理念的高素质人力资本在流动过程中更会传播节能、绿色消费的意识。工业行业中高技能劳动力比例低的现象常见，限制了技能型及高级劳动者的绿色生产、管理意识在生产中的实践。在不同发展阶段，提高高技能劳动力的比重、积极有效推动技能偏向型技术进步与技能互补才能发挥大幅度的经济持续增长效应。

电力消耗是脱钩效应的内在延阻力来源，其溢出系数估计值不显著，并未发挥溢出的传导性影响其他行业脱钩效应，具体如表 5 - 6 所示。由表 5 - 6 可知，参数估计值为正且通过显著性检验，电力消耗每提高 1 个单位，脱钩指数则增加 0.228 个单位，是延阻力的体现。滞后项的参数估计值没有通过显著性检验，说明其带来的影响只发生在行业内，并未如预期地存在于行业间。这主要是因为行业异质性属性主导下各行业对能源需求类型差异极大，导致具体行业的能耗调整或优化并不会影响其他行业。涌（Yong，2012）研究发现，ICT、机械设备制造业对电力需求大，而交通运输、建筑等行业需求的能源类型却不一致。尽管中国电能供应源转向可再生能源类，但煤炭等传统能源在发电量中的比重仍然较大。因此，新能源通过对行业能源结构进行调整发挥的节能增产效应影响力极其有限。

FDI 当期项和滞后项的系数估计值均为正且通过显著性检验，说明行业 FDI 具有消极的直接和间接溢出影响，明显地抑制了脱钩效应。这从行业维度和脱钩指标上再一次印证了我国 FDI 引入的"污染天堂"现象。工业行业外资进入引发的能耗增长比率高于经济增长促动比率，这与大部分学者研究中揭示的 FDI 大量流入一定程度上恶化了东道国环境质量的本质是一致的（Cole et al.，2011；Sarkodie and Sterzov，2019）。徐和赵（Xu and Zhao，2020）研究发现，带入技术的 FDI 并没有提高我国清洁能源的使用状况。而在经济效应方面，过高或过低的 FDI 均无法发挥积极影响。过高的 FDI 显示其已经度过了只要有新的外商投资就会有增长的阶段，正向促进效应的发生需要更高的外部环境条件（丁叶，2013）。而较低的 FDI 规模表明尽管有增量优势，但受限于流入主体吸收能力与 FDI 流入的匹配差异，也会影响正向的经济效应。目前，不同行业外资规模差别极大，大规模 FDI 集中在传统劳动密集型（食品、纺织）或资本密集型（化工业、交通运输制造业、电子设备、通信设备制造业等）等行业中，表现出一定程度的经济效应的驱动疲乏。随着对外开放的持续推进，煤炭采选、石油和天然气开采行业、金属矿采选业、非金属矿采等自然资源密集型行业增量指标良好，但是基量低也不利于外资发挥正向经济效应。因此，行业 FDI 对脱钩系统的延阻作用极其显著，是解决脱钩行业潜力性问题需要预防的重要阻力因素。

技术进步作为提高能源效率和经济发展动力的重要因素始终是研究的核心要素。行业空间模型回归结果中，技术进步指数与脱钩指数之间负相关，表明行业的技术进步对能源消耗驱动和产出增长驱动的综合作用是积极的。技术改变了经济增长的方式，提高能源效率，扩大了能耗与产出增速的差距，深化了脱钩度。魏艳旭等（2011）对比了中国前后30 年的能耗与经济增长，发现前 30 年经济增长对能源消耗依赖性较大，对技术依赖性较小；而后 30 年经济增长对能源消耗依赖性减弱，对技术依赖性增强；技术转变与技术进步是引起这种变化的关键因素。因此，在工业部门内部，技术的正向脱钩驱动效应更积极和稳健。而关联行业的技术溢出对脱钩产生影响，这与理论上产业间技术溢出的产出效率和节能的正向驱动效应的结论是不一致的。技术溢出的机制能否发挥作用既依赖于企业间的互动能力的大小，也依赖于要素流动的幅度与广度以及产业间关联的强弱。尤其是产业或行业间的关联强度，更大程度上影响着产业或行业间的技术溢出效应。为了进一步描述技术因子的综合效应，利用半参数项的偏导图梳理其非线性作用轨迹。

5.3　技术进步对行业能耗脱钩效应的非线性影响

一个经济体若能在长期中实现持续快速增长，必定伴随有全要素生产率提高（刘秉镰和李清彬，2009）。研究普遍认为，全要素生产率既是发展质量指标也是技术进步的衡量指标。在线性回归结果中，全要素生产率时空滞后项的参数估计值均为负且通过了显著性检验，验证了行业技术进步的提高有助于脱钩深化效应的假设。滞后项估计值表明行业技术的良性效应，对其他行业也会产生积极的溢出影响。但是，现实中，在行业的异质性及技术的节能和反弹等多种因素交织作用下，技术的非线性特征属性也较为明显。

5.3.1　基于偏导数视角下技术进步的非线性影响

图5-10中横坐标轴表示全要素生产率。数值越大代表技术水平越高、经济增长质量越好，后文分析中用技术水平变化阐述TFP变化。纵坐标轴是TFP对脱钩的边际效应，表示技术水平变化对脱钩指数的影响作用。由图5-10可知，行业技术因素对脱钩的边际影响沿着"N"型曲线逐步变化，表现出驱动—抑制—驱动的作用过程。在较低状态下，技术并未有显著作用，随着技术水平逐步提高，这种脱钩的边际效应逐渐呈现负相关性的驱动效力，而后逐渐减弱转为正相关的延阻效应。当技术水平突破某一值点，则又进入了上行区的脱钩驱动作用，反馈出驱动—抑制—驱动的影响变化。在下行区内，行业技术水平的提高恶化了脱钩效应，阻碍了产业脱钩潜力的发挥；在上行区内，行业技术进步有利于产业脱钩潜力的挖掘，是实现行业脱钩稳定性和深入性的重要驱动力。具体来说，当生产率指数低于1，偏导数值为负，处于上行区间，随着技术水平不断提高，脱钩指数不断减少，脱钩度加深。这一阶段的行业要素配置率和技术水平低，行业处于工业化前期，脱钩的有效性和稳定性主要来源于发展中碳基能源的缺失。当生产率指数介于1~1.13区间，随着工业化程度加深，发展伴随着大量碳基能源的消耗及温室气体排放。尽管行业技术水平不断提高，脱钩指数却不断增加，脱钩度弱化。下行区间发展的目标主要追求经济增速，普遍出现了以环境换发展的现象。在工业化高速发展的时代，石油和煤炭开采技术改进，大量开采、大规模应用使得碳基能源成为发展的主动力，脱钩指数大，脱钩度浅，甚至出现负脱钩的耦合状态。当技术水平介于1.13~1.4区间，是二者关系的上行区间，技术进步伴随着脱钩指数的不断减小，是技术发

挥脱钩驱动效应的重要阶段。技术进步是经济效率的体现，也是新能源开发和推广、能源效率提升等综合实力的表现。这一阶段侧重于对碳基能源的替代及能源结构优化，是工业经济高质量发展的攻坚阶段，突出以节能、绿色生产环节的改进，绿色化成为增长的导向。

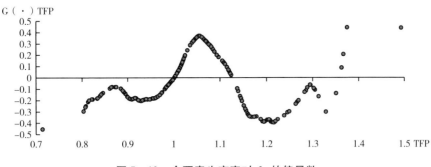

图 5 - 10　全要素生产率对 **dr** 的偏导数

从工业层面看，依托全要素生产率识别技术对脱钩系统复杂作用的研究显示，技术效应既具有双面性也具有阶段性，既有可能推动能源需求减少刺激脱钩，也有可能发挥回弹作用阻碍脱钩，拥有上行区和下行区。这种复杂的内生影响效应很难通过普通线性回归模型估计出来。同时，除了行业时间维度和阶段性的作用轨迹，为了区分空间维度下行业异质性的脱钩影响差异，细分行业分析不同要素密集型行业的技术进步对脱钩的影响是十分必要的。利用劳动密集型、资本密集型及资源密集型等行业样本估计的全要素生产率的偏导图，从异质性角度凸显差异化，从关联性角度体现交互作用，为深化研究提供依据。

5.3.2　不同行业技术进步的非线性影响

不同行业的能源消耗存在巨大差异，技术效应也因此会有极大的不同。结合社科院分类标准划分为三大类，其中劳动密集型产业有 8 个类目，资本密集型有 8 个，资源密集型有 7 个类目，分别对不同部类行业的技术因子的作用进行分析。

5.3.2.1 资本密集型行业技术进步对脱钩效应的影响

由资本密集型行业全要素生产率（CTFP）的偏导数图 5 - 11 可知，资本密集型行业技术进步对脱钩指数正影响效应逐渐降低且向利好的驱动方向转变。在一定区间（ <1.145），尽管边际影响降低但是对脱钩形成阻力，进入下行阶段；当进入上行区间（ >1.145），资本密集型行业技术进步对脱钩的阻力作用幅度逐渐减小并逐渐转为负相关的积极效应，体现了技术进步的脱钩驱动影响。在资本密集型行业内，短期的能源偏向型技术进步引发了更多的能源消耗，随着时间推移，资本能源的替代效应逐渐凸显，积极影响逐渐表现出对脱钩的利好面。由图 5 - 12 资本密集型行业内不同部类 2004 年和 2017 年的全要素生产率变化差异可知，石油、炼焦和核燃料加工业（J）、化工业（K）、非金属矿物制品业（L）、金属冶炼和压延加工业（M）、通用和专用设备部门（O）、交通运输设备部门（P）、通信设备、计算机和其他电子设备部门（R）、其他制造业（T）所有细分行业中，化工业、非金属矿物制品业、通用专用设备三个部门的 TFP 并未提高，其他部类的 TFP 增强了，尤其是通信设备、计算机和其他电子设备部门的进步极为明显。与选择的样本初期进行比较，后面三个部门 TFP 在整个行业中的水平较高，而其他部类技术水平由于起点低，提升的空间足、潜力大，则表现出迅猛的增强态势。通信设备、计算机和其他电子设备部门技术水平较之前提高了 8.48倍，金属冶炼和压延加工业增速也达 1.06 倍；石油、炼焦和核燃料加工业的技术水平相对稳定。从时空轴向综合变化水平可以看出，到 2017年大部分行业的技术水平都超过了 1.2，进入脱钩驱动的上行区间，发挥积极效应。资本要素是我国保持经济增长的最主要来源（余永泽，2015）。充裕的资本要素不但发挥积极的经济刺激效应，在能源供应源丰富、结构异质性强度逐渐加大的背景下，仍然能够发挥对能源的替代性作用（Kim and Heo，2013）。因此，资本密集型行业技术进步对脱钩具有两面性，较低水平的技术不利于脱钩，但随着技术水平的提升，脱钩驱动作用力增强，成为该行业深化脱钩的重要着力点。

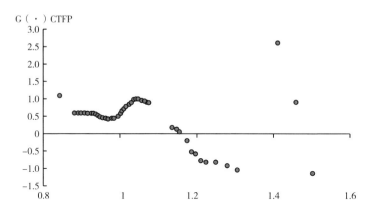

图 5 – 11　资本密集型 TFP 对 dr 的偏导数

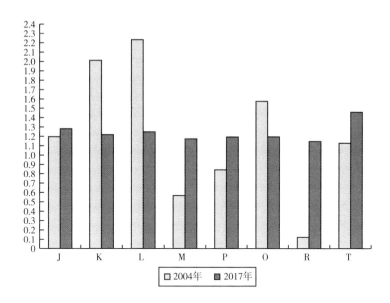

图 5 – 12　2004 年、2017 年资本密集型行业 TFP

5.3.2.2　劳动密集型行业技术进步对脱钩效应的影响

由劳动密集型行业全要素生产率（LTFP）对脱钩的偏导数图 5 – 13 可知，其技术进步产生单向的利好效应，尽管边际效应在短期内是逐渐减小的，但是长期而言，这种驱动效力是逐渐增强的。整体上，劳动密集型行业技术进步对脱钩的积极影响是行业内一股脱钩深化的推力，有助于部门的绿色发展。部门内，有偏技术进步和行业内技能型劳动力契合发挥了绿色、节能的正向影响，是劳动密集型行业脱钩深化和潜力开发的重要切入点。从图 5 – 14 劳动密集型行业 2004 年和 2017 年的全要素生产率变化可知，样本年间，大部分细分行业 TFP 提高不大，且部分行业甚至出现倒退。具体来看，金属制品业（N）、仪器仪表业（S）、电气机械及器材制造业（Q）的技术水平基数较高，在相对变化角度上体现出了技术水平的退化和衰减，分别高达 37%、26%、32%；食品烟草业（E）、纺织业（F）、纺织服装及皮革业（G）、木材加工业（H）、造纸印刷业（I）等部门技术水平基数低，实现了较大的相对增长。其中，木材加工业、纺织服装及皮革业、纺织业的增幅在同类部门中相对靠前，是这些部门技术水平累积增长的反馈。该部门内细分行业的技术水平差异不大，基本保持在 1.1 左右，处于技术对脱钩驱动的加速区，这个区间全要素生产率越高、技术越先进，越能发挥积极作用。加快劳动密集型偏向型技术创新和先进技术的引进，推动行业技术进步是深化脱钩的有效途径。

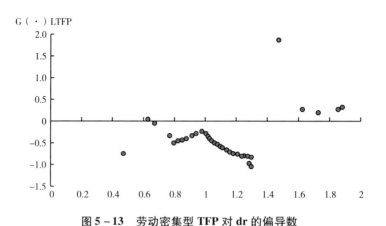

图 5 – 13　劳动密集型 TFP 对 dr 的偏导数

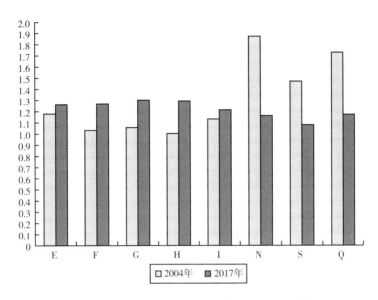

图 5 – 14　2004 年、2017 年劳动密集型行业 TFP

5.3.2.3　资源密集型行业技术进步对脱钩效应的影响

由资源密集型行业全要素生产率（RTFP）对脱钩的偏导数图 5 – 15 可知，资源密集型行业技术进步对脱钩的影响呈倒 "V" 型。在连续的有效的作用期间，表现出相对稳定的正相关性，意味着随着技术水平提高，脱钩指数变大，对脱钩形成阻力之势。由图 5 – 15 可知，正相关性经历了从增长到减缓的变化态势，在经历了急速上升的极高点后，其边际效应幅度逐渐下降。整体来看，资源密集型行业的技术因子是该部门内脱钩不利变化的主要影响因素，与前两种要素密集型行业技术因子对脱钩的作用路径在方向和尺度上表现出极大的不一致性。由图 5 – 16 资源密集型行业 2004 年和 2017 年的 TFP 变化可知，大部分细分行业的 TFP 相对稳定，技术水平变化不大，行业技术改造进步有限，小额增幅发生在石油、天然气开采业（B），金属矿采选业（C），非金属矿及其他矿采选业（D），电力、热力生产及供应业（U）等行业，而减幅发生在煤炭开采业（A）等行业。其中，燃气生产和供应业（V）的全要素生产率急剧下降，水的生产及供应业（W）的技术水平相对较低，但是随着技术进步和创新引领行业发展，全要素生产率及技术水平得到了极大提升。目前，大部分资源密集型细分部门的 TFP 已经跨越了脱钩负影响的极值点，进入了不利关系幅度逐渐下降的区间，并且随着技术进步，负影响效应逐渐下降，并在一定水平上呈现出零散的脱钩驱动影响。当跨越极点后，高效节能的技术引进会在一定程度上缓解能耗压力，通过能源效率的提升及行业能源结构的优化等实现节能增产。

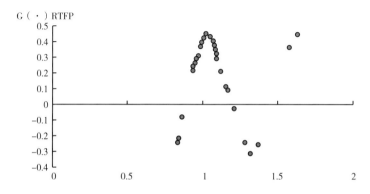

图 5-15　资源密集型 TFP 对 dr 的偏导数

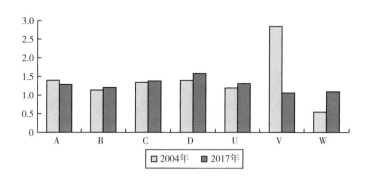

图 5-16　2004 年、2017 年资源密集型行业 TFP

　　综上所述，行业技术进步与脱钩效应的关系呈显著的非线性特征，这种波动性和不稳定性显示了技术作用的两面性和复杂性，准确把握技术效应就需要将这种非线性关系梳理清楚。而从基于行业异质性的技术作用路径来看，由于要素密集度反馈的行业结构差异，不同行业技术进步对脱钩效应的影响轨迹的曲线形态不一，作用幅度和方向有极大不同，整体上显示出强烈的个体性和独特性。

5.4　技术进步对脱钩影响的结构性差异

将 TFP 进行分解，分解出规模效率（sech）、技术效率（tech）及纯技术进步指数（pech），探讨 TFP 结构性影响根源。为了在产业溢出效应下分析技术结构性影响差异，本书通过构建空间杜宾模型（SDM）展开具体分析。SDM 是一个更通用的模型，它不仅可以通过因变量和自变量估计溢出效应，还可以通过空间误差模型中的误差项估计溢出效应。模型具体表达式如下所示：

$$
\begin{aligned}
dr_{it} =\ & \rho w_{ij} dr_{it} + \alpha_1 \ln L_{it} + \alpha_2 \ln K_{it} + \alpha_3 \ln f di_{it} + \alpha_4 eners_{it} + \alpha_5 tech_{it} \\
& + \alpha_6 pec_{it} + \alpha_7 sec_{it} + \beta_1 w_{ij} \ln L_{it} + \beta_2 w_{ij} \ln K_{it} + \beta_3 w_{ij} \ln f di_{it} \\
& + \beta_4 w_{ij} eners_{it} + \beta_5 w_{ij} tech_{it} + \beta_6 w_{ij} pec_{it} + \beta_7 w_{ij} sec_{it} \\
& + \mu_i + \delta_t + \varepsilon_{it}
\end{aligned} \tag{5-7}
$$

其中，产业权重指标 w_{ij} 选择利用某一年投入产出表计算得出，α_i 为解释变量的系数，ρ 为被解释变量的空间滞后项系数，δ_t 为时间固定效应；β_k 代表解释变量空间滞后项的系数，μ_i 代表个体固定效应；随机扰动项 ε_{it} 服从 $(0, \sigma^2)$。

对空间相关性进行检验，具体结果如表 5-7 所示。由表 5-7 可知，空间误差 LM 和空间滞后模型 LM 均在 1% 的水平上显著，拒绝了无空间依赖性的原假设。相应的 RLM 检验的显著性检验结果进一步说明空间模型比面板模型要精确得多。此外，空间模型中空间项的遗漏会导致遗漏偏差问题。包含解释变量和被解释变量的空间杜宾模型能够解决上述问题。由表 5-7 结果可知，Wald 和 LR 检验结果均在 1% 的水平上显著，表明 SDM 是优选的。Hausman 检验在 1% 的水平上显著，选择固定效应，采用最大似然法进行估计。

表 5 - 7   检验结果

项目	LM（Lag）	RLM（lag）	LM（error）	RLM（error）
统计量	5.2932 **	9.188 ***	13.3613 ***	17.256 ***
Wald（lag）	41.7964 ***	Wald（error）	37.0612 ***	
LR（lag）	45.0837 ***	LR（error）	38.7645 ***	
Hausman 1806.1972（0.0000）				

注：**、*** 分别表示通过 5%、1% 的显著性水平检验。

估计结果如表 5 - 8 所示，普通面板回归及不同权重矩阵进行的空间模型估计的结果几乎保持一致，相对普通面板回归结果来看，两个空间模型中工业行业脱钩系统都表现出明显的空间相关性。其中，经济系统中的部分因素作为驱动力助力深化脱钩，而另一些因素则成为阻力，抑制了脱钩，同时还对相邻地区产生了溢出影响力，这种多方向用力则是脱钩不稳定的主要原因。以技术改进为主导发生的变化，能够通过实现产业结构优化效应及生产投入要素变化的替代效应，有效提高能源效率，从而成为降耗和增产的重要驱动力，有效地加深脱钩效应。除纯技术进步的参数估计值不显著外，技术进步和规模效率指数的系数均显著且为负值，这说明在技术层面的影响中，技术进步和规模效率的提升有助于深化工业脱钩，推动工业节能减排实现绿色转型。行业规模效率的提高和技术进步，通过降低生产成本，提高生产效率和质量，减少能源消耗和废弃物排放，实现节能和环保。其中，技术进步表现为新技术、新产品和新工艺的引入和应用，能够加深对废弃物和二次资源的回收与再利用，降低生产成本，同时也可以减少废弃物的排放，实现节能和环保。技术进步和规模效率提升还能表现为管理创新和协同创新，通过优化生产流程、改善工作环境、提高员工素质和技能等措施，以及企业之间的合作和协同，实现资源共享，使得资源达到最优化利用，提高生产效率和质量，同时也可以减少能源消耗。且随着工业互联网云平台的兴起，企业能够实现内部不同系统、设备和数据集成与共享，从而能够更好地管理和分析数据，避免重复投入和浪费，还能够利用生产、物流、供应链等方面的数据进行预测和分析，提高生产效率，降低成本。因此，在规模扩大的同时，技术进步带来的能源节约效应也比较明显。技术进步和规模效率因子的空间项系数显著为负，说明行业技术进步和规模效率的提高能产生积极溢出，形成外来驱动力，对上下游行业或相关行业的脱钩效应产生有效的驱动。上游部门在行业中的技术进步程度表现得越明显，其他行业也会采纳和推广，例如，一些节能和环保的新技术在某个行业得到应用后，其他行业也可能会借鉴使用，由此推动技术进步产生正向溢出，有利于减耗；同时，从竞争角度来看，特定行业技术水平越高，竞争性行业越会加快自身技术创新和产业升级。因此，行业合作达到更高技术水平的比例越大，就越有利于规模效应和专业化生产，越有利于为产品、要素或服务的流动建立渠道。通过这个平台，技术和知识随着工人、资本或机器的流动而溢出。然后，对脱钩的积极影响被迅速吸收和扩散，而不显著的系数表明该行业的绿色改革仍处于规模化阶段，而不是效率提高阶段。

表 5－8 空间模型估计结果

变量	普通面板回归模型	固定效应空间杜宾模型（2010 权重矩阵）		固定效应空间杜宾模型（2015 权重矩阵）	
	α_k	α_k	β_k	α_k	β_k
ρ （dr）			－0. 314 ***（－2. 9804）		－0. 276 **（－2. 5134）
技术进步因子	－0. 0382 **（－2. 0007）	－0. 0453 **（－2. 477）	－0. 116 **（－2. 547）	－0. 0415 **（－2. 3163）	－0. 0721 *（－1. 9220）
纯技术效率因子	－0. 00381（－0. 316）	－0. 00906（－0. 7719）	－0. 0256（－0. 8496）	－0. 00549（－0. 4738）	0. 01548（0. 3694）
规模效率因子	－0. 0430 **（－2. 0385）	－0. 0446 **（－2. 162）	－0. 242 ***（－4. 577）	－0. 0597 ***（－3. 0089）	－0. 0824 **（－2. 0392）

注：括号内是 T 值；* 、** 、*** 分别表示通过 10% 、5% 、1% 的显著性水平检验。

劳动密集型、资本密集型和资源密集型行业在生产过程中所依赖的生产要素不同，行业表现出较大的差异。为了进一步检验技术因子结构性影响差异在不同行业的具体表现，选择在不同行业开展深入分析，基于行业差异的技术结构性差异影响的估计结果如表5-9所示。由表5-9可知，行业能耗脱钩指数空间滞后项的系数估计结果稳健，说明空间自溢出效应显著。脱钩指数在工业行业及任何一类行业下，其溢出效应明显。空间滞后项的系数为负值说明在关联行业间脱钩效应是负关联的，这体现出脱钩系统中预警性溢出的一面。负相关是你进我退的胶着关系体现，说明各行业绿色转型具有竞争性特征。就技术作用的结构性差异来看，在资源密集型行业，技术效率、技术进步及规模效应皆是积极的驱动力，在生产过程中所依赖的主要生产要素是自然资源的行业，这类行业通常需要较多的资源投入、较少的劳动和资本投入，随着技术的发展，这类行业的资源成本常常会受到新技术和新设备的影响。因此，技术因子成为资源密集型行业打造低能耗高产出发展模式的主力。纵观其他因子都表现出积极的驱动作用，说明资源密集型行业的脱钩具有更大的潜力，其处于一个具有更多积极因素的脱钩效应的全面驱动期。增加资本投入、扩大生产规模、引进新技术和改进工艺是深化脱钩的有效措施。但是在空间溢出上，只有规模效率指数产生积极的溢出力，对上下游或关联行业发生驱动作用，技术进步及效率的溢出作用不显著。从劳动密集型部门来看，技术进步和纯技术效率的驱动力较为显著，尽管空间溢出的外力也能作为一种驱动力而存在，但是由于行业间的关联通道不通畅，溢出效应作用不明显。随着技术发展，劳动密集型行业内，由于机器代工的普及，以及劳动力成本会由于自动化设备使用而减少，因此表现出技术层面的绿色驱动作用。在劳动密集型行业进入全技术驱动的加速阶段，表现出来的是人口红利缩减，机器代工的现象普及化，产品的质量和效率提高不再受到劳动力的技能和管理水平的限制而进入高效绿色化阶段，因此体现出较为积极的技术驱动脱钩深化。对于资本密集型行业，技术结构性差异作用表现得更为显著，仅有规模效率还能发挥积极的脱钩驱动作用，说明资本密集型行业内技术进步的利好表现不明显，而规模扩张成为该行业持续推进绿色脱钩的主要途径。尽管产品的质量和效率往往受到资本投入的大小和技术水平的限制，资本成本常常会受到新技术和新设备的影响，但是由于行业的差异性相对较小，技术的作用也就没有那么明显。

表 5 - 9　　　　　　　　　　　　不同行业估计结果

变量	资源密集型		劳动密集型		资本密集型	
	α_k	β_k	α_k	β_k	α_k	β_k
$\rho\ (dr)$		- 0. 876 *** (- 8. 302)		- 0. 236 * (- 1. 866)		- 0. 857 *** (- 4. 924)
技术进步因子	- 0. 0492 * (- 1. 658)	- 0. 0660 (- 0. 918)	- 0. 0487 ** (- 2. 228)	- 0. 0475 (1. 191)	0. 092 (1. 005)	- 0. 895 ** (- 2. 152)
纯技术效率因子	- 0. 105 *** (- 2. 734)	0. 127 (1. 597)	- 0. 146 *** (- 3. 930)	- 0. 0651 (- 0. 729)	0. 00162 (0. 110)	0. 0927 * (1. 957)
规模效率因子	- 0. 0796 *** (- 2. 584)	- 0. 762 *** (- 10. 566)	- 0. 00104 (- 0. 0341)	- 0. 0304 (- 0. 511)	- 0. 0514 * (- 1. 687)	- 0. 0105 (- 0. 0828)

注：括号内是 T 值；＊、＊＊、＊＊＊分别表示通过10%、5%、1%的显著性水平检验。

在三大类行业中，技术因子作用差异明显。资源密集型行业的脱钩有更多的助力和更大的潜力，技术进步和规模效率的提高是资源密集型行业实现脱钩的主要动力，加大对资源密集型产业的资本投入，扩大生产规模，引进新技术和新工艺，是深化脱钩的有效措施。技术驱动模式在劳动密集型行业占主导地位，这得益于技术水平提升带来的成本节约和效率提升。在劳动密集型行业中低技能和低收入工人占比高，劳动力就会成为影响行业绿色转型的阻碍。加快技术创新，提高劳动密集型行业企业的生产技能，优化劳动力结构，实现更深层次的脱钩。资本密集型行业的技术因子对脱钩的影响并不十分显著，说明通过提升技术水平，推进资本密集型行业低能耗高产出改造将面临较多的困难。其中，规模效率作用显性化，说明该行业能够通过扩大资本规模推进绿色转型，但相对而言，技术因子的潜力更大。

5.5 本章小结

基于行业关联性和异质性，本章探讨了行业脱钩效应的直接和溢出影响及技术的非线性关系和异质性特征。空间滞后项系数是对关联溢出影响的体现，偏导数图描述了技术对脱钩效应的影响规律，技术结构性分析是行业研究持续深入的一步，围绕上述内容的主要结论如下所述。

（1）工业经济能耗实现普遍脱钩，但脱钩的不稳定性及异质性特征明显，细分行业脱钩的演化路径具有极大差异。资本密集型行业和劳动密集型行业脱钩效应变化幅度覆盖的区间大于资源密集型行业，呈现出相对显著的波动现象。劳动密集型行业脱钩效应总体上呈现下垂状态，进入相对平稳的积极脱钩区域；资本密集型行业临近积极脱钩区域，但是细分行业脱钩变化表现为峰峦叠起之势，脱钩强化之势下伴随着脱钩弱化的反效应；自然资源密集型细分行业的积极脱钩趋势明显，体现出了采矿部门"能效倍增"计划及"绿色冶炼"管理模式改进的改革实施成效，而可再生能源行业中水的生产和供应业脱钩潜力较大、空间较广。

（2）脱钩的行业关联溢出效应明显且行业间的关联渠道较为通畅，通过不同经济要素产生的溢出效应构成了行业内脱钩变动的行业外来影响因素。就直接关联而言，脱钩效应在行业间具有显著的负向溢出，显示出行业间竞争之势。在影响要素及其溢出性上，行业固定资本对脱钩具有积极影响，行业内固定资本的替代效应和行业间的溢出效应均是脱钩的驱动力来源，尤其是要充分发挥其溢出效应，作为解决脱钩潜力性问题的重要动力来源。劳动力对脱钩系统的影响不明显，说明技能偏向型技术进步和劳动结构失调影响了其综合作用。电力消耗只在行业内发挥脱钩的延阻作用，其阻力结构的组成来源并没有溢出效应。行业FDI的负向影响再次验证了"污染天堂"的理论假说。FDI在行业内的直接影响和行业间的溢出效应的间接影响是行业脱钩阻力的组成部分，关注行业脱钩稳定性问题也要注意外资的不利影响。行业脱钩不仅受自身的技术因子、要素及能源结构变化影响，上下游行业相关因素的溢出影响也是影响力的重要来源。

（3）行业脱钩的技术效应以 "N" 型曲线形态产生分阶段、分水平的非线性影响。纵向来看，行业技术在低水平和高水平线上能够发挥脱钩驱动效应，但是下行区间的技术进步却是阻力来源，总体上体现了行业技术对脱钩系统影响的双面性和阶段性，技术进步能否成为解决脱钩潜力性问题的切入点还要区分行业异质性效应。从分行业来看，资源密集型行业是技术双面影响的典型示范，劳动密集型行业的技术进步在一定程度上能够产生逐渐增强的积极影响，而资源密集型行业技术进步表现为倒 "V" 型的影响路径，在低水平下是一股显著的阻力来源，但是随着技术水平的提高却能够发挥短暂的间歇的脱钩驱动效力。

（4）技术因子的结构性差异影响较为突出，就行业而言，技术是脱钩系统的主动力来源，不论是纯技术效率、技术进步还是规模效率都表现出较为积极的正向驱动作用，而溢出效用显示结构性分解出来的技术相关因子，在溢出通道畅通的情况下，作为外驱力也能发挥积极影响；从分行业差异来看，资源密集型行业脱钩系统的技术效用最突出，技术因子和规模效率都有较明显的驱动力表现，劳动密集型行业脱钩中技术因子驱动力明显，已经进入以技术为引力的绿色化改造阶段，而资本密集型行业中，扩大资本规模，仍然成为该行业深化脱钩的主要途径。

第 6 章

区域关联下经济增长与能源消耗脱钩效应的时空差异及其影响分析

稳增长、好环境是经济转型升级成功与否的关键指标。作为碳排放的主要来源，能源消耗是经济增长的基础，庞大的能耗基数和日益增长的能耗成为制约可持续发展的瓶颈。"双碳"目标下，国务院印发的《2030 年前碳达峰行动方案》明确了"各地区、各领域、各行业的任务目标"，提出了"推动经济社会发展建立在资源高效利用和绿色低碳发展的基础之上"。控制能源消耗、优化经济系统是国家推进绿色增长的关键。我国各省份经济发展程度差异较大，地区环境政策执行和实施等绿色治理及节能项目推进进程不一，地区间有明显的差异。那么，考虑局部交互、整体结构性及地理差异性的多重影响，以实际应用为导向探索解决区域脱钩效应的波动性等问题对于中国节能减排的政策制定及区域目标的设立有极大的参考意义。目前，基于区域交互性影响的研究一般是从经济能源关联系统的溢出效应进行的。沈能和刘凤朝（2012）研究表明，能源效率对经济增长存在明显的空间溢出效应，空间溢出效应合理解释了能源效率与经济增长的空间非均衡分布。刘亦文等（2016）的研究结论显示，内源式能源技术进步对能源消费强度的空间溢出效应要明显高于外源式能源技术。地区能源消费也并非独立存在的。大部分研究将重心置于识别经济能源系统关联运作模式的效率、优化等方面，很少有针对经济增长与能源消耗脱钩系统的空间关联溢出进行研究。基于此，本章借助 Dagum 基尼系数及动态空间模型，梳理脱钩的时空差异，探讨区域关联溢出影响的时空差异及非线性关系特征，基于二维分析框架识别不同省域绿色化脱钩差距及追赶重心，为发挥溢出效应、缩小区域差异解决脱钩效应的区域问题提供借鉴。

6.1　经济增长与能源消耗脱钩效应的区域差异

6.1.1　地区经济增长和能源消耗表现

自改革开放以来，我国经济实现了快速增长，但是能源消耗也随之急速增加。各省份经济增长速度和能源消耗速度存在明显的区域差异。为了从省域角度厘清能源消耗和经济增长的轨迹，本书选择我国 30 个省份（西藏地区和港澳台地区由于数据缺失故不包含在内），分析 2002 ~ 2018 年的经济增长和能源消耗的实际表现，总结二者变化的空间特征，为开展脱钩的差异性及动力性研究奠定基础。

基于我国传统区域划分方式，东部地区包括北京、天津、河北、辽宁、上海、江苏、浙江、福建、山东、广东、海南 11 个省份；中部地区包括山西、吉林、黑龙江、安徽、江西、河南、湖北、湖南 8 个省份；西部地区包括内蒙古、广西、重庆、四川、贵州、云南、陕西、甘肃、青海、宁夏、新疆 11 个省份。图 6 - 1 和图 6 - 2 分别为样本期间，东部、中部、西部各省份能耗和经济增长变化率均值演化趋势。由图 6 - 1 可知，西部地区能耗增速均值在样本年间处于高点位，且能耗增速处于稳步上扬的增长趋势，西部各个省份能耗增速由 2001 年的 0.23 倍激增到

2018 年的 3.31 倍，西部地区体现出显著的能源消耗驱动的增长模式；以能源消耗激活经济增长传统方式的有效性，可以由图 6 - 2 可知，西部地区经济增速均值由 2002 年的 0.21 飞速提升到 2018 年的 5.70，经济增长的速度从 2012 年开始超越其他两个区域，成为三大区域的前行表现者。而相对于西部地区，东部各省份能耗增速均值居于其他两个区域均值之间，由 2002 年的 0.086 上涨到 2018 年的 2.01，其中江苏和福建的能耗增速由低速转为快速增长，而各省份经济增速均值呈现持续稳定的上升变化趋势；中部地区各地的能耗增速均值相对比较平缓，其中江西和湖南两地在能耗投入上，力度用得很足，增速呈现较大程度的上扬变化，与其他省份相比表现较为突出。而从增速均值的差异上看，中部地区各省份经济增长增速均值居中，最高能达到 5.24 的增速均值比例，安徽、江西、湖南、湖北贡献了较高的增速比例。

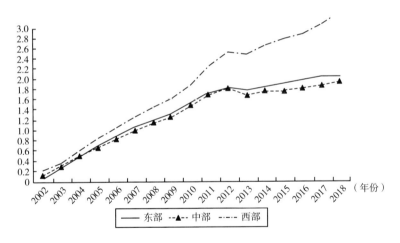

图 6 - 1　东部、中部、西部地区能源变化率平均值

三大区域资源禀赋差异较大，经济发展程度不一，在能耗和经济增长上也显示出明显的地区特征。如果要深入分析各地绿色化转型的成效，深入挖掘低能耗高增长模式的表现及动力机制则需要共同考虑经济增长和能耗增速的差异值，需要从地区脱钩指数的演化实现进一步分析。

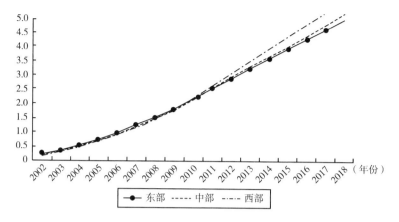

图 6 - 2　东部、中部、西部地区经济增长变化率平均值

6.1.2　经济增长与能源消耗脱钩效应的时空演化特征

基于 2002～2018 年 30 个省份的经济增长与能源消耗脱钩指数，结合本书中界定的脱钩类型，划分为绝对强脱钩、积极脱钩（向绝对强脱钩靠拢）、消极脱钩（向负脱钩靠拢）、负脱钩，其中积极脱钩和消极脱钩均属于相对脱钩或有效脱钩范畴。选取 2003 年、2007 年、2012 年、2017 年各省份脱钩指数描述区域脱钩状态的时空演变轨迹。

由图 6 - 3 各省份脱钩指数变化趋势可知，2003～2017 年，全国各省份脱钩指数逐渐减小，实现脱钩效应的省份数量增加，且大部分都进入了积极脱钩和强脱钩状态，实现有效脱钩。但若干省份逆向变化，由最初的积极脱钩转变为负脱钩状态，这是节能降耗治理方面退步的表现。总体来看，全国各地从数量上体现出区域治理的阶段性成效，但是部分城市处于波动不稳定状态，要真正实现绿色增长可持续，则要积极推动区域巩固脱钩成效，预防由有效脱钩降级到负脱钩，要持续推进相对脱钩向绝对强脱钩深化。2013 年以来，国家及地方政府将治理大气污染作为专项进行重点突破。在国务院发布的《大气污染防治行动计划》等相关举措指导下，地方政府配合中央政策大力调整能源消耗结构，积极实施"停、退、治"等多项举措并进以减少大气污染。地方绿色改革成效显著，大部分区域都能实现有效脱钩，但是脱钩的深度推进及其可持续性状况的稳定性会因地域的差异而不尽相同。

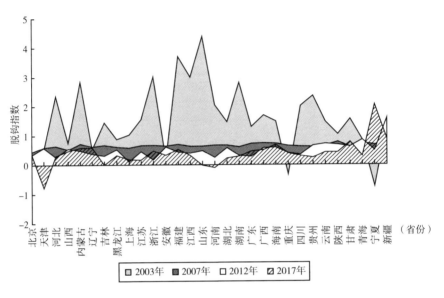

图 6 - 3　各省份脱钩指数变化趋势

具体来看，东部地区变化比较显著，由原来的负脱钩升级到相对脱钩，并显示出消极脱钩进化到积极脱钩的相对理想状态，在很长一段时间内保持相对稳定，有利于地区脱钩效应产生时间上的累积性。比较2003 年和 2007 年，山东、浙江、福建、江苏等地的能源消耗速度超越同期经济增长速度，显示出负脱钩；然而，到2012 年、2017 年，东部多数省份跨越了依赖能源的经济发展模式，实现有效脱钩，并一直保持在积极脱钩状态，且部分地方甚至震荡到了最接近绝对性强脱钩区域。东部地区脱钩系统的演化以倒"U"型路径推进，经济和生态环境双导向下高质量建设成效也反馈于脱钩指数的变化。2017 年，江苏以"263"专项为题深入推进地方生态文明建设和节能降耗的环境治理工作；浙江加大环境问题治理的财政支出，2013 ~ 2017 年平均增速高达 24.31%。得益于东部各地区政府精细化节能治污的工作成效和财政保障，大部分区域主要反映出好发展和优生态双导向的协同并进之势。中西部地区绿色治理成效也相对显著，以传统化石能耗为主、经济发展相对落后的中西部地区短期内实现有效脱钩，总体上演绎出无脱钩—有脱钩、浅脱钩—深脱钩的过程。从样本年间中部地区脱钩指数变化的轨迹可知，大部分中部地区由早期负脱钩的重度耦合状态逐渐进入了区域性的脱钩甚至是积极脱钩状态，体现出了环境治理的实施成效。中部部分地区如山西等省份碳基能源含量大且粗放式发展模式占主导，成为全国治理的焦点和试验田，各种可持续和循环经济及生态建设试点政策集中在这一典型区域。在产业主力现代煤业、新型材料加工业等生产中引入节能增产的绿色制造环节，政府推进"碧水蓝天""造林绿化"等生态恢复工程，绿色发展模式的崛起为中部资源型城市推进有效脱钩创造了良好的环境，整体上体现出发展和治理并进的改革良效。从图6-3中西部地区脱钩指数变化轨迹来看，西部地区遵循消极脱钩—负脱钩—消极脱钩—积极脱钩的路径。新疆由消极脱钩转入负脱钩，主要由于区域地理和政治等特殊因素影响。陕西和内蒙古在很长一段时间内徘徊在消极脱钩—负脱钩之间，直至2017年进入积极脱钩状态。宁夏始终处于无效脱钩状态，反馈出经济增长与能耗的不可分离性。西部地区初始阶段体现出的脱钩状态主要由于地区资源匮乏、经济增长动力有限引致的经济生产不足等原因造成；随着经济动力强化，经济增长伴随着能耗增加，脱钩效应被弱化了。作为生态建设的重点之地，西部地区绿色发展主要是通过改变生产、生活方式，那么，在第二阶段绿色发展中，则要关注新业态、新模式改革。

脱钩效应在地区维度整体表现良好，大部分区域实现了由负脱钩到脱钩的跨越，追求可持续的稳定的脱钩是构建绿色化发展的重要基础，也是对追求经济增长与能源消耗绝对脱钩理想状态的经验累积。目前来看，各省份的经济发展水平差异大，并不是所有省份都有实施绿色化转型甚至是保持绿色化良性生态产业的基础和平台，解决有效积极脱钩的可持续和稳定问题需要在梳理区域差异性基础上进行影响根源的探究。借助Dagum基尼系数测度、分解脱钩效应的空间差异特征，为识别稳定脱钩提供参考。

6.1.3 经济增长与能源消耗脱钩效应的地区差异及其来源

Dagum 基尼系数是为了解决基尼系数存在的一些缺陷而提出的，是一种改进形式，在计算基尼系数时，对于样本的不平等性作了更精确的度量。区别于传统基尼系数，Dagum 基尼系数不仅能用于描述子样本的分布情况，解释子样本之间交叉项的问题，还能用于识别地区间差距来源。本书将利用 Dagum 基尼系数对全国 30 个省份于 2002～2018 年脱钩指数的总体空间差异予以分解，以分析空间内和空间之间局部的差距。

6.1.3.1 Dagum 基尼系数及其分解公式

学界普遍认可利用 Dagum 基尼系数解决空间差异性问题。常见的泰尔指数方法虽然能够实现对总的地区差距进行分解，但仍然存在明显的不足之处，即泰尔指数仅考虑子样本的不同而没有考虑子样本的分布状况。不同于泰尔指数，除了考虑地区子样本分布的影响，Dagum 也考虑了样本间存在的交叉重叠性特征（Dagum，1997）。这种特征是影响实证结果估计精确的重要因素。目前，Dagum 基尼系数被广泛地应用于二氧化碳排放强度差异、农业碳排放的地区差异、能源强度地区差异等领域，但是几乎没有应用在探测经济增长与能源消耗脱钩的区域差异上。因此，考虑了区域差异性和交叉重叠性特征，利用 Dagum 基尼系数对脱钩效应地区差异性进行分解，对其演化规律进行分析。首先，计算总基尼系数，实现对脱钩的总体分布差异及演变趋势进行描述。总的基尼系数表达式如下：

$$G = \sum_{j=1}^{k} \sum_{h=1}^{k} \sum_{i=1}^{n_j} \sum_{r=1}^{n_h} \frac{|y_{ji} - y_{hr}|}{2n^2 \bar{y}} \qquad (6-1)$$

其中，y_{ji}，y_{hr} 表示 $j(h)$ 地区内任意省区市的脱钩指数，$\bar{y}$ 表示各省区市脱钩指数的平均值，其中 n 为省区市数目，k 是划分的区域个数，j、h 代表划分的地区个数，i、r 代表各划分地区内的省区市个数，n_j、n_h 是 $j(h)$ 地区内省区市的个数。Dagum 将基尼系数分解成三个部分：$G = G_w + G_{nb} + G_t$，G_w 代表地区内差距的贡献，G_{nb} 表示地区间差距的贡献，G_t 表示地区间超变密度的贡献，其中，超变密度贡献主要指由于划分了子样本后出现的交叉项对总体差距的影响（Dagum，1997）。具体的数学表达式如下：

$$G_w = \sum_{j=1}^{k} G_{jj} p_j s_j \qquad (6-2)$$

$$G_{nb} = \sum_{j=2}^{k} \sum_{h=1}^{j-1} G_{jh} (p_j s_h + p_h s_j) D_{jh} \qquad (6-3)$$

$$G_t = \sum_{j=2}^{k} \sum_{h=1}^{j-1} G_{jh} (p_j s_h + p_h s_j)(1 - D_{jh}) \qquad (6-4)$$

其中，$G_{jj} = \dfrac{\dfrac{1}{2\bar{Y}_j} \sum_{i=1}^{n_j} \sum_{i=1}^{n_j} |y_{ji} - y_{hr}|}{n_j^2}$，$G_{jh} = \dfrac{\sum_{i=1}^{n_j} \sum_{r=1}^{n_h} |y_{ji} - y_{rh}|}{n_j n_h (\bar{Y}_j + \bar{Y}_h)}$，$D_{jh} = \dfrac{d_{jh} - p_{jh}}{d_{jh} + p_{jh}}$，

$d_{jh} = \int_0^\infty dF_j(y) \int_0^y (y-x) dF_h(x)$，$p_{jh} = \int_0^\infty dF_h(y) \int_0^y (y-x) dF_j(x)$，$p_j =$

$n_j \bar{y}$，$s_j = \dfrac{n_j \bar{y}_j}{n \bar{y}}$，$D_{jh}$ 表示 j、h 地区间脱钩强度的相对影响，d_{jh} 为地区间脱钩强度的差值，即为 j、h 地区中所有 $y_{jh} - y_{ji} > 0$ 的样本值加总的数学期望；p_{jh} 即为 j、h 地区中所有 $y_{hr} - y_{ji} > 0$ 的样本值加总的数学期望，$F_j(F_h)$ 为 $j(h)$ 地区的累积密度分布函数。利于 Dagum 基尼系数通过 Matlab 软件对脱钩效应在地区内、地区间的差异性进行分析，同时能够识别出差异性根源。

6.1.3.2 脱钩效应地区差异变化及其来源

（1）脱钩效应总体差异的变化趋势。

由图 6-4 可知，脱钩指数的地区差异呈现勹型变化，脱钩地区差

异性逐渐降低，短期内急剧缩小并在一定时间内保持平缓稳定，而后逐渐小幅上扬且呈现持续上升状态。地区脱钩指数的差异较之前有所减少，但是长期来看，这种差异在低水平上呈现持续的扩大趋势，反馈出脱钩效应的空间非稳定性和差距性。具体来看，样本年限内脱钩指数的总体差异保持在 0.15 ~ 0.45 区间，短期内由 2002 年的 0.45 下降至 2007 年的 0.16，且在 2006 ~ 2012 年始终保持在 0.17 左右波动，至 2013 年开始逐渐上升到 0.2，随后逐年增加。基尼系数起伏波动，说明总体差距尺度虽缩小，但趋势上仍有扩大之状。这一结论与其他学者利用泰尔指数分解方法得出的能源强度地区差异扩大的内涵是一致的，即经济能源系统呈现空间的差异性和差距性（邱翔和李博，2014）。各地区并不会平等地分享到同一经济增长带来的成果，经济增长效率、结构、规模、驱动力等方面的差异最终将使得经济能源系统呈现区域差异。地区脱钩系统呈现出显著的地区差异和差距，尤其是在地区不平衡性突出的背景下，研究脱钩问题的稳定性和可持续性更要考虑区域的差距性问题。

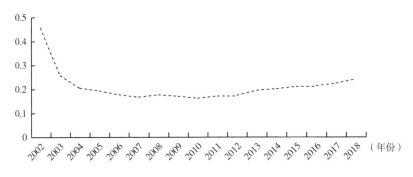

图 6 - 4　脱钩指数地区总体差异变化趋势

（2）脱钩效应的地区内及地区间差异变化趋势。

图 6 - 5 描述了东部、中部、西部地区内脱钩指数差异性变化趋势。由图 6 - 5 可知，三大地区脱钩效应的差异性变化呈勹形，沿不规则轨迹推进，基本是先急剧减少再小幅扩张，这说明地区差异化趋势是逐渐加大的。其中，东部地区内脱钩效应差异性变化相对平稳但也相对凸

显，西部地区内脱钩效应差异性变化幅度最为激烈，增减幅度高达76.9%。具体来讲，初始阶段，西部地区内的脱钩差异值为0.47，逐渐开始稳步下降，并在2010年达到最小极值点0.109，而后开始逐渐增强，到2013年其增强幅度最高达34%，此后开始小幅增长直至0.22（2018年）。西部地区资源匮乏，经济发展普遍落后，但是由于大数据信息技术发展，西部一些省份的数据化信息产业带动了经济发展，使得区域内各省份经济发展不均衡现象显著，生态产业的培育和推进进度不一，绿色化脱钩指标呈现先趋同后分异的变化趋势。自2012年后，东部地区内脱钩效应差异度普遍高于中部、西部地区，其差异性从0.36（2002年）逐渐减少，在2010年降低至最小极值点0.154，后又开始稳步扩大，年均增长幅度为5.5%，且在2018年，差异性变化的增幅高达15%，差异度扩大至0.23，说明一定时间内东部地区脱钩的地区差异性减少的趋势是短暂的，由于经济水平差异大，长期而言，东部地区脱钩差异性呈现显著的拉大趋势。对中部地区而言，在一定期间，其地区内的脱钩差异性相对显著，在2012~2013年分别被东部、西部地区赶超成为脱钩差异性最低的区域。中部地区内的脱钩差异在2002~2014年直线缩减，而在增强期间增强幅度仅达2%，远低于其他两个区域。尽管从整体趋势上看，中部地区的脱钩差异值在小幅扩大，但是扩大是常态。中部地区自然资源和经济发展差异能够反馈于在经济能源系统的差异幅度和变化趋势，但当以资源优势为主的经济发展模式逐渐被新模式所替代时，系统性差异则会有所减缓。

　　为了比较各区域的差异，利用Dagum系数计算过程中的组间指数对组间差异进行度量。图6-6描述的是不同地区间的脱钩差异性变化轨迹。由图6-6可知，中部—东部、西部—东部、西部—中部区域间脱钩差异变化上基本一致，呈勺形特征，逐渐减少至勺中后又增强。其中，中部—东部区域间脱钩差异相对较小，三个组间差异变化幅度最大的是东部—西部地区，幅度高达69.5%，中部—东部区域间脱钩差异性的变化幅度最小。具体而言，东部—西部区域脱钩的组间差异逐渐减小

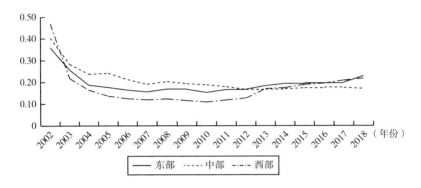

图 6 - 5　脱钩指数地区内差异性变化轨迹

到 0.154 （2010 年），后保持了小幅扩大趋势，其中最高涨幅约 12% 出现在了 2010~2011 年及 2012~2013 年两个阶段，整体上区域间的差异性小幅扩大，体现了东部与西部地区经济发展的差异性；中部—西部区域间脱钩差异性长期以来最凸显，与东部—西部组间最大差异高达 20%，中部—东部组间差异高达 23%，自 2010 年差异度最低为 0.195 后开始逐渐扩大，直至 0.273 （2018 年），体现了中部、西部区域脱钩的地区间差异性也逐渐增加。中部—东部组间差异缩小至 2012 年的 0.178 后逐渐开始小幅扩大至 2018 年的 0.2132，相对其他两个区间，变化较为缓和，且差异性最小。

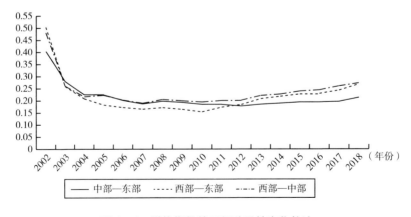

图 6 - 6　脱钩指数的区间差异性变化轨迹

地区差距问题的复杂性和多维度性,能够体现在各种经济活动的指标上,更会反馈在绿色发展的脱钩系统中。从地区间差异的变化来看,脱钩的组间差异幅度总体上是下降了,但并未呈现稳定的趋同之势,差异幅度仍在逐渐扩大,这也反映出脱钩效应在区域层面的不稳定性和差距性等非可累积的问题。为了进一步分析差异性,下一阶段将持续探讨组成脱钩差异的成分和来源。

(3)脱钩效应的地区差异来源。

脱钩效应差异根源主要由地区间、地区内和超变密度三个部分构成,而超变密度主要用于识别地区间的交叉重叠现象对差异性的贡献。表6-1描述了总体差异性及构成的三个部分的差异贡献率。从表6-1中三者的贡献度变化趋势来看,区间的差异贡献度逐渐增强,从22%(2003年)上升到49.6%(2018年),逐渐超越其他两个,成为三者中贡献力最大的组成部分。期间,经历了波动性的降低后又逐渐增强,表现出影响力的波动性降低后又增加成为差异产生的重要原因。超变密度对差异的较高贡献度仅维持在初期阶段,一定时期后其贡献率由44%降至23%,成为三者中贡献率最小的组成要素。区内差异贡献率较为稳定,始终保持在30%左右小幅变动,期间微小下降后又逐渐回弹。而从波动幅度来看,区间差距贡献度的变化幅度达31%,超密度差距贡献率变动幅度达22%,区内差异贡献度变化幅度仅4%左右。由此可知,区间贡献率在样本期间变化幅度大,贡献率上升快;而区内差异贡献率较为平稳,一直是总体差异根源的另一个重要因素;超变密度即交叉重叠现象对地区差异的影响正在逐渐减弱。

表6-1				总体差异及贡献度			
年份	G	G_W	G_{nb}	G_t	G_W贡献度(%)	G_{nb}贡献度(%)	G_t贡献度(%)
2002	0.4582	0.1475	0.1737	0.1371	32.184	37.902	29.914
2003	0.2583	0.0832	0.0590	0.1161	32.212	22.828	44.960
2004	0.2060	0.0639	0.0664	0.0758	31.015	32.208	36.778

年份	G	G_W	G_{nb}	G_t	G_W 贡献度（%）	G_{nb} 贡献度（%）	G_t 贡献度（%）
2005	0.1942	0.0585	0.0575	0.0781	30.115	29.638	40.247
2006	0.1781	0.0532	0.0582	0.0666	29.891	32.682	37.427
2007	0.1677	0.0501	0.0559	0.0618	29.842	33.319	36.839
2008	0.1774	0.0530	0.0535	0.0709	29.854	30.166	39.980
2009	0.1715	0.0511	0.0502	0.0702	29.773	29.29	40.938
2010	0.1630	0.0480	0.0487	0.0663	29.436	29.871	40.693
2011	0.1716	0.0503	0.0587	0.0626	29.312	34.198	36.490
2012	0.1744	0.0510	0.0659	0.0575	29.252	37.763	32.985
2013	0.1952	0.0601	0.0776	0.0574	30.792	39.782	29.427
2014	0.2019	0.0622	0.0822	0.0575	30.802	40.735	28.463
2015	0.2109	0.0652	0.0867	0.0590	30.909	41.131	27.960
2016	0.2140	0.0663	0.0869	0.0608	30.996	40.59	28.413
2017	0.2241	0.0690	0.0960	0.0590	30.799	42.854	26.347
2018	0.2414	0.0739	0.1057	0.0618	30.608	49.586	23.044

地区区域差异明显，即使是同区域的不同省级经济体，由于自然资源禀赋、发展水平等因素差异，也存在一定的地域差异，且这种区内外差异重叠放大了地区异质性特征对脱钩驱动系统的影响。因此，考虑能够描述区域间关联和异质性的空间模型，分析地区差异性和动态关联性是极为合理的。

6.2 经济增长与能源消耗脱钩空间关联影响

基于空间关联性和异质性，为了进一步区分脱钩效应的省内及省域间的影响差异，识别脱钩效应的时空维度作用因子，在空间静态模型中增加解释变量或者被解释变量的时间滞后项或时空滞后项，扩展成兼具个体差异效应和时间效应的动态空间回归模型，能够识别出脱钩系统的时空表现和作用机理。

6.2.1 指标选择和数据来源

基于脱钩效应的理论分析，选择下列指标探讨脱钩效应的空间影响。西方对国家现代化发展的解释中描述了现代经济发展表现在工业化、城镇化程度加深，且在经济部门中日益增长的技术应用化（Willis，2011）。选择城镇化、技术因子及产业结构表征经济发展成效，是一种社会发展现代化的总体表现。城镇化是农村人口城市转型的标志，即新经济发展的起点也是经济高级阶段中的一个重要环节。城镇化意味着居住环境、消费等生产和生活方式的改变，会直接对绿色化进程产生不可忽视的影响。选取城镇常住人口数除以总人口数表示城镇化指标（urban）。技术因子既可以直接调节经济能源系统，也可以通过传导渠道对脱钩系统产生间接影响。技术进步和外商直接投资降低了能源消费强度，且对各个区域的影响不同（姜磊和季民河，2011）。因此，技术是优化经济能源系统的关键性因素，是空间关联性体现的桥梁及空间异质性特征的重要因子。借助 Malmquist 指数计算出 TFP 值代表技术水平（tech），其中资本存量采用永续盘存法计算，选取全社会固定资本投资总额，利用地区固定资本价格指数换算成实际投资完成额，按照 10.96% 的折旧率计算前一年的资本存量，劳动力采用三产就业总人数，利用 GDP 指数将名义产出换算成实际产出。当前"经济结构服务化"是产业结构升级的主要特征，这个过程中第三产业增长率高于第二产业（吴敬琏，2009）。因此，选择产业结构层次系数能够体现出后工业化阶段服务要素主导的特点。有学者认为，社会存在不同产业层次，它们之间的生产率水平呈现一种梯度变化，生产要素从低生产率水平的产业流向高生产率水平产业所产生的收益，正是促进经济增长的一大动力（Peneder，2003）。那么，这种结构化调整既是要素流动的结果也是要素流动的原动力，是脱钩系统重要的内外生影响力来源。产业结构层次系数（indus）以三产的加权和表征当前产业结构特色。根据收入消费理论，收入决定人们的消费行为，影响消费习惯。穷人和富人不同的消费行为及其人口比例、财富比例的变化，将会形成特定的社会消费结构（李玲玲，2016），进而通过消费影响生产。人口、收入等因素对于缩小中国省域能源强度有显著的差异性作用（吴建新等，2018）。人均收入是研究脱钩系统及其区域差距性问题必须要考虑的重要因素。选择人均可支配收入值表征人均收入（income）。可再生能源作为可持续发展传统化石能源的替代，其推广、应用能够有效缓解气候问题。我国是一个电力消耗大国，电力既可以由可再生能源如太阳能、核电、风电等转化，也可以由煤、石油等传统化石能源消耗实现。随着可再生能源技术的成熟和稳定，绿色发展要求必须改良电力类型和结构，转变传统火电模式以实现新能源供应的补充，满足现有电力需求。然而，有研究认为，新能源对经济增长产生负向影响，尤其是当传统能源转到新能源时，经济表现出低增长率（Antonia and Egamb，2019）。因此，能源结构对优化经济系统的脱钩效应的影响应该是多面的，多种发展阶段，其影响的异质性特征是必然的。降碳降能要重点关注电力能源的转变，实现由传统煤电的火力发电转成清洁电力模式。后工业化时期，新一代信息技术在生产、生活中广泛应用，依赖电力动能是最先能够体现能源结构变化的领域。采用各地区电力消耗速度表征能源结构指标（renew）。指标数据选择30个省份（西藏地区和港澳台地区由于数据缺失而排除），样本时间跨度介于2002～2018年，各类型数据分别来源于《中国能源统计年鉴》《中国科技统计年鉴》《中国统计年鉴》等。表6-2给出了各变量原始数据的描述性统计。

表6-2　　　　　　　变量的描述性统计

变量	均值	最大值	最小值	标准差
dr	0.7373	4.1503	-0.1286	0.3790
tech	1.0171	1.233	0.768	0.07108
indus	2.3072	2.8271	2.0256	0.1417
renew	0.0960	0.8274	-0.2116	0.07827

变量	均值	最大值	最小值	标准差
income	20127.68	68033.62	5944.08	11189.17
urban	51.3160	89.6	18.83	14.7131

6.2.2 空间相关性检验及动态空间模型的构建

脱钩效应在地区间及地区内呈现出显著的差异性、差距性,尽管差异性整体水平下降但是其幅度仍不断扩大,且该类差异是影响脱钩效应实现地区稳定的障碍。空间集聚的外部性对地区能源效率会产生正的综合效应,但存在地区差异(韩峰等,2014)。那么,考虑空间差异及关联溢出的双重特点,有助于识别脱钩效应的空间差异性及其影响因素。

利用全局自相关分析中的 Morans' I 值检验脱钩效应的空间相关性特征,全局自相关用于分析样本整体的空间相关或集聚状况,其中 Morans' I 值如上述所言,正值即体现出正相关,负值则是负相关。鉴于脱钩系统源于经济能源关联系统,以及考虑区域间关联渠道的经济活动因子,选择经济地理权重矩阵计算对应的莫兰指数值,具体结果如图 6-7 所示。由图 6-7 可知,在样本年间,莫兰值为正,介于 0.12~0.29,且在大部分年份其值都通过了显著性检验,说明区域脱钩效应在空间上显示出正相关性。可见在研究中如果忽视空间关联性将很难厘清脱钩系统的内外影响因素。

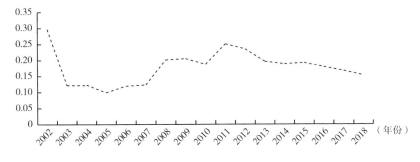

图 6-7 莫兰指数

空间相关性有助于扩大区域异质性的区间影响效力,而关联和差异交织特征是研究脱钩效应的地区稳定性要考虑的重要因素。传统模型中忽视了空间性,无法准确地将变量间的关系描述出来,不可避免地造成估计结果有偏差(Anselin,1992)。因此,只有通过选择能够描述关联溢出效应的空间模型,才能对脱钩效应的溢出、差异性及其影响因子进行实证分析。

简单的空间相关性识别不能提供脱钩效应空间依赖及相关的具体作用方式,空间相关既有实质相关也有扰动相关,实质相关能反映现实中存在的空间关联作用,包含由解释变量或者被解释变量等的空间相关性而引发的,而扰动相关则是由随机扰动项体现出来的。因此,为了更好地识别空间交互关联类型,选择适合的空间模型,需要进行一系列的相关检验以实现对具体模型的筛选。本书利用 LM 和稳健 LM 检验来识别空间模型的类型,一般根据二者在统计上的显著性程度辨别空间模型类型。由表 6 – 3 中 LM 等基础检验结果可知,空间滞后和误差模型的 LM 及稳健性 LM 均通过显著性检验,进一步证明了选择空间模型比普通模型的合理和优势。同时,由表中时间/空间固定效应的 LR 检验可知,时空双固定的空间模型比其他类型的空间模型更符合描述源脱钩的空间关联及差异的作用模式。空间杜宾模型包含解释变量和被解释变量空间滞后项,能够体现这两种因素的空间关联特征,是一种更为宽泛的模型。为了避免可能出现空间关联类型的遗漏,选择利用 Wald 检验判定是否适合选择空间杜宾模型。由表 6 – 3 中 Wald 检验结果可知,模型拒绝简化成空间滞后或误差模型,应同时考虑实际关联的各种可能性。与静态空间模型相比,动态空间模型的一个重要功能在于处理不同区域间跨期交互效应(侯新烁,2017)。动态空间模型能用于识别空间溢出效应,也能兼顾相关因素前期对本期的滞后影响。因此,利用该模型可以实现对脱钩效应变化的时空差异性和关联性加以识别。

表 6 - 3　　　　　　　　　　　　LM、RLM 检验

Spatial	经济距离	
LM （LAG）	27. 609 （0. 000）	
RLM （LAG）	19. 999 （0. 000）	
LM （ERROR）	15. 0833 （0. 000）	
RLM （ERROR）	7. 474 （0. 006）	
LR （Spatial fixed）	405. 311 （0. 000）	Wald （lag） 26. 745 （0. 000）
LR （Time fixed）	51. 979 （0. 000）	Wald （error） 26. 383 （0. 000）

基于上述检验的结果及筛选，借鉴李成刚等（2019）构建的包含因变量的时空滞后项的动态空间杜宾模型作为研究因变量动态时空溢出效应及影响，相应的动态空间杜宾模型 DSDM 如下所示：

$$dr_{it} = \rho w_{ij} \times dr_{it} + \tau dr_{i,t-1} + \beta_1 tech_{it} + \beta_2 indus_{it} + \beta_3 renew_{it} + \beta_4 urban_{it}$$
$$+ \beta_5 income_{it} + \theta_1 w_{ij} \times tech_{jt} + \theta_2 w_{ij} \times indus_{jt} + \theta_3 w_{ij} \times renew_{jt}$$
$$+ \theta_4 w_{ij} \times urban_{jt} + \theta_5 w_{ij} \times income_{jt} + c_{i0} + \alpha_{t0} \iota_i + \varepsilon_{it} \qquad (6-5)$$

脱钩与经济发展关系具有 EKC 特征，二者间存在一定的非线性关系，使用常规的非线性表达式即在动态空间杜宾模型中增加人均收入指标的二次项，此时体现非线性的普遍规律的动态空间杜宾模型 DSDM 如下所示：

$$dr_{it} = \rho w_{ij} \times dr_{it} + \tau dr_{i,t-1} + \beta_1 tech_{it} + \beta_2 indus_{it} + \beta_3 renew_{it} + \beta_4 urban_{it}$$
$$+ \beta_5 income_{it} + \beta_6 income_{it}^2 + \theta_1 w_{ij} \times tech_{jt} + \theta_2 w_{ij} \times indus_{jt}$$
$$+ \theta_3 w_{ij} \times renew_{jt} + \theta_4 w_{ij} \times urban_{jt} + \theta_5 w_{ij} \times income_{jt}$$
$$+ \theta_6 w_{ij} \times income_{jt}^2 + c_{i0} + \alpha_{t0} \iota_i + \varepsilon_{it} \qquad (6-6)$$

其中，dr_{it} 是被解释变量即脱钩指数，$dr_{i,t-1}$ 是时间滞后项，$w_{ij} \times dr_{it}$ 是空间滞后项，w_{ij} 是 N×N 阶的空间权重矩阵，本书中选择使用经济地理权重矩阵；$\rho, \tau, \beta, \theta$ 是变量时空效应项的待估参数，$c_{i0}, \alpha_{t0} \iota_i$ 分别是 N×1 阶空间固定效应和时间固定效应，ε_{it} 代表独立同分布误差项服从 $(0, \sigma^2)$。人均收入指标一次项和二次项的时间项能够从时间角度上描述出人均收

入与脱钩的非线性关系，而其空间项则从空间视角解释了二者非线性关系的溢出性特点。该模型可用偏差修正的准最大似然法展开估计（Lee and Yu，2012；Elhorst，2013），准似然估计法在处理时空双固定大样本和小样本时，能够产生无偏、一致的参数估计。

6.2.3　经济增长与能源消耗脱钩的空间关联影响的差异性

对全国和分区域样本的 DSDM 模型进行估计，具体结果如表 6 - 4 所示。整体而言，脱钩系统具有显著的时空溢出特征，时间上表现出显著的累积惯性影响，空间上体现出竞争性的溢出影响。

表 6 - 4　　　　　　　全国及各地区 DSDM 估计结果

DSDM	Fixed-DSDM	东部地区	中部地区	西部地区
τ	0. 3271 *** (16. 8795)	0. 0737 * (1. 7615)	0. 4192 *** (9. 7900)	0. 2780 *** (10. 7154)
ρ	− 0. 3190 *** (− 5. 0678)	− 0. 04697 (− 0. 5786)	− 0. 2180 *** (− 2. 6910)	− 0. 2940 *** (− 3. 2683)
Tech	− 0. 3831 * (− 1. 801)	− 0. 2502 (− 0. 9506)	− 0. 1507 * (− 1. 2290)	0. 3066 (0. 9304)
indus	− 0. 2235 ** (− 2. 2127)	− 0. 5583 ** (− 2. 2481)	− 0. 02527 (− 0. 5245)	− 0. 2722 ** (− 2. 2285)
renew	0. 3186 *** (4. 6840)	0. 5357 *** (3. 6793)	0. 09271 (− 0. 2263)	0. 1763 ** (2. 0000)
incom	2. 3737 *** (3. 6962)	2. 8823 *** (5. 1191)	29. 1023 *** (7. 9214)	5. 5835 *** (2. 4818)
urban	− 0. 5227 *** (− 6. 3121)	− 0. 6477 *** (− 6. 7591)	− 1. 1237 *** (− 4. 6929)	− 0. 9460 ** (− 2. 6324)
income2	− 0. 1149 *** (− 3. 4459)	− 0. 1238 ** (4. 3249)	− 1. 3972 *** (− 7. 4913)	− 0. 3375 *** (− 2. 8643)
$W \times tech$	1. 8369 *** (3. 8384)	− 0. 5347 (0. 8201)	6. 6824 *** (6. 6951)	0. 6287 (0. 8287)

续表

DSDM	Fixed-DSDM	东部地区	中部地区	西部地区
$W \times indus$	−0.1849 (−0.6741)	0.2001 (0.374)	0.1574 (0.3517)	−0.1684 (−0.5744)
$W \times renew$	−0.1397 (−0.7747)	0.1630 (0.6224)	0.3084 (1.5393)	−0.2103 (−0.6345)
$W \times income$	−4.8476*** (−4.2099)	−6.2290*** (−5.5321)	0.0621 (0.008447)	−11.0299 (−1.612)
$W \times urban$	0.000427 (0.002215)	−0.01642 (−0.08223)	−0.5032 (−1.5249)	−1.1943** (−2.5743)
$W \times income2$	0.1768*** (3.1683)	0.2661*** (4.7975)	0.07766 (0.2077)	0.4231 (1.1531)
sigama	0.0069	0.0032	0.0035	0.0064
loglikely	506.2686	254.7195	179.0335	192.4137
R^2	0.9381	0.9615	0.9725	0.9386

注：*、**、*** 分别表示通过10%、5%、1%的显著性水平检验。

6.2.3.1 空间关联溢出影响分析

对比普通回归模型、空间杜宾模型及动态空间杜宾模型的估计结果可知，动态空间杜宾模型具有更高的拟合优度。除了可决系数用于辨析模型拟合优度外，还可以配合其他的检验准则 Sigma，对数似然值等。一般认为，Sigma 值越小、对数似然值越大，模型的拟合越好。相对普通回归和空间模型，固定效应的动态空间模型具有更小的 Sigma 值（0.0069）和更大的对数似然值（506.269）。从上述参数来判定拟合效果可知动态空间模型拟合效果更好。DSDM 是在其他两个模型基础上分别增加了空间滞后项和时间滞后项，在一定程度上能够实现对其他两个模型中相应参数的估计进行修正。因此，主要以动态空间模型的参数估计值及其长短期效应开展脱钩的空间影响进行描述。

就全国样本而言，脱钩指数的空间滞后项系数为负且通过显著性检验，邻近地区脱钩指数每增加1个单位，本地区的脱钩指数减少0.319个单位,脱钩度深化,是一种利好溢出影响。这种负相关关系说明邻近区域脱钩度弱化则会产出积极溢出,是主体区域内在绿色化系统的外来动力,体现了不同区域之间绿色建设的竞争状态。脱钩指数的时间滞后项系数估计值显著为正,表明自身系统变化的惯性特征明显,且从收敛角度来讲,正的时间滞后项系数说明了地区间脱钩差异逐渐收敛,也符合脱钩效应地区差距减少的事实;但是长期而言,这种差距的幅度仍会由于巨大的地区差异而呈现扩展趋势。结构、技术的驱动效应十分显著,技术因子的系数估计值显著为负,说明技术发挥了能源节约和经济增长效应,对脱钩驱动贡献率达38.3%,但其空间滞后项的参数估计值显著为正,邻近区域的技术进步产生了溢出阻力,是本区域脱钩退化的表现,说明地区绿色发展竞争是存在的,在技术为王的市场经济下,经济结构性转型呈现区域间的对抗特点。产业结构升级指标的脱钩驱动力影响也较为显著。产业高级化指标的贡献率约为22.4%,产业层级系数指标凸显后工业化服务型发展的特色。后工业化和城镇化阶段,产业结构升级驱动脱钩不断深化,产业结构优化带来了经济红利和资源节约红利。产业结构指标的空间滞后项不显著,说明邻近地区的结构化调整未能对区内的脱钩产生影响,空间溢出影响通道并不通畅,这也源于地区或城市间产业高级化程度呈现两极性差异。同样,城镇化影响也仅发生在地区内,区间溢出效应并不显著。就效应幅度而言,城镇化的推动作用大于结构和技术效应,说明稳步推进城镇化转型有助于经济增长与能源消耗去同步化,奠定绿色经济新体系基础。以绿色、环保为主的新型城镇化建设理念优势突出,必然成为后期各城市推进绿色转型的重要抓手。而就能源结构指标而言,其作为内在因子不利于脱钩深化,且不存在区间溢出效应,这也是能源结构多样性影响中消极面的体现和反馈。从产业结构、技术因子及城镇化等经济现代化指标的影响效应来看,当前国内大循环带动国际循环相互促进模式的形成阶段,在后工业化和城镇化转型的高质量期间,加快现代化体系建设,深挖脱钩效应的潜力性要发挥现有的社会、经济和资源的支撑。

就脱钩效应空间影响的非线性特征来看，人均收入及其二次项的时空系数估计值均相反且通过显著性检验，既从时间上也从空间上验证了经济发展与脱钩效应的非线性关系。二次项系数为负，二者关系呈倒"U"型曲线，体现出脱钩效应和人均收入关系具有上行区、下行区两个相反状态。在下行区，人均收入水平的增加伴随脱钩指数的增加及脱钩效应的弱化；在上行区，随着人均收入的不断增加脱钩指数减少，显示出显著的脱钩效应。居民收入对生产的影响更多地体现在消费品类型和消费模式上，随着收入提高，能源密集型生活必需品支出的比重下降，而需求收入弹性较大的服务性产品的需求量增加，在一定程度上缓解生产用能。人均收入与脱钩效应的非线性关系特征也显示在空间维度上，其空间溢出的影响遵循"U"型曲线变化，对脱钩指数表现出负相关的脱钩效应的促进之力，再到正相关的抑制之势。这进一步从地区间、地区内均证实了非线性作用特征的存在性，从时空角度在脱钩性上对EKC在解答经济增长与能源消耗去同步化领域的适用性进行了关联扩展。

6.2.3.2 空间溢出的区域异质性检验结果分析

由表6-4可知，各区域脱钩指数的时空滞后项估计值和全国样本的结论趋于一致，脱钩的空间效应相对稳定，但是脱钩系统的变化在空间上呈现出驱动力的差异。具体而言，东部、中部、西部地区脱钩指数在时间维度上表现出显著的自我累积效应，是显著的演化惯性体现；在空间维度上，除东部地区脱钩不具有显著的空间溢出效应外，中部、西部邻近省份的脱钩效应能够通过直接或者间接的渠道产生溢出，对与其有往来关系的省份产生影响，具有空间上的延展性。从驱动因素的时空效应来看，脱钩影响因子作用力具有阶段性和结构性差异。中部省份技术的脱钩驱动效应显著，但是其溢出效应的技术延阻效应明显，而东部、西部地区产业结构升级是推动各地区脱钩的主力，这种作用力的差异体现出区域产业、技术等方面的阶段性特征。中部地区的技术带动效应，体现了技术因子在能源效率提升上半场发挥主动力。技术驱动阶段是效率主导，是绿色化建设的上半场主动力，而产业结构的驱动则体现了结构性调整的优势，成为下半场主动力源。分区域来看，城镇化的利好影响也相对稳定，是各区域内脱钩的主要驱动因素。在中部地区内城镇化建设的驱动效应作用幅度最大，其城镇化推进1%，则会使脱钩指数降低1.124%；在东部地区内，城镇化的脱钩驱动效应与结构化效应作用幅度不相上下；在西部地区内，城镇化具有区内区外脱钩的积极驱动作用，且区外的幅度更大，相对高出26%。各区域内人均收入的非线性作用效应显著，但短期内仍然处于EKC的上行区，且延阻之势明显，要警惕收入水平差距的消费模式对脱钩的影响。

脱钩存在显著的时空效应，其影响因素的作用路径也具有区内和区外的差异。地区经济差距普遍存在，脱钩系统演化和影响因素也会因地而不同。那么，基于脱钩的空间差异性和关联性影响机理，对影响因素按照不同地区不同时期进行分解，为寻找缩小脱钩的地区差距性的途径提供依据。

6.2.4 经济增长与能源消耗脱钩影响因素的时空效应分解

空间计量模型本身的点估计结果并非代表解释变量的边际影响，要分析自变量的作用效果差异及其空间外溢效应，还需要依据模型的点估计结果进一步测算自变量的直接效应和间接效应（Elhorst，2012）。动态空间模型中直接效应为偏微分矩阵中对角线上元素的平均值，衡量了各个因子对脱钩效应的影响，是地区内因子的贡献度；间接效应为偏微分矩阵中非对角线元素的平均值，衡量了邻近地区的自变量对主体地区脱钩的影响，是影响因子的溢出效应贡献度。同时，为了体现解释变量作用效应的时间差异，动态空间杜宾模型中还将直接效应和间接效应分解为长期和短期类型。具体的影响因素效应分解按照全国和分地区样本进行。

6.2.4.1 长短期直接效应和空间溢出效应分析

由表 6-5 全国样本因子效应的分解结果可知，脱钩影响因子的短期效应总是小于长期效应，短期波动性幅度大。就短期效应来看，技术进步、产业结构升级及城镇化建设对脱钩指数产生负面影响，表现出显著的脱钩驱动效应，但是这种驱动效应仅发生在地区内，是本地效应的一种体现。而短期内，技术进步、产业结构升级及城镇化对脱钩指数产生正的溢出影响，溢出效应表现出显著的脱钩抑制作用。具体来看，技术进步的直接推动效应达 0.439，溢出产生的抑制力效应达 0.307，技术进步积极的本地效应大于外来溢出产生的消极的抑制力，而产业结构及城镇化本地效应的驱动力均小于外来溢出效应的延阻力。城镇化的脱钩驱动力最显著。《国家新型城镇化规划（2014~2020 年）》提出了绿色城市、人文城市、智慧城市的建设目标，具体从生态环境、绿色文化素养及新技术应用等方面强调了绿色发展的总体规划、绿色发展的意识塑造、绿色生态的技术应用。城镇化发展已经从人口城镇转移的粗放模式提高到了改善生态环境质变的高级阶段，配合产业高级化阶段的服务型特征而发挥积极的脱钩驱动效应。而脱钩影响因子的间接效应的负面性，是产业地区转移的直接结果。由于地区经济发展、资源禀赋等差异，一些先进区域转移高能耗、高污染产业，寻求高效的绿色产业规划，移植高能耗、高污染的产业到关联区域，集中绿色资源推进本地绿色建设，于是在区内发挥驱动效应的因素，却在区外反馈出抑制之力，体现出区域之间的竞争和角逐。人均收入及能源结构对脱钩指数产生正的直接效应，说明地区经济发展与脱钩效应关系仍然处于曲线的下行区。在中低收入区域，以人均收入增加刺激的本地消费，是阻碍脱钩效应的主要原因之一。同样地，能源结构并没有对脱钩产生积极的本地效应。本地新能源应用范围并不能推动高速发展和低能耗模式产生，依靠新能源自身发展或单纯加大对新能源的经济投入，并不能很好地控制能源强度（方国昌等，2013）。

表6-5　　　　　　　　　　　全国样本的因子效应分解

变量	短期效应			长期效应		
	直接	间接	总效应	直接	间接	总效应
tech	- 0. 4386 *	0. 3071 ***	- 0. 1315	- 0. 7573 *	0. 6108 ***	- 0. 1465
indus	- 0. 1885 *	2. 1051 **	1. 9166 **	- 0. 5777 **	2. 7162 ***	2. 1386 **
renew	0. 3086 ***	- 0. 4741 ***	- 0. 1655 *	0. 5663 ***	- 0. 7508 ***	- 0. 1845 *
income	2. 0912 **	- 0. 0819	2. 0092 **	3. 4227 **	- 1. 1808 **	2. 2419 **
urban	- 0. 4732 ***	2. 0185 ***	1. 5454 **	- 1. 0398 ***	2. 7546 ***	1. 7148 **

注：* 、 ** 、 *** 分别表示通过10% 、5% 、1% 的显著性水平检验。

　　长期上，脱钩影响因子的长期效应普遍大于短期效应，产业结构升级对脱钩的本地驱动效应达0.578，高于短期的0.189，其对外溢出影响的抑制效应高达2.716，也高于本地的2.105。其他因子的驱动和阻力效应的长短期差异与结构性效应的长短期一致，体现出经济学理论中时间维度上的累积性。当良好、稳定的脱钩效应所代表的好环境和高发展并进时，要加大对驱动因素潜力的开发、引导及控制，在更大范围内推进更深层次的脱钩。

6.2.4.2　直接效应及空间效应的差异性分析

　　为了体现区域差异性，对分地区脱钩的影响效应进行动态分解。由表6-6分地区样本的因子效应分解可知，就东部地区而言，各省域经济发展相对均衡，经济实力相当，区域产业布局各具特色，与其他区域相比，东部地区产业升级、城镇化建设对脱钩的推动效应仅在本地发生，技术进步的脱钩影响不显著，阻力来源于人均收入变化和能源结构，且影响力度不容忽视。产业升级的影响仅在短期发生，长期上短期驱动力效应消失了，说明产业结构升级正向影响的不可累积，但城镇化的驱动效应依然强劲。京津冀、珠三角、长三角等城市群的紧密合作和协调发展提升了新型城镇化绿色建设的成效，产业是城镇化建设的重要载体，二者相互配合催发了低消耗高增长双红利效应，是脱钩深化的重要动力来源。就中部地区而言，技术进步、城镇化建设及能源结构的变化能产生积极的脱钩推动效应，产业结构升级的脱钩影响不显著，而收入的延阻效应高。从溢出效应来看，区外因素溢出产生的间接效应力度大且表现出消极的脱钩延阻。尽管中部大部分省域也能实现正脱钩，但是其他区域负向的辐射效应正在削弱中部地区绿色发展环境，相对薄弱的经济基础难以支撑可持续转型，脱钩与发展处于下行区，经济改革凸显成效，但却伴随着脱钩逐渐弱化的不利局面。中部地区的长期效应都不显著，说明短期效应并没有在该区域实现阶段性的累积，脱钩效应及其作用因素效应是短暂的。西部地区城镇化对脱钩的本地驱动效应明显，是主动力来源，但其人均收入及能源结构构成了本地主要的阻力来源。地区的技术进步、产业结构升级等因子的本地效应不显著，但是却有来自外来区域溢出的负向延阻效应，说明其他地区经济发展实现的产业结构升级和技术进步等指标越突出，西部地区的脱钩效应阻力越大，这体现了西部地区作为发达地区产业转移的承接地，仍然处于国内价值链的低端环节。就长期来看，累积效应下阶段性城镇化的脱钩驱动成效愈加凸显，但同样，地区外的产业结构升级、技术进步等外来溢出的负向间接效应也具有阶段性的强化特征。

表 6-6　　　　　　　　分地区样本的因子效应分解

区域	变量	短期效应			长期效应		
		直接	间接	总效应	直接	间接	总效应
东部	tech	-0.3446	0.5084 **	0.1638	-0.3612	0.5220 **	0.1908
	indus	-0.4862 *	3.4666 ***	2.9804 ***	-0.3865	4.0898 **	3.7033 ***
	renew	0.4930 ***	-0.6558 ***	-0.1627	0.5140 **	-0.7177 ***	-0.2037
	income	3.2932 ***	0.1819	3.4751 ***	3.6109 ***	0.7026	4.3135 ***
	urban	-0.6575 ***	-0.0061	-0.6636	-0.7284 ***	-0.1294	-0.8577
中部	tech	-0.6817 *	0.0598	-0.7414	-7.0581	-38.6538	-45.7118
	indus	-0.0603	26.8907 ***	26.8304 ***	124.6438	868.7353	993.3791
	renew	-0.0200 *	-1.0424 ***	-1.0624 **	-3.9089	-26.7063	-30.6152
	income	26.3843 ***	-0.6943	25.6900 ***	167.6611	778.5587	946.2198
	urban	-1.0052 *	6.2056 ***	5.2004 ***	16.0414	125.0790	141.1204

续表

区域	变量	短期效应			长期效应		
		直接	间接	总效应	直接	间接	总效应
西部	*tech*	0.3722	0.1906 *	0.5628 *	0.5279	0.3064 *	0.8342 *
	indus	− 0.3054	6.9121 **	6.6067 **	− 0.3455	10.1220 **	9.7765 *
	renew	0.1751 *	− 1.0249 ***	− 0.8498 ***	0.2351 *	− 1.4900 ***	− 1.2549 ***
	income	6.7237 **	− 0.1707	6.5532 **	9.5235 **	0.1761	9.6996 **
	urban	− 1.0081 ***	0.5717	− 0.4364	− 1.4170 ***	0.7849	− 0.6321

注：* 、** 、*** 分别表示通过10%、5%、1%的显著性水平检验。

三大区域脱钩影响的时空效应分解结论显示了区域间脱钩系统变动的差异性，不同地区深化脱钩的模式具有个性特点，这是对个体异质性特征的最佳描述和验证，也进一步揭示了地区脱钩效应差距性的主要原因。同时，依托溢出效应的区域关联对区内脱钩系统的作用差异也较大，是其脱钩变化的重要外力源。尽管如此，一个普遍的规律是新型城镇化建设对脱钩的驱动效应体现出的本地化特征既存在于部分地区中也存在于整体均质样本中，这种积极作用具有稳健性和可靠性，不因样本的变化而变化。因此，在解决脱钩潜力性问题时加强新型城镇化建设、发挥其驱动力作用是当前主要的政策导向之一。

脱钩影响因子的综合效应凸显了时间动态和空间特质。中国省级经济体的增长路径并不完全相同，且伴随着市场化改革和经济政策的执行等宏观经济环境改变，同一经济体的增长路径很可能发生模式变迁（刘贯春等，2019）。这种差异也反映在区域脱钩的动态效应的时空维度上。因此，在推动绿色化脱钩稳定发展的过程中，既要基于差异考虑问题，同时也要基于关联寻求解决问题的方法，要兼顾地区异质性和关联性甄别脱钩及其驱动机制的时空差异化，方能在对待区域问题上精准定位、因地制宜。

6.3　经济增长与能源消耗脱钩效应的区域追赶路径

追求经济持续增长伴随能源消耗减少的理想状态是一个不断累积的过程，是要经历负脱钩向脱钩、消极脱钩向积极脱钩再向绝对强脱钩的演化，体现为由量变的积累升级到质变的结构性转型，而脱钩效应的不稳定性及地区差距则是影响累积实现质变的最大障碍和问题。基于此，本书将绝对的经济发展指标和相对的绿色化脱钩指标相结合，构建基于绿色化规模和效率为标识的二维分析框架，以识别区域高质量发展的空间差异性。

6.3.1　二维分析框架下追赶和示范的定义

脱钩指数是变化率的相对比值，是相对指标类型，人均 GDP 被普遍认为能够代表经济增长的成效，是绝对指标类型。借用相对和绝对指标类型构建不同形态的判别标准。引用张成等（2013）取平均数法构建脱钩追赶指标的方式，将每个省份的原始值与当年总平均值进行比较，1 代表人均 GDP 高于平均值或 dr 低于平均值，0 则代表低于平均值的 $PGDP$ 或高于平均值的脱钩指数值。定义当年具有高 $PGDP$（1）和低脱钩指数值（1）的省份为示范形态，即该区域在当年既实现高增长又形成高脱钩度的理想状态；将低 $PGDP$（0）和高脱钩指数值（0）的省份定义为当年的落后形态，表明该区域经济增长疲乏且脱钩较弱。其中，只要两个指标中有一个呈现为 1 的理想状态，而另外一个则呈现为 0 的不良状态，则表明该地区当年具有追赶力，则将其定义为追赶形态。按照上述方式对各省域历年来的形态特征进行识别，结果如表 6-7 所示。由表 6-7 可知，样本年间能够保持多年示范形态的省份数量较少且主要集中在东部地区，而中西部地区省份占据了追赶和落后两种形态。追赶强调单一指标的突出性，仅需要改善落后指标即可，区域发展具有更加明确的目标。而落后则代表区域发展在两个方面和两个阶段均达不到平均水平，绿色发展的质量指标和数量指标均不合格，实现区域高质量发展更加困难，需在稳增长、好环境中有所侧重。具体的分析可通过将不同形态进行量化，后再将不同省份划入不同区域以识别差异解决差距。

表 6-7　　　　　　　　　　各省区市历年状态分布

省区市	2002 年	2003 年	2004 年	2005 年	2006 年	2007 年	2008 年	2009 年
北京	示范	示范	示范	示范	示范	示范	示范	示范
天津	示范	示范	示范	示范	示范	示范	示范	示范
河北	追赶	落后	落后	落后	追赶	落后	追赶	追赶
山西	落后	落后	落后	追赶	追赶	追赶	追赶	追赶
内蒙古	落后	落后	落后	落后	追赶	追赶	追赶	追赶
辽宁	示范	示范	追赶	示范	示范	示范	示范	示范
吉林	落后	落后	落后	追赶	追赶	追赶	追赶	追赶
黑龙江	追赶	示范	落后	示范	示范	追赶	示范	示范
上海	示范	示范	追赶	示范	示范	示范	示范	示范
江苏	示范	示范	追赶	追赶	追赶	追赶	追赶	追赶
浙江	示范	追赶	追赶	追赶	追赶	追赶	追赶	追赶
安徽	追赶	追赶	落后	追赶	追赶	追赶	追赶	追赶
福建	示范	追赶	追赶	追赶	追赶	追赶	追赶	追赶
江西	追赶	落后	落后	追赶	追赶	追赶	追赶	追赶
山东	示范	追赶	追赶	追赶	追赶	追赶	追赶	追赶
河南	追赶	落后	落后	落后	落后	落后	落后	落后
湖北	追赶	追赶	落后	追赶	追赶	追赶	追赶	追赶
湖南	落后	落后	落后	落后	落后	落后	落后	落后
广东	追赶	追赶	追赶	追赶	追赶	追赶	追赶	追赶
广西	追赶	落后	落后	落后	落后	落后	落后	落后
海南	落后	落后	落后	落后	落后	落后	落后	落后
重庆	落后	追赶	落后	落后	落后	落后	落后	落后
四川	落后	落后	落后	落后	落后	落后	落后	落后
贵州	追赶	追赶	落后	追赶	追赶	追赶	追赶	追赶
云南	落后	落后	落后	落后	落后	落后	落后	落后
陕西	落后	落后	落后	落后	落后	落后	落后	落后
甘肃	追赶	追赶	落后	追赶	追赶	追赶	追赶	追赶
青海	追赶	追赶	落后	落后	落后	落后	落后	落后
宁夏	落后	落后	落后	落后	落后	落后	落后	落后
新疆	追赶	追赶	落后	落后	落后	落后	落后	落后

续表

省区市	2010 年	2011 年	2012 年	2013 年	2014 年	2015 年	2016 年	2017 年	2018 年
北京	示范	示范	示范	示范	示范	示范	示范	示范	示范
天津	示范	示范	示范	示范	示范	示范	示范	示范	示范
河北	追赶	追赶	追赶	追赶	追赶	追赶	追赶	追赶	追赶
山西	追赶	追赶	追赶	落后	落后	追赶	落后	落后	落后
内蒙古	追赶	追赶	追赶	追赶	追赶	追赶	追赶	追赶	追赶
辽宁	示范	示范	示范	示范	示范	示范	追赶	追赶	追赶
吉林	追赶	追赶	追赶	追赶	追赶	追赶	追赶	追赶	追赶
黑龙江	追赶	示范	追赶	追赶	追赶	追赶	追赶	示范	追赶
上海	示范	示范	示范	示范	示范	示范	示范	示范	示范
江苏	追赶	追赶	追赶	追赶	追赶	追赶	追赶	追赶	追赶
浙江	追赶	示范	示范	追赶	追赶	追赶	追赶	追赶	追赶
安徽	追赶	追赶	追赶	追赶	追赶	追赶	追赶	追赶	追赶
福建	追赶	追赶	追赶	追赶	追赶	追赶	追赶	追赶	追赶
江西	追赶	追赶	追赶	落后	落后	落后	落后	落后	落后
山东	追赶	追赶	追赶	追赶	追赶	追赶	追赶	示范	示范
河南	落后	落后	追赶	追赶	追赶	追赶	追赶	追赶	追赶
湖北	追赶	追赶	追赶	追赶	追赶	追赶	追赶	追赶	示范
湖南	落后	落后	落后	落后	落后	落后	落后	落后	落后
广东	追赶	追赶	追赶	追赶	追赶	追赶	追赶	追赶	追赶
广西	落后	落后	落后	落后	落后	落后	落后	落后	落后
海南	落后	落后	落后	落后	落后	落后	落后	落后	落后
重庆	落后	落后	落后	追赶	追赶	追赶	示范	示范	追赶
四川	落后	落后	追赶	追赶	追赶	追赶	追赶	追赶	追赶
贵州	追赶	追赶	追赶	追赶	追赶	追赶	追赶	追赶	追赶
云南	落后	落后	落后	落后	落后	落后	落后	落后	落后
陕西	落后	落后	追赶	落后	落后	落后	落后	落后	落后
甘肃	追赶	追赶	追赶	追赶	追赶	追赶	追赶	追赶	追赶
青海	落后	落后	落后	落后	落后	落后	落后	落后	落后
宁夏	落后	落后	落后	落后	落后	落后	落后	落后	落后
新疆	落后	落后	落后	落后	落后	落后	落后	落后	落后

在此基础上，构建兼顾绿色增长质量和数量的二维分析框架，以经济增长指标（$PGDP$）为横轴，以脱钩指数（dr）为纵轴，形成一个四象限区间，代表增长效应和增长规模的不同组合。将具有 $PGDP$ 高值和脱钩指数 dr 低值的区域划为高质量的双优示范类区域（Ⅱ），具有 $PGDP$ 低值和脱钩指数高值的区域划分为落后类区域（Ⅳ），单一优化指标的组合即

PGDP 低值和脱钩指数低值及 *PGDP* 的高值和脱钩指数高值的区域均划入追赶类区域（Ⅰ，Ⅲ）。在可持续发展的模式中，示范区既能保持经济增长的动力和效率，实现科技水平的提高，同时又能保障生态环境和能源消耗减少的双重导向，这是目标实现的理想状态。落后区域意味着小幅的增长伴随大量的高能耗投入、环境污染等问题，生态建设和增长效应均属于需要加强治理和刺激的领域，短期内追求增长则无法兼顾低碳节能，属于改革的基础性阶段，改革的空间大、潜力足。追赶区域内单一的经济增长数量或质量的脱钩指标相对突出，具有一定的追赶基础和实现能力。以下将每个省份每年的状态属性根据分值进行量化，按照所得值的大小将其划入不同类型的区域中。

借鉴李克特量表法的赋值形式，对不同年份的所属状态（示范、落后、追赶）进行赋值加总，按照所得分数进行排序分组。高分值省份的两个指标在样本年限内表现较为突出，划入示范区域Ⅱ，一般示范状态频率较高的省份均能进入示范区域；低分值省份的两个指标状况不良，划入落后区域Ⅳ，一般落后状态频率高的省份均进入该领域；中间分值的省份划入追赶区域Ⅰ、Ⅲ象限，这部分省份既有示范和追赶状态组合，也有追赶和落后组合。具体的象限和省域类型的划分如图6-8所示。

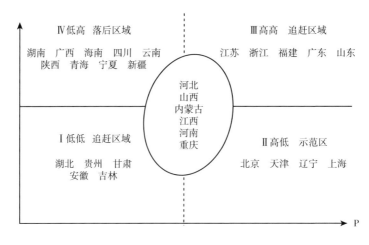

图6-8 区域分类

6.3.2 经济增长与能源消耗脱钩效应的区域追赶分析

由图 6 - 8 可知，追赶区域所有省份超过总数的 50%，共有 16 个，一部分呈现出较为显著的单一指标突出状态，另一部分在两个指标上表现出较为均衡的优秀和落后交织的中间地带。具体而言，追赶区域Ⅲ中江苏、浙江、福建、广东、山东等省份具有非常明显的经纬分割线，脱钩指数和 PGDP 双高值，体现了具有经济发展规模大但是代表发展质量的脱钩指标落后，是可持续发展不足的态势。追赶区域Ⅰ中湖北、贵州、甘肃、安徽、吉林等省份表现出经济发展规模指标明显落后，但是脱钩指标 dr 突出的显著的单一优势；另外一些省份如河北、山西、内蒙古、江西、河南、重庆等地区的单一指标并未有持续的稳定状态，故划入Ⅰ、Ⅲ追赶区域的叠加区间。而落后区域Ⅳ中湖南、广西、海南、四川、云南、陕西、青海、宁夏、新疆等省份，在指标上均表现出比较显著的落后态势。示范区域Ⅱ包含了北京、天津、辽宁、上海四个东部省份，指标既具有稳定的优势且在样本期间也较为均衡，是这些地区经济实力和绿色化建设成效的综合体现。

由图 6 - 8 可知，追赶区域省份有极大的动力和潜力向示范区域靠拢，实现兼顾规模和质量的高质量发展，而落后区域是绿色化发展的相对初级阶段，单一目标的保障是其向追赶区域转变进而到示范区的主要路径。东部地区多数省份的两个指标普遍表现良好，一部分省份属于示范类，另一部分的追赶省份有实现跃迁进入示范区的可行性条件和经济发展基础。其中，广东、福建、浙江、江苏、山东经济基础好，但是绿色建设不足，在发展过程中要重视经济质量，优先突出绿色导向为主、多策共进，努力扩大绿色建设的实施成效和范围。基于地区特色及脱钩的空间差异性影响，充分发挥区域产业结构升级、新型城镇化建设的绿色驱动力。东部追赶区域的省份应加强新型城镇化建设，发挥区内的动力效应，实现稳定的脱钩；同时加快产业结构升级，继续保持三产升、一产平、二产降的结构化改革的良好态势，深入挖掘服务业对经济增长的主要支撑作用，加快保增长降能耗的示范追赶之路，力争稳步进入双优示范。追赶区域中部地区的吉林、安徽、湖北和西部地区的贵州、甘肃，脱钩指标表现出较为平稳的优势，但是经济基础薄弱、发展有限。发挥区域特色，贵州地区主导产业中新形态的大数据产业，在寻求经济增长规模的扩大提高发展水平的同时也能通过产业的信息化、智能化模式促进传统能源消耗减少，实现好脱钩。其他省份要结合自身特殊条件和生态承载力水平，完全维持脱钩状态并不现实，可在适当进入相对脱钩状态下发展新兴产业，改变以能源驱动的产业为主导的结构模式。落后区域主要以西部省份为主，两个指标均落后，既无雄厚的经济基础更不要谈经济的绿色改造，在发展中要夯实经济基础，更要注重智能化、信息化等新模式、新业态的引入，加快构建经济新动能驱动机制。东部地区的北京、天津、辽宁、上海等是示范类，既要寻求新动能保障高增长，更要加强巩固环境治理的成效。

综上所述，基于二维框架的分析不但对脱钩效应的地区差异进行了更加细致的内部差异识别，突出了各区域及省份的独特性特征，还基于个体异质性属性结合关联影响效应为各区域加强追赶、实现跨越提供了思路。

6.4 本章小结

基于个体异质性和空间关联性通过动态空间模型进一步确定、细分了经济增长与能源消耗脱钩的时空差异及影响因子的贡献度差异，突破了传统研究中单一维度的脱钩贡献度测量和比较的方式，能够为省级经济体兼顾脱钩和经济增长可持续发展指标制定适合的绿色化目标提供直接的参考。所得结论总结如下所述。

（1）各地区的环境治理略有成效，经济发展的绿色化属性突出。大部分省份实现脱钩，部分省份显示出由相对脱钩向绝对强脱钩演变的趋势，但地区的脱钩效应并不稳定，具有强波动趋势。脱钩效应具有显著的空间差异且呈勺型演化，西部地区的脱钩差异变化幅度最激烈，东部地区则相对突出，中部地区的趋同性增强。地区内、地区间异质性及其重叠交叉性是脱钩差异的根源，地区间经济要素、经济发展水平等显著的异质性特征逐渐取代地区内及交叉重叠根源成为脱钩差异的重要来源。解决脱钩的稳定性和深入性问题则需要分析其空间关联下影响要素作用的差异性。

（2）脱钩具有显著的时空效应，产生直接的负向溢出。脱钩效应与经济发展的关系严格遵循 EKC 曲线，这种直接溢出和非线性特征稳健地存在于不同地区内。收入上升伴随着脱钩效应减弱意味着地区经济发展并未跨越拐点，地区高质量发展任重而道远。新型城镇化建设具有积极的本地效应，且脱钩驱动作用不受时空影响，是脱钩深化的主动力来源；技术进步、产业结构升级对脱钩的影响作用因地区差异而不同。东部地区产业结构升级的成效代替了技术进步，对脱钩发挥了驱动作用；中部地区仍然处于技术发挥效用的上半场，技术进步的脱钩驱动效应明显，但是影响作用短暂，无法通过累积效应发挥长期效应。西部地区脱钩效应普遍受其他地区的产业结构升级及技术进步成效的负向溢出影响，对区域内脱钩形成延阻之势。东部、西部在现有新经济高质量增长的导向下，能够持续推进经济增长和能源消耗稳步深入的脱钩。加强新型城镇化建设和新兴业态服务型产业发展，继续发挥三产升、一产平、二产降的良好态势，挖掘服务业对经济增长的主支撑作用，力争实现可持续的高增长和深脱钩的示范。中部地区，作为绿色改革的主要场地，要持续推进绿色发展，更要甄别经济能源系统分解的阶段性和差异化因子的效用。关注经济发展质量，同时在发展中关注节能技术使用，扩大产业升级、新型城镇化建设等多策共进的实施成效。

（3）在二维分析框架下，部分东部省份划入示范类区域，具有绿色发展的高质量和大规模的双重特点，发展中要巩固环境治理、节能效应的成效；部分省份进入了追赶类型，显示出高增长规模和低脱钩度的单一指标优势，要多策共进，扩大绿色导向的政策实施成效和范围。进入追赶区域的中部地区表现出低增长规模和高脱钩度，结合自身特殊条件和生态承载力水平，发挥新兴产业的经济增长效应。具有稳健的单一优化指标的追赶省份具备了积极追赶的实力和基础，可以实现追赶—示范的跨越；落后省份在经济规模和脱钩指标上与追赶、示范等区域的差距较大，其实现绿色高质量发展任重而道远。

第 7 章

经济增长与能源消耗脱钩效应的
国际冲击和传导影响分析

在全球化背景下，经贸合作是国家对外开放的重要模式，贸易建立的交互沟通桥梁同样对国内经济产生不可忽视的影响。在国际市场需求驱动国内加工生产的单向循环下，我国在发展中承接了大量能源密集型产品生产及出口，实现经济增长改善民生的同时更是引发了碳排放等环境污染问题。而在启动国内国际双循环相互促进的改革背景下，更需立足国际影响效应研究国内的可持续发展问题。目前，对于贸易、经济和能源相关的研究十分丰富，贸易自由化使得国内企业面向国际市场，并通过专业化分工带来效率的提升，产出扩大、经济增长（Romer，1990）。但是贸易也是提高国内能源需求的主要推动力。出口贸易是中国能源消耗增加的主要原因之一，其中，贸易隐含能源的流动更是一国国内能源激增的不可忽视的组成部分（Kahal and Roland，2008）。现有研究将贸易因子作为自身系统的内部因素，揭示了贸易、经济或能源间长期的均衡关系（Shahbaz et al.，2013）。也有研究基于贸易溢出效应考虑了其影响的内外生差异，而在进行贸易效应的可持续影响研究中，仅对贸易的经济效应或能源效应贡献度的识别是无法深入探讨其作为内部因素所产生的外来关联发挥的综合性作用的。因此，关联视角开展的中国经济增长与能源消耗脱钩国际冲击的影响及其响应研究，既能识别国际合作对绿色发展脱钩指标的影响，更能将局部的交互性、整体的结构性及个体的异质性等问题置于宽广的框架和背景下进行研究。本书基于全局视角，通过构建全球向量自回归模型（SGVAR），探讨了经贸关联下交互性和个体异质性对经济增长与能源消耗脱钩的国际效应，基于关联视角主要分析了国际外来因素、全球共同因素对国内脱钩效应的溢出影响和传导影响，脱钩效应在国际上的溢出扩散影响效应，及技术溢出影响的非线性作用。其中，贸易权重矩阵量化了国家经济关联性，脉冲响应函数分析了贸易等国际共同因素和个体因素对中国脱钩的动态影响，偏导图则描述了技术溢出的直接影响和传导影响。

7.1 中国经济增长与能源消耗脱钩的表现

作为能源消耗大国，中国的工业化和城市化进程是能源需求增长的主要原因。由图7-1可知，20世纪以来，中国能源消耗经历了多阶段变化，由负增长到缓和增长到急速增长再落回到缓和增长的多阶段变化过程，这是能源消耗从依赖煤炭到逐渐多元化及能源效率提升的综合体现。1996~2001年，能耗增速处于负增长到正增长的阶段，且增长较为平缓，在1999年出现小幅度震荡调整后开始上扬；2001~2011年，是一个能耗快速增长的阶段，能耗呈现陡坡上升急速增长之势，表现为工业化进程加快，生产过程需要大量的能耗支撑，城市不断扩张，基础设施建设不断完善等，这些都是能耗高增长的主要原因。在这之后，能耗总量扩大相对放缓，但是增速保持在高增长线上，呈现持续的陡坡式跃进。

由图7-2经济增长的轨迹来看，尽管在样本初期，增速相对缓和，但是到了2001年后，GDP增长率直线上升，且保持上扬之势不变，说明经济发展状况良好。纵观能源消耗和经济增长趋势，二者整体上都朝正向

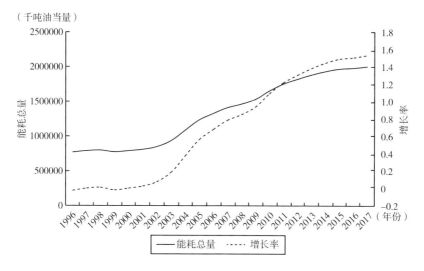

（千吨油当量）

图 7 - 1　能耗总量及其增长率变化

资料来源：国际能源机构。

移动，尽管从单一角度来看，能耗增速呈现波折性幅度变化但都保持正增长，此时，如果经济增长率超过能耗率，即能出现相对脱钩，说明经济发展模式治理成效显著，是低能耗高产出的结构性转型的好现象。

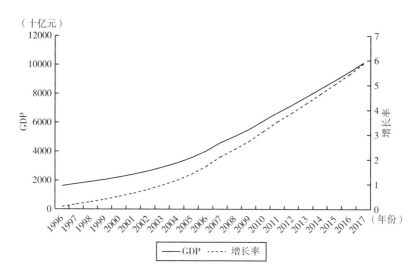

（十亿元）

图 7 - 2　GDP 及其增长率变化

1996～2017 年脱钩演化轨迹如图 7－3 所示。由图 7－3 可知，在 1996～2000 年样本期间，能耗出现负增长，经济保持稳定正增长，二者脱钩指数为负值，表现出绝对脱钩的有效形式，是一种良好状态。而从 2001 年开始，随着工业化进程和城市化发展速度加快，能源需求剧增，二者的脱钩指数逐渐从负值提高到正值，并不断增加，在 2005～2006 年达到高点后小幅震荡，在往后的年限中保持在 0.3～0.4 区间，说明经济增长能源消耗从绝对脱钩弹跳回积极脱钩，尽管仍然处于期待的有效脱钩范畴，但足以说明脱钩是一种变化的状态，且积极脱钩是不稳定的。中国的能源消耗经历了一个快速增长的过程，但是随着能源消费结构的优化和能源效率的提高，以及近年来新能源的发展，有助于减少对化石燃料的依赖，能源结构多元化，能源消费增速已经放缓。

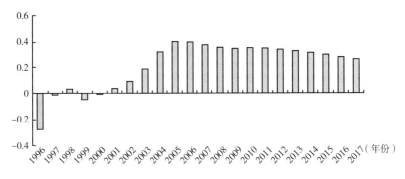

图 7－3　1996～2017 年脱钩指数变化

从整个脱钩体系来看，由于其他因素变化及影响，脱钩效应不稳定是一种常态，复杂的变化带来了不可预知的影响，进而可能出现背离可持续增长的消极变化。因此，为了探索国家层面脱钩系统的变化规律及影响机制，有必要考虑国际关联溢出影响的冲击和传导。

7.2　经济增长与能源消耗脱钩的国际效应及影响

全球向量自回归模型（GVAR）融合了面板数据模型、时间序列和因素分析方法等技术优点，可用于识别和分析全球系统中不同经济体的相互关系，有效反映不同国家截面个体之间的直接和间接交互作用及溢出效应（Chudik and Pesaran，2004）。该模型能够避免由于某些异质性特征对研究结果的影响，实现将不同国家置于一个完整的系统里，描述宏观层面的共同因素和微观的个体因素对某些经济体经济运行内部系统的冲击作用。许多学者将其应用于研究全球外来冲击对国家经济—能源—环境等系统的影响，可以实现在全域视角下对外生冲击对内生系统作用机理和传导路径的研究。本章就利用改进后的半参数全球向量自回归模型（SGVAR）识别脱钩系统的内外因素和非线性影响特征。

7.2.1　指标选取和数据来源

本章选取 39 个国家作为样本进行分析，其中欧元区的国家作为一个整体进入模型，最终国家或地区样本调整为 32 个。样本国家的能源消耗总量占全球总消耗量的 82% 左右，国内生产总值之和占全球总量的 90% 以上，国际贸易总额占全球贸易总额的 80% 以上。上述相关数据来自 Wind 数据库，并经笔者整理计算而得。样本国家的贸易额、经济规模及能源消耗量等指标能够反映全球经贸的主要特征。将国家（或地区）进行分类，以能耗增长速度变化的平均值作为参照，将不同国家（或地区）划分为高速能耗、中速能耗和低速能耗国家（或地区），具体结果如表 7-1 所示。其中，高速能耗组内的国家均属于中等收入国家群体，低速能耗组内的国家（或地区）大部分来自高收入国家群体，中速能耗组内的国家中低收入群体类型比例高。

表 7-1　　　　　　　　　　　样本国家（地区）分类

高速能耗	中速能耗	低速能耗
中国、印度、伊朗、马来西亚、埃及、土耳其、泰国、新加坡、秘鲁	阿根廷、巴西、智利、印度尼西亚、韩国、菲律宾、墨西哥	加拿大、澳大利亚、捷克、丹麦、欧元区、匈牙利、日本、新西兰、挪威、波兰、俄罗斯、南非、瑞典、瑞士、英国、美国

实证研究中主要使用代表经济发展水平、结构、开放及绿色化的脱钩指标来探讨脱钩国际冲击的响应。作为经济发展重要的成效指标，人均收入会通过影响消费品结构和消费能力影响能源消费。现有理论研究也证实了收入越高的人员越注重环境保护，消费者的绿色消费意识会影响生产，同时作为生产主导和具有绿色消费行为的高收入群体也会有意识地采取绿色化的生产模式。本章采用各国调整后的人均净收入值（yi）作为经济发展质量和消费者绿色意识指标。产业结构（ind）可以用于代表经济结构化水平，本章选择工业产值占 GDP 的比值体现各国工业化程度。上述数据来源于世界银行（World Bank）。脱钩指数（dr）能够用于衡量经济的绿色化发展程度，主要由能源和产出的速度比值计算，其中能源消耗的数据来源于国际能源机构（IEA）。采用进出口贸易额占 GDP 的比值表征贸易水平（ope），进出口贸易额、国内生产总值从国际货币基金组织国际金融统计（IFS）数据库获取，以季度数据为准并进行再计算，某些国家部分年限的贸易值缺失从国际货币基金组织的贸易方向统计（Direction of Trade Statistics，DOTS）栏目中寻找并进行补充。研究与试验发展经费支出额是国际上通用的衡量一个国家或地区科技投入强度以及科技发展水平的指标（崔百胜和朱麟，2016）。用研究与试验发展经费支出额表示技术水平（$tech$），数据来源于联合国教科文组织（UNESCO）网站。假设用于环境治理的研发投入比例相当，且考虑到技术因子的非线性作用，在模型中将技术因子设定为半参数项。石油价格（$poil$）反映国际市场油价，既能代表市场行情，又能体现能源价格。用布伦特原油价格按照当月交易结算价的平均值计算获取，石油价格作为全局变量代表全球共同因素。通过频率转换方法可以很好地解决由于收集到的数据类型不一致而无法建模的问题（张春华等，2017）。而基于宏观层面研究经济环境相关的问题时，将相应指标包括产业结构等数据先进行低频转高频后再进行 GVAR 分析的实证结果也能较好地揭示各变量的关系（周银香和吕徐莹，2017）。因此，本章使用数据按照低频转高频方式实现转换。转换后的样本期间介于 1996Q1 ~ 2017Q4，每组时间序列数据包含 88 个观测值，其中能源消耗、产业结构、人均收入采用 Eviews8.0 数据插值工具将年度值转化为季度值，调节后再取对数。国内、国外变量为脱钩指数、贸易水平、人均收入、产业结构，非参数项为技术因子，全球变量为石油价格指数。

权重矩阵是通过利用各国双边贸易往来规模进行计算，双边贸易额的数据从 DOTS 收集获取。本书选择 2010～2016 年各国的双边进出口贸易总额为贸易权重指标（W）的计算基础。权重指标每个列项由各国与第 i 个国家的双边贸易平均值构成，W_{ij} 表示 j 国与 i 国的双边贸易额占 i 国对外贸易的比例。表 7-2 截取与中国有重要贸易往来国家或地区的权重矩阵，其贸易总量占中国贸易总量的比例分别为 19%（美国）、15%（欧元区）、13%（日本）、10%（韩国）。重要伙伴方与中国的关系紧密，频繁的国际往来会对中国国内的经济绿色化发展产生不可忽视的影响，因此在后文研究中也主要选择此类国家或地区探讨关联溢出效应的影响。

表 7-2　　　　　　　　　部分国家或地区的贸易权重矩阵

国家或地区	澳大利亚	中国	欧元区	印度	日本	韩国	马来西亚	俄罗斯	新加坡	英国	美国
澳大利亚	0	0.044	0.011	0.033	0.054	0.039	0.039	0.002	0.034	0.012	0.012
中国	0.295	0	0.126	0.164	0.269	0.294	0.175	0.151	0.160	0.082	0.179
欧元区	0.090	0.153	0	0.170	0.097	0.086	0.096	0.424	0.103	0.452	0.144
印度	0.034	0.027	0.021	0	0.013	0.024	0.037	0.017	0.040	0.017	0.020
日本	0.147	0.120	0.033	0.038	0	0.121	0.123	0.050	0.073	0.020	0.065
韩国	0.069	0.101	0.019	0.040	0.078	0	0.049	0.043	0.069	0.012	0.034
马来西亚	0.034	0.037	0.009	0.032	0.037	0.023	0	0.004	0.155	0.008	0.014
俄罗斯	0.003	0.030	0.069	0.015	0.024	0.027	0.005	0	0.010	0.016	0.011
新加坡	0.043	0.028	0.013	0.044	0.027	0.038	0.159	0.006	0	0.010	0.016
英国	0.030	0.027	0.129	0.034	0.013	0.016	0.013	0.034	0.021	0	0.035
美国	0.089	0.194	0.133	0.140	0.178	0.142	0.106	0.050	0.113	0.123	0

7.2.2 SGVAR 模型的构建和估计

SGVAR 模型能够发挥 GVAR 模型的优点，通过权重矩阵实现子系统的相互链接，利用国内、国外及全局变量的时间、空间交互影响的传导路径刻画了各独立经济体间的相互关联，兼顾了个体的局部独立性同时又突破地理区位建立全局的关联性，形成一个完整系统，其中技术的非线性设置能够将国际技术溢出的影响刻画出来。基于经典 VAR 模型，GVAR 是各经济体局部 VARX* 的全局系统性模型，GVAR 依托不同经济个体联系的途径，通过个体子方程的关联权重，利用结构识别、误差修正、广义脉冲响应等，分析经济个体变量的冲击与响应，以及全球变量的冲击影响。GVAR 模型的构建，依然是默认了变量线性关系的存在，还是没有办法拟合出外生变量对内生变量的非线性影响轨迹。而非参数降低了传统的模型预设可能存在的风险，能够在更为宽泛的基础上，更好地拟合出变量之间的关系。在 GVAR 基础上拓展的半参数全球向量自回归模型 SGVAR，把参数和非参数的特点都能包含在一个模型中，对于非线性关系和波动演化的刻度更为精准。

SGVAR 是在单个国家的半参数向量自回归模型的基础上拓展起来的。首先建立第 i 个国家的半参数向量自回归模型 SVARX* :

$$X_{it} = a_i + \theta_{i1}X_{i,t-1} + \cdots + \theta_{ip_i}X_{i,t-p_i} + \lambda_{i0}X_{it}^* + \cdots + \lambda_{iq_i}X_{i,t-q_i}^*$$
$$+ \psi_{i0}d_{it} + \cdots + \psi_{ir_i}d_{i,t-r_i} + g(P_{it}, \cdots, P_{i,t-s_i}) + \varepsilon_{it} \quad (7-1)$$

其中，$X_{it} = (X_{i1t}, \cdots, X_{ikt})'$ 表示第 i 个国家的 k 个国内内生变量的向量，$X_{it}^* = \sum_{j=0}^{N} w_{ij}X_{jt}$ 表示国外变量向量矩阵，通过权重矩阵转换了国内和国外变量，θ，λ，ψ 是 $k_i \times k_i$ 的系数矩阵，ε_{it} 为 $k_i \times 1$ 的各国家自主冲击的随机误差项向量，且假设 $E(\varepsilon_{it}) = 0$，$\mathrm{var}(\varepsilon_{it}) = \sum_i$，上述表达式反映了各国均为自发冲击的假设前提，表明方差具有时间不变性；d_{it} 是 $d \times 1$

外生变量的向量，表示全局共同变量，一般假设全局共同变量具有弱外生性的特点；$g_{it}(\cdot)$ 是 $k_i \times 1$ 的未知非参数函数，反映了 P_{it} 与第 i 个国家的内生变量的非线性关系，且假设 $Eg_{it}(P_{it},\cdots,P_{i,t-s_i}) = 0$，否则归入 a_i。

令 $Z_{it} = \begin{bmatrix} X_{it} \\ X_{it}^* \end{bmatrix}$，$\varsigma_i = \max(p_i,q_i)$，则将式（7-1）改写成：

$$A_i Z_{it} = a_i + B_{i1} Z_{it-1} + \cdots + B_{i\varsigma_i} Z_{t-\varsigma_i} + \psi_{i0} d_{it} + \cdots$$
$$+ \psi_{ir} d_{i,t-r_i} + g(P_{it},\cdots,P_{i,t-s_i}) + \varepsilon_{it} \qquad (7-2)$$

其中，$A_i = (I_{k_i}, -\lambda_{i0})$，$B_{ij} = (\theta_{ij}, \lambda_{ij})$，二者是 $k_i \times 2k_i$ 阶的矩阵，且 $Rank(A_i) = k_i$ 满秩。利用 W_i 权重矩阵，各个元素都已知，是将 SVARX* 连接成一个 SGVAR 的连接矩阵，因 $Z_{it} = W_i X_t$，则式（7-2）可以写成：

$$A_i W_i X_t = a_i + B_{i1} W_i X_{t-1} + \cdots + B_{i\varsigma_i} W_i X_{t-\varsigma_i} + \psi_{i0} d_{it} + \cdots$$
$$+ \psi_{ir} d_{i,t-r_i} + g(P_t,\cdots,P_{t-s_i}) + \varepsilon_{it} \qquad (7-3)$$

令 $\varsigma = \max(\varsigma_0,\cdots,\varsigma_N)$，$r = \max(r_0,\cdots,r_N)$，$s = \max(s_0,\cdots,s_N)$ 将方程上下叠加，得到 SGVAR 如下：

$$GX_t = a + H_1 X_{t-1} + \cdots + H_\varsigma X_{t-\varsigma} + \psi_0 d_t + \cdots + \psi_r d_{t-r}$$
$$+ g(P_t,\cdots,P_{t-s}) + \varepsilon_t \qquad (7-4)$$

其中，$G = \begin{bmatrix} A_0 W_0 \\ \cdots \\ A_N W_N \end{bmatrix}$，$H_j = \begin{bmatrix} B_{0j} W_0 \\ \cdots \\ B_{Nj} W_N \end{bmatrix}$，$a = \begin{bmatrix} a_0 \\ \cdots \\ a_N \end{bmatrix}$，$\varepsilon_t = \begin{bmatrix} \varepsilon_0 \\ \cdots \\ \varepsilon_N \end{bmatrix}$，两边同除以 G，则 SGVAR 模型最终可以表达为：

$$X_t = G^{-1} a + G^{-1} H_1 X_{t-1} + \cdots + G^{-1} H_\varsigma X_{t-\varsigma} + G^{-1} \psi_0 d_t + \cdots$$
$$+ G^{-1} \psi_r d_{t-r} + G^{-1} g(P_t,\cdots,P_{t-s}) + G^{-1} \varepsilon_t \qquad (7-5)$$

对上述半参数全局向量自回归模型进行估计，主要通过两步实现。先估计单个国家 SVARX* 模型相应参数；在此基础上，通过贸易权重矩阵计算出全球模型中的系数矩阵，具体估计步骤由下述具体模型进行演示。

借鉴 SGVAR 的基本设定构建中国经济能源脱钩的全球系统模型，探讨中国在贸易往来过程中能源脱钩的国际外生冲击和传导路径。国内变量为脱钩指数、产业结构、人均收入及对外开放，半参数为技术水平，全局变量为石油价格，构建半参数全局向量自回归模型，假设内生变量的滞后阶数为 p，国外变量的滞后阶数为 q，全局变量的滞后阶数为 r，建立第 i 个国家的 SVARX*：

$$
\begin{bmatrix} \ln dr_{it} \\ \ln ope_{it} \\ \ln ind_{it} \\ \ln yi_{it} \end{bmatrix} = a_i + \theta_{i1} \begin{bmatrix} \ln dr_{i,t-1} \\ \ln ope_{i,t-1} \\ \ln ind_{i,t-1} \\ \ln yi_{i,t-1} \end{bmatrix} + \cdots + \theta_{ip_i} \begin{bmatrix} \ln dr_{i,t-p} \\ \ln ope_{i,t-p} \\ \ln ind_{i,t-p} \\ \ln yi_{i,t-p} \end{bmatrix} + \lambda_{i0} \begin{bmatrix} \ln dr_{it}^* \\ \ln ope_{it}^* \\ \ln ind_{it}^* \\ \ln yi_{it}^* \end{bmatrix}
$$

$$
+ \cdots + \lambda_{iq_i} \begin{bmatrix} \ln dr_{i,t-q}^* \\ \ln ope_{i,t-q}^* \\ \ln ind_{i,t-q}^* \\ \ln yi_{i,t-q}^* \end{bmatrix} + \psi_{i0} poil_{it} + \cdots + \psi_{ir} poil_{ir_i}
$$

$$
+ G(tech_{it}, \cdots, tech_{is_i}) + \varepsilon_{it} \tag{7-6}
$$

其中，i 代表某个国家，a_i 代表截距项，$dr_{it}^* = w_{ij} dr_{it}$ 为利用贸易权重矩阵计算的具有关联的国内的外生变量，θ, λ 代表国内滞后、国外变量原阶和滞后的系数矩阵，ψ 指全局变量原阶和滞后阶的系数矩阵，$G(\cdot)$ 代表半参数项，误差项矩阵为 $\varepsilon_{it}(0, N\sigma^2)$。SGVAR 模型覆盖 32 个国家，共有 32 个 VARX* 模型。

模型的估计分为两个步骤，首先，估计第 i 个国家的 SVARX* 模型，假定脱钩指数作为因变量的具体方程如下所示：

$$dr_{it} = a_{i(dr)} + \theta_{i(dr)1}\begin{bmatrix} \ln dr_{i,t-1} \\ \ln ope_{i,t-1} \\ \ln ind_{i,t-1} \\ \ln yi_{i,t-1} \end{bmatrix} + \cdots + \theta_{i(dr)p_i}\begin{bmatrix} \ln dr_{i,t-p_i} \\ \ln ope_{i,t-p_i} \\ \ln ind_{i,t-p_i} \\ \ln yi_{i,t-p_i} \end{bmatrix} + \lambda_{i(dr)0}\begin{bmatrix} \ln dr_{it}^* \\ \ln ope_{it}^* \\ \ln ind_{it}^* \\ \ln yi_{it}^* \end{bmatrix}$$

$$+ \cdots + \lambda_{i(dr)q_i}\begin{bmatrix} \ln dr_{i,t-q_i}^* \\ \ln ope_{i,t-q_i}^* \\ \ln ind_{i,t-q_i}^* \\ \ln yi_{i,t-q_i}^* \end{bmatrix} + \psi_{i(dr)0}poil_{it} + \cdots + \psi_{i(dr)r_i}poil_{i,t-r_i}$$

$$+ G_{dr}(tech_{it}\cdots tech_{i,t-s_i}) + \varepsilon_{it(dr)} \tag{7-7}$$

假定参数 $\alpha_{i(dr)}, \theta_{i(dr)1}, \cdots, \theta_{i(dr)p_i}, \lambda_{i(dr)1}, \cdots, \lambda_{i(dr)q_i}, \psi_{i(dr)0}, \cdots, \psi_{i(dr)r_i}$ 已知，对上述模型（7-7）进行移项后可得：

$$G_{dr}(tech_{it}\cdots tech_{i,t-s_i}) + \varepsilon_{it(dr)} =$$

$$dr_{it} - a_{i(dr)} - \theta_{i(dr)1}\begin{bmatrix} \ln dr_{i,t-1} \\ \ln ope_{i,t-1} \\ \ln ind_{i,t-1} \\ \ln yi_{i,t-1} \end{bmatrix} - \cdots - \theta_{i(dr)p_i}\begin{bmatrix} \ln dr_{i,t-p_i} \\ \ln ope_{i,t-p_i} \\ \ln ind_{i,t-p_i} \\ \ln yi_{i,t-p_i} \end{bmatrix} - \lambda_{i(dr)0}\begin{bmatrix} \ln dr_{it}^* \\ \ln ope_{it}^* \\ \ln ind_{it}^* \\ \ln yi_{it}^* \end{bmatrix}$$

$$- \cdots - \lambda_{i(dr)q_i}\begin{bmatrix} \ln dr_{i,t-q_i}^* \\ \ln ope_{i,t-q_i}^* \\ \ln ind_{i,t-q_i}^* \\ \ln yi_{i,t-q_i}^* \end{bmatrix} - \psi_{i(dr)0}poil_{it} - \cdots - \psi_{i(dr)r_i}poil_{i,t-r_i} \tag{7-8}$$

其次，利用局部线性估计方法得到估计值 $\hat{g}_{idr}(\cdot)$，将其代入模型（7-8）中可得到待估参数的模型方程，利用广义矩估计法求解出参数估计值 $\hat{\alpha}_{i(dr)}, \hat{\theta}_{i(dr)1}, \cdots, \hat{\theta}_{i(dr)p_i}, \hat{\lambda}_{i(dr)1}, \cdots, \hat{\lambda}_{i(dr)q_i}, \hat{\psi}_{i(dr)0}, \cdots, \hat{\psi}_{i(dr)r_i}$，求得随机误差项 $\varepsilon_{i(dr)t}$ 的估计值 $\hat{\varepsilon}_{i(dr)t}$，整个计算过程交叉使用 Matlab、R 及

Eviews 软件实现。本章主要通过脉冲响应函数体现冲击效应，脉冲响应函数与外生变量无关，因此估计过程和参数化模型的计算方法类似。获得的脉冲响应函数 $\dfrac{\partial dr_{lj,t-p}}{\partial \mu_{kit}}$ 表示第 t 期来自第 k 个国家第 i 个内生变量正交化随机误差项新息的一个标准冲击对第 l 个国家的第 j 个内生变量第 $t-p$ 期的影响，其中 $\mu_{0t}, \cdots, \mu_{Nt}$ 表示正交化新息，主要是将 $\varepsilon_{0t}, \cdots, \varepsilon_{Nt}$ 进行线性变换后得来的。因为正交化脉冲响应函数中使用的 cholesky 分解技术依赖内生变量的排列顺序，因此，GVAR 实际估计中采用广义脉冲响应函数方法，避免了国家排序和内生变量顺序主观性和权重的差异导致整体模型估计结果的品质下降。通过脉冲响应函数可以将 GVAR 的三类传导路径勾画出来：各国的经济变量受到其他国家的当期项和滞后项的影响；各国的变量受到全局变量的共同影响；不同国家变量当期冲击的相互影响。

为了进一步将技术因素对某个国家内生变量影响刻画出来，半参数的作用效应通过偏导图的方式刻画。两边取 $tech$ 的条件期望，假设 $Eg_{it}(P_{it}, \cdots, P_{i,t-s_i}) = 0$，整理式子最终可获得某个国家脱钩指数对应的偏导数方程：

$$
\begin{aligned}
\hat{g}'_{i(dr)}(tech) = {} & E'(dr_{it}/tech) - \hat{\theta}_{i(dr)0}E'(dr_{i,t-1}/tech) - \cdots \\
& - \hat{\theta}_{i(dr)p_i}E'(dr_{i,t-p_i}/tech) - \hat{\lambda}_{i(dr)0}E'(dr_{it}/tech) - \cdots \\
& - \hat{\lambda}_{i(dr)q_i}E'(dr_{i,t-q_i}/tech) - \hat{\psi}_{i(dr)0}E'(poil_{it}/tech)
\end{aligned}
$$

$$(7-9)$$

利用所求的系数和内生、外生原阶及其滞后项的期望值的偏导数，计算出相应的偏导值。

7.2.3　基础统计检验结果

使用 SGVAR 模型进行全局系统的作用机制分析必须对模型先进行

基础的计量检验，包含单位根、协整关系、弱外生性、同期效应检验等。由 GVAR 程序单位根检验的 ADF 统计值可知，只有部分国内变量和国外变量原序列平稳 I（0），但是其一阶差分序列均平稳且在 5% 的显著性水平下通过检验，存在 I（1）平整，其他地方的情况均进行单位根检验，结果如上。对同阶单整序列进行协整分析，表 7 - 3 节选部分国家内生变量单位根检验结果进行展示。

表 7 - 3   内生变量的单位根检验结果

国家或地区	dr - 3.45	Ddr - 2.89	ope - 3.45	Dope - 2.89	ind - 3.45	Dind - 2.89	yi - 3.45	Dyi - 2.89
澳大利亚	- 3.9606	- 5.4836	- 4.2758	- 4.9897	- 1.3880	- 3.2249	- 1.4259	- 2.8935
中国	- 3.5689	- 3.9417	- 2.8019	- 3.2768	- 1.2179	- 2.5259	- 1.9950	- 2.8943
欧元区	- 6.3189	- 11.4695	- 4.2067	- 6.4628	- 1.7553	- 3.0726	- 2.6216	- 2.8139
印度	- 6.1800	- 7.0744	- 1.6657	- 7.3030	- 0.6754	- 1.2872	- 2.1740	- 3.3486
日本	- 3.1875	- 5.5393	- 3.4298	- 4.9961	0.22258	- 2.7819	- 3.0113	- 5.7132
韩国	- 4.1913	- 8.8690	- 2.3849	- 7.8320	- 1.9325	- 3.5121	- 2.5717	- 3.5270
马来西亚	- 2.8797	- 4.2255	- 3.3557	- 7.6202	- 1.7293	- 3.6930	- 2.0827	- 3.5620
俄罗斯	- 5.7861	- 5.7999	- 7.0421	- 10.5100	- 3.3742	- 4.1213	- 1.9106	- 2.8434
新加坡	- 4.9602	- 4.6659	- 3.5629	- 8.2726	- 1.9932	- 4.1520	- 2.1106	- 3.8531
英国	- 5.3839	- 6.1229	- 3.2049	- 7.6378	- 0.6131	- 2.9948	- 2.4660	- 3.7891
美国	- 5.4545	- 4.9385	- 4.2136	- 5.8215	- 4.6767	- 4.8472	- 1.8885	- 2.9552

表 7 - 4 是协整检验结果，包括内生变量和外生变量的滞后阶数、协整个数。表中 p 代表了内生变量的滞后阶数，q 则是外生变量的滞后阶数，是建模中滞后期的依据。由标准协整检验的迹检验和最大特征值检验结果可知，每个国家至少有 1 个协整关系存在，说明各个国家模型变量间存在长期的均衡关系。具体的协整及滞后阶数如表 7 - 4 所示。选取中国主要贸易伙伴的样本可知，根据 AIC 和 SIC 准则确定的国内和国外变量的最佳滞后阶数 p、q 分别为 2 和 1，这可直接成为 SVARX* 模型的滞后阶数确定依据。

表7-4   滞后阶数和协整个数检验结果

国家或地区	p	q	协整数	国家或地区	p	q	协整数
阿根廷	2	1	4	马来西亚	2	1	3
澳大利亚	2	1	4	墨西哥	2	1	4
巴西	2	1	3	新西兰	2	1	3
加拿大	2	1	3	挪威	2	1	3
智利	2	1	2	秘鲁	2	1	2
中国	2	1	3	菲律宾	2	1	2
捷克	2	1	3	波兰	2	1	2
丹麦	2	1	2	俄罗斯	2	1	2
埃及	2	1	2	新加坡	2	1	3
欧元区	2	1	3	南非	2	1	2
匈牙利	2	1	4	瑞典	2	1	4
印度	2	1	4	瑞士	2	1	1
印度尼西亚	2	1	3	泰国	2	1	3
伊朗	2	1	2	土耳其	2	1	2
日本	2	1	2	英国	2	1	2
韩国	2	1	3	美国	2	1	4

为保证国外变量对国内变量具有单向影响，且国内变量没有对外反作用力，对模型中存在协整关系的相应变量进行弱外生性检验。表7-5是弱外生性检验的结果，包括外生变量和全局变量的弱外生性检验。由结果可知大部分国家的外生变量和全局变量通过弱外生性检验，保证了国外变量的单向作用，满足了模型的基本要求。

表7-5   弱外生性检验结果

国家或地区	$Fcrit$	drs	$opes$	$inds$	yis	$tech$	$poil$
阿根廷	2.499	1.185	1.066	0.511	1.185	2.686	0.887
澳大利亚	2.499	1.568	2.005	0.338	0.995	2.278	1.205
巴西	2.73	0.177	1.856	0.201	0.578	1.543	1.48
加拿大	2.728	0.519	1.869	0.206	1.037	1.319	0.807
智利	3.12	1.614	0.918	0.905	2.407	4.184	0.156

国家或地区	Fcrit	drs	opes	inds	yis	tech	poil
中国	2.73	0.781	1.996	0.212	2.263	2.53	0.729
捷克	2.73	0.171	0.438	0.426	0.445	0.089	2.436
丹麦	3.12	0.808	0.151	3.344	0.77	1.346	0.916
埃及	3.12	0.054	0.601	1.017	1.069	1.539	0.537
欧元区	2.73	1.417	0.876	0.242	1.801	1.856	0.416
匈牙利	2.499	1.83	0.459	0.441	0.78	0.247	0.894
印度	2.499	1.459	1.577	0.822	0.575	0.359	1.158
印度尼西亚	2.73	0.834	0.983	2.121	1.082	1.131	0.184
伊朗	3.12	0.278	0.148	1.419	0.605	0.275	3.375
日本	3.12	2.163	1.197	0.018	0.499	0.32	0.982
韩国	2.73	0.984	0.592	0.102	0.833	0.751	0.797
马来西亚	2.73	0.752	0.91	0.615	1.421	0.281	0.201
墨西哥	2.499	0.643	1.605	2.191	0.321	1.205	1.1
新西兰	2.73	0.963	0.28	0.584	1.122	0.063	0.672
挪威	2.73	0.702	0.45	0.604	2.539	1.539	0.68
秘鲁	3.12	2.779	2.451	0.042	1.601	0.681	1.557
菲律宾	3.12	1.178	1.241	0.398	0.257	0.816	0.293
波兰	2.73	1.393	0.576	0.526	2.174	0.675	0.358
俄罗斯	3.12	2.18	0.541	0.446	2.6	0.203	2.73
新加坡	2.73	0.84	1.538	0.179	0.311	0.579	0.166
南非	3.12	0.115	1.277	0.131	3.083	3.463	2.054
瑞典	2.499	1.689	1.099	0.755	1.179	0.941	0.322
瑞士	3.968	0.077	0.253	0.816	0.314	1.136	0.268
泰国	2.73	2.284	2.158	0.966	0.175	0.653	2.134
土耳其	3.12	3.263	1.836	0.062	0.359	0.917	0.217
英国	3.12	2.517	0.693	0.26	2.878	1.742	2.361
美国	2.501	1.464	1.533	0.277	0.814		

为了保证局部经济体自主冲击的优良性，GVAR 更关键的假设是要保证单个经济体的截面弱相关，除了通过外生变量弱外生性检验间接证明，也可通过自主冲击截面弱相关性检验直接证明冲击的有效性。表 7 - 6 选取展示了中国内生变量截面相关系数平均值，其原阶到差分的截面相关系数平均值是逐步较少的，且 VECMX* 残差比较小，进一步保证了模型的合理性和估计的优质性。

表 7 - 6   中国内生变量截面相关性

国家	变量	原阶	一阶差分	VECMX* 残差
中国	dr	- 0.1360	- 0.1550	- 0.1030
	ope	0.2672	0.2078	0.0558
	ind	0.1861	0.1708	- 0.0108
	yi	0.6963	0.6202	- 0.0174

协整关系等基础检验为本模型的合理性和有效性提供了事实依据，通过 SGVAR 有效的估计结果有助于刻画全局系统中国家经济发展绿色化的外生冲击。

7.3   经济增长与能源消耗脱钩的国际冲击效应

SGVAR 在具体的实现过程中，可以得出几百个脉冲响应函数，无法也无须对所有国家的脉冲响应函数进行分析。SGVAR 的优势是既可以分析各国某个变量的冲击响应图，也可以根据划分的不同国家类别，分析具体区域的变量冲击的传导影响。本书构建的 SGVAR 模型的脉冲响应函数可以描述其他国家对中国能源脱钩的直接影响和传导效应，这种间接的传导效应会通过影响经济发展结构、效率及开放化等指标对经济绿色化脱钩指数产生影响，其中 SGVAR 广义脉冲响应函数能够有效模拟外生冲击对内生变量的影响，而技术效应对能源脱钩的直接和间接传递影响主要通过偏导图，主要通过以国际冲击效应和国际技术溢出的冲击影响进行分析。

7.3.1　国际贸易对经济增长与能源消耗脱钩的冲击影响

7.3.1.1　国际贸易对脱钩的内生冲击和传导效应

图 7 - 4 展示了中国对外贸易的一个标准冲击下其他内生变量的响应。由该图可知,产业结构、人均收入、脱钩指数及贸易水平先给予了正向响应,而后逐渐减弱直至负响应,尤其是人均收入的正响应持续时间较长。具体而言,脱钩指数的响应表现出显著的两阶段特征,首期的正响应经历了逐渐增大后又减小的变化过程,后期的负响应呈现出大幅的稳步增强。短期内,随着对外开放度的扩大,脱钩指数越大,脱钩度越低,将引发弱脱钩或负脱钩的风险。源于贸易规模效应产生的能耗增速超过经济增速,最终导致脱钩指数不断增加,弱化脱钩的行为是贸易自由化发展的必然过程。尽管贸易的规模效应能够推动经济增长,但是同样对应着更多的能耗,产生更多污染(Antweiler,2019)。而当负影响跨越了极限值,贸易则发挥其环境利好效应。此时,伴随对外开放深化,脱钩指数变小,脱钩度加深。贸易自身对其冲击的响应说明,短期内贸易产生累积效应,有利于贸易的再发生;但是长期而言,这种贸易自由的深化和推进对国内对外开放的影响是负面的。短期内,产业结构先给予了正响应,而后逐渐减弱进入负向响应区间。衡量工业占比的产业结构指标负相关性说明了贸易自由化的扩大伴随工业化程度的降低,侧面说明了对外贸易对服务产业结构转型升级的积极促进影响。长期来看,这种通过降低工业化程度的结构利好效应也会传递到脱钩系统,形成由贸易通过对产业结构化影响进而间接传递到国内行业、地区脱钩的传导渠道。脱钩效应可以通过服务业的价值创造来实现。相对于实物商品,社会服务类产品的生产和供应可以通过人力资本积累、提高服务业劳动生产率实现。因此,服务业比例的结构性调整及对外贸易的开放性扩大有助于国内能源消耗的减少。对于贸易的冲击,人均收入在样本期

内给予了正响应后在极值点位置逐渐减弱并终将进入负响应区间。长期的正响应说明对外开放度越高，人均收入增长幅度最大，但是随着开放度持续推进，这种收入刺激的增长效应也将逐渐消失，即存在收入增加引发了轻微脱钩效应的现象（Csereklyei and Stern，2015）。因此，经济运行系统中贸易环节会通过调节收入对脱钩效应产生间接的传导影响。

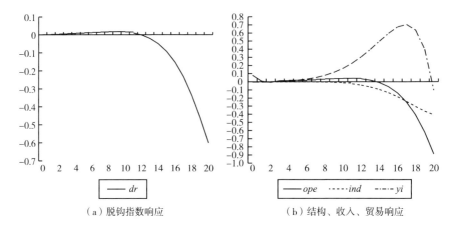

（a）脱钩指数响应　　　　　　　（b）结构、收入、贸易响应

图 7－4　国际贸易冲击的脉冲响应

随着贸易开放度的加深，后工业化的服务性特征突出，在服务化产业转型、人民收入水平提高的同时相对能耗增速与经济增速差距逐渐扩大。长远来看，经济高质量发展中对外贸易作为内生系统的重要组成部分，其深入推进仍然有利于国内脱钩可持续目标的实现。

7.3.1.2　国际贸易溢出对脱钩的外生冲击影响

中国重要贸易伙伴主要分布在低速和中速能耗组，而自身属于高速能耗组，为了探讨主要伙伴方的贸易变化对中国绿色化脱钩的外生影响，选取主要伙伴方所属组别的贸易冲击为主进行分析。图 7－5 中（a）（b）（c）分别为中国经济发展指标对低速组、中速组和高速组的对外贸易的冲击响应。

由图 7－5（a）可知，低速能耗组对外贸易的一个标准冲击下，中

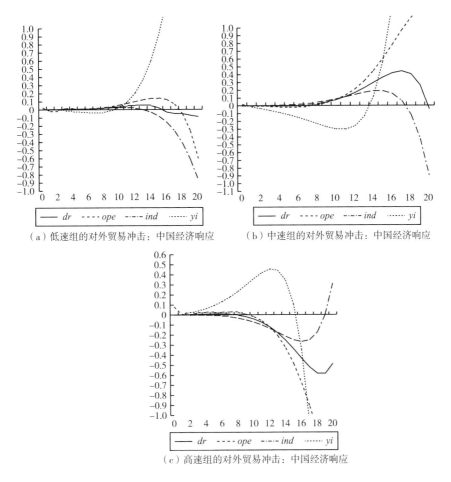

（a）低速组的对外贸易冲击：中国经济响应　（b）中速组的对外贸易冲击：中国经济响应

（c）高速组的对外贸易冲击：中国经济响应

图 7-5　不同能速组的对外贸易冲击：中国经济响应

国国内产业结构、脱钩指数及对外开放先是正向响应，保持一段时间后分别转入负响应，产业结构最快进入负响应通道，收入水平先表现出负响应直至第 10 期开始进入稳步扩大的正响应区间。低速能耗组内大部分国家或地区属于高收入国家或地区，高收入低能耗组的对外贸易发展产生的溢出对中国脱钩效应的冲击既是阻力也是助力。短期内，该组对外开放度的扩大体现为贸易利好效应，对其他经济指标是不利的，不利于中国智能型服务产业结构转型、绿色化脱钩及人均收入的增加。但是，长期而言，当中国与低速组伙伴方的贸易往来日益频繁，贸易溢出利好效应逐渐凸显，刺激国内人均收入增加，工业主导的产业结构特征逐渐减缓，而贸易专业化的环境利好大于规模化的能耗增加，能耗增速逐渐落后于经济增速，有利于国内经济绿色化的脱钩进程。因此，当前在全国推进经济高质量发展的同时，加大与低速能耗组内贸易伙伴方的贸易往来利大于弊。

由图7-5（b）可知，中速组对外贸易的一个标准冲击下，除了中国产业结构，国内脱钩指数、收入水平及对外贸易均给出了先负后正的响应，其中脱钩指数最快进入正响应区间，而人均收入的响应幅度最大。短期内，随着中速组对外开放度的加深，这种外来势力不利于我国对外贸易扩大、收入水平提高及工业化转型。然而，较小幅度和较短期间的消极影响说明，长远来看，中速组的贸易溢出对中国经济的开放、结构化转型及发展是有益的。而从脱钩指数响应曲线可以看出，中速组的贸易溢出冲击的脱钩利好效应维持的时间较短，长期而言还是不利影响大于有利影响，并未有助于拉大国内能耗增速和经济增速差距，也进一步说明与中速能耗组国家间相比，我国仍然处于供应链的下游，作为其产业外移的主要承接者。因此，调整贸易商品的结构，加快产业结构转型升级，发挥贸易专业化的环境利好作用才能缓解中速国家贸易溢出带来的外来冲击的影响。

由图7-5（c）可知，高速组的贸易冲击下中国脱钩指数、对外贸易响应路径与低速组十分相近，但是节点持续的时间更短且幅度更小。收入、结构响应和对中低速组响应的路径不同，收入先是给予正向响应后在第15期开始急剧下降并迅速进入负响应区，说明这种溢出效应短期会产生积极的收入效应，然而高速组的贸易溢出的利好有可能来自国内自身因素。长期而言，贸易溢出产生的收入效应是负向的。产业结构的负响应维持较长时间，意味着高速组的对外贸易溢出并不利于工业化，而后随着贸易加深产生正向响应推动工业化结构巩固。脱钩指数正响应幅度低于负响应，说明高速组贸易溢出的综合效应在长期来看是有益的，能产生积极的脱钩驱动作用。全球产业链体系中低收入国家很容易成为承接高能耗低附加值产业的重要区域。而中国与同类国家的贸易往来扩大或同类国家对外开放程度加深，必然有利于国内脱钩的推进。因此，高速组国家贸易发展有利于中国绿色化脱钩建设。

总体上看，低速能耗组的贸易冲击下中国经济指标的响应兼具了中速、高速组冲击响应的两种特色，且初期相应的响应度相对来说更加强烈，溢出效应更明显；随着时间变化，中国经济变量对中速、高速组国家贸易溢出冲击的响应逐渐增强。因此，积极辨识国际贸易溢出的外来冲击利好作用，加大与高速组国家的贸易往来也是优化贸易产品结构推进国内深度脱钩的重要路径。

7.3.2 能源价格变动对脱钩的外生冲击及传导路径

现有大部分文献研究的是能源价格变动对中国经济的影响，主要通过经济的规模效应体现出来，将经济效应指标分解为规模化、结构化和效率化三个指标，阐述了能源价格变动对脱钩效应的影响及通过产业结构等其他指标传导的间接作用轨迹。

图 7 - 6（a）描述了国际能源价格冲击的中国脱钩指数的响应。由该图可知，能源价格的一个正向冲击下，中国脱钩指数先是给予了正响应后逐渐转向比较显著的负响应，随时间推进，负响应又变为更加显著的正响应，说明能源价格变化的影响是阶段性、非稳定性的。能源价格变动的不利影响逐渐被高价格能源产生要素替代效应所缓解，价格越高，劳动力和资本要素替代性越强，生产中会使用劳动力、资本代替高价格的能源要素，短期内在产出速度不变的情况下能源消耗速度减少，直接导致脱钩指数降低。但是长期来看，这种替代弹性作用逐渐减弱，市场调整下加大能源要素投入，最终导致脱钩指数变大，弱化脱钩现象。能源价格波动在短期内对绿色化脱钩的推进是有利的，但长期而言，波动带来的不利影响更持久、更强烈。

由图 7 - 6（b）中能源价格冲击下其他经济变量的响应可知，其一

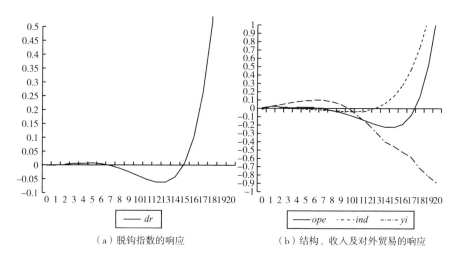

（a）脱钩指数的响应   （b）结构、收入及对外贸易的响应

图 7 - 6   能源价格冲击的响应

个标准的冲击后，对外贸易、结构产生的负响应随着时间推进逐渐转为正响应。短期内，能源价格波动的风险冲击不利于中国工业化结构发展和对外贸易发展，但是这种风险是非持续性的，使得不利影响很短暂。长期而言，能源价格波动推动工业化升级、对外开放度扩展，而人均收入的响应则从正的积极面转向负的消极面。价格上涨下，劳动、资本对能源要素的替代，最终导致人均收入的增加，但这种收入效应是不可持续的。能源价格长期看涨趋势会驱使利益相关团体积极寻求能源生产，加剧市场能源供应和使用，发挥了价格的调节作用，能源供应的增加又会导致对劳动资本需求的反替代。能源价格的变动会对中国经济产生极大的负面影响（俞剑等，2017）。促进工业化意味着削弱服务性转型，会通过传导效应间接影响经济的绿色化脱钩进程。

全球共同因素国际能源价格的变化对中国脱钩效应有极大的影响，不但会通过直接途径，还会通过经济变量的传导途径对其产生影响，表现出综合影响的复杂性、复合性及非稳定性。

7.3.3　经济增长与能源消耗脱钩的国际溢出

中国经济增长与能源消耗脱钩效应的空间溢出对关联国家也会产生直接的影响。选取不同能速组及与中国有密切贸易往来的伙伴方（美国、欧元区、日本、韩国）作为主要的分析对象，具体结果如图 7－7 所示，其中印度作为高能耗国家代表之一，其识别脱钩效应的国际溢出影响的个体样本也包含在内。

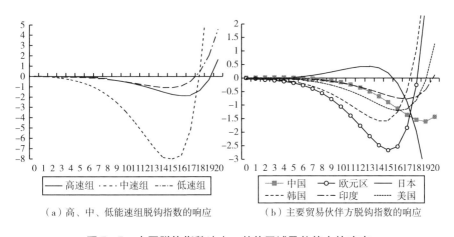

（a）高、中、低能速组脱钩指数的响应　　（b）主要贸易伙伴方脱钩指数的响应

图 7－7　中国脱钩指数冲击：其他区域及伙伴方的响应

图 7－7（a）是高、中、低能速组的脱钩指数的响应。由该图可知，中国脱钩指数的一个标准冲击下，各组的脱钩指数都给予了负向响应，持续一段时期后逐渐变为正向响应。其中，中速能耗组的响应最大，意味着溢出对中速组国家的脱钩效应影响最大，这也对应了前文中中速组国家的经济活动变化对中国脱钩效应影响的显著性。而高速、低速组的负响应幅度在一段时间内相似，但低速组的脱钩指数响应率先进入正响应区间。总体上，脱钩效应产生短暂的有利溢出，对不同能速组国家的脱钩目标的实现具有一定的辅助作用，具体可由图 7－7（b）中不同伙伴方脱钩指数的响应刻画。由图 7－7（b）可知，从对伙伴方的溢出来

看，除了日本，大部分伙伴国的脱钩指数的响应路径基本上是先负响应，后经历一个深凹，逐渐变为同向响应。短期来说，中国脱钩指数越大、脱钩效应越不理想，越有利于伙伴方的绿色化脱钩。欧元区等伙伴方集结了高收入和低速能耗的特征，通过全球价值链重塑等产业转移、进出口贸易方式快速、高效地实现自身的绿色发展目标，而下游环节的生产、加工承接者则被迫承担了发达国家的污染等问题的溢出。冲击的响应反馈最微弱的是印度，属于高速能耗的发展中国家，溢出的绿色化驱动效应会被自身高能耗减弱。长期而言，伙伴方的脱钩指数对中国脱钩指数的一个正向冲击给予了正向响应。高速组内冲击下，美国的响应反馈最长，即中国脱钩指数的深化对美国脱钩指数的影响最大，这也进一步证实了中美两国主要合作伙伴互惠共利的现实状况，不但体现在实际利益上，在生态环境绿色建设中更是不可分离的。在中速能耗组内，韩国的响应最强烈。高速组内，自身的脱钩指数给予了负向响应，意味着脱钩具有时间上的累积优势，但要警惕发展中产生的能源反弹。在伙伴方的响应中，日本的响应和其他国家或地区完全相反，先正后负。中国脱钩指数越大，产生的溢出将使得日本的脱钩指数越大，但随着时间变化，这种正相关变成负相关，溢出有利于日本脱钩指数减少。短期内，两国绿色化建设具有共建特点，但长期而言，共建将被利益竞争取代，中国脱钩指数越大，脱钩效应越不明显，越有利于日本的脱钩效应。

全球化下，不均衡及异质性特性突出，绿色环境、绿色生产、绿色消费的实现势必是此消彼长的，绿色经济模式调整必然具有阶段的先后顺序，那么也就存在绿色建设的冲突和矛盾。

7.4 技术溢出对经济增长与能源消耗脱钩的冲击影响

一国的技术进步同时依赖自主创新的 R&D 投入、贸易开放度、国际技术溢出和技术转化（代迪尔和李子豪，2011）。那么，国际技术溢出作为技术进步的重要来源之一，必然会对经济运行系统产生复杂的非线性影响。半参数的偏导值能够实现将技术溢出对绿色化脱钩效应、增长效应、工业化结构效应和开放化的非线性影响勾画出来。图中横轴为技术水平值，纵轴为各因素对 *tech* 的偏导值，表示技术效应影响。

7.4.1　技术溢出对经济增长与能源消耗脱钩的直接冲击影响

图 7-8 描述了中国、美国、印度等国的脱钩指数对技术水平的偏导值。由该图可知，国际技术溢出效应的脱钩影响的基本形态相似，均呈阶段性波动，但对不同国家的影响幅度和节奏不一致。溢出对中国脱钩指数影响沿"W"型轨迹演变，既有适中水平的脱钩驱动也有更高水平下的延阻作用，且延阻作用的时间周期长、波动大。由偏导图中的负关联区间可知，这一阶段，随着整体技术水平的不断提升，国内脱钩指数不断减少，对于指导国内绿色建设是利好消息。但随着技术水平不断提高，正相关性凸显且持续较长时间，说明国际技术溢出对脱钩产生了负面的抑制影响，且这种负面性逐渐增强。具体来说，在低水平位置，技术溢出并未能发挥作用，但是当水平位于［1.45，1.55］区间时，则溢出的正面影响产生了，发挥了积极的脱钩驱动作用，但这种积极作用持续的时间极其短暂。当水平超越了 1.55 后，随着技术水平的提升，脱钩指数不断增加达到尖峰点（0.475），而后二者转入一升一降的关联区间，直至到凹点位置（-0.0861）。这个阶段包含了技术溢出的利好驱动效应。然而，在高水平位置上技术溢出并未发挥脱钩驱动作用，说明在解决国内脱钩潜力性等问题时要关注国际技术溢出所带来的双面性影响。节能技术的溢出效应能否发挥作用，与东道国的环境规制、制度质量及劳动力的受教育程度等吸收能力有关（Perkins and Neumayer，2012）。在开放背景下，国家经济运行系统的优化必然受本国技术研发

投入及创新水平影响，同样地，具有往来关联的国家间产生的一定程度的溢出效应，也会经由国际技术的渠道对其产生更为复杂的影响，且这种溢出发挥效力更受制于自身的经济基础等条件。技术溢出对美国脱钩指数的影响也按照"W"型轨迹变化，且相对比较急促且凸显，在转折点上下邻近区域发挥的影响效应更加显著；与印度脱钩指数则沿着"N"型轨迹变化，且需要更高水平下的技术溢出才会发挥脱钩驱动作用，但响应的效力幅度更深。因此，国际技术溢出效应对不同国家的绿色化建设影响不一，这种作用的积极与否也与国家自身的实际情况息息相关。

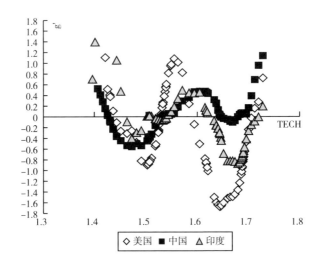

图 7 - 8　脱钩指数对技术变化的偏导值

7.4.2　技术溢出对经济增长与能源消耗脱钩的间接传导作用

国际技术的溢出效应不但会直接对脱钩指数产生影响，还会通过经济要素对脱钩产生间接的传导影响，可通过传导要素对技术溢出的偏导图体现。由图 7 - 9 中国对外贸易对技术溢出的偏导值可知，技术效应对贸易的影响大部分均处于横轴下方，是负相关关系的体现，说明国际技术溢出对我国国际贸易具有消极的抑制作用，不利于贸易。一般认为，国际贸易是技术溢出的重要渠道，而反向研究结果进一步说明了我国贸易产品结构与国际技术先进性的冲突和矛盾是二者相反关系的重要原因。对国际贸易的负面影响也会通过调整国内生产、消费等进而产生间接的作用力，是绿色化脱钩的延阻。由图7-10产业结构对技术变化的偏导值可知，国际技术溢出的结构效应呈现勺型特征。短期内，技术溢出效应有助于工业化建设，强化效应在达到峰值点（1.263）后呈断崖式下降，直至从1.6开始进入工业化结构效应的负影响，国际技术溢出弱化工业建设，是对服务转型的激励体现。从高质量经济的智能型和服务型特征来看，这种弱化有利于服务型产业形成和发展，有利于绿色化脱钩。由图7-11收入水平对技术变化的偏导值可知，技术溢出的收入效应与结构效应的路径相反，呈"M"型且前半段均是负相关，说明短期内技术溢出效应不利于收入提高，但在经历了负影响的凸点弹性值0.133后开始逐渐进入正影响区间，技术溢出发挥了积极的收入效应，收入增加效应的物质基础发展有利于构建改善民众绿色认知的环境。长期而言，技术溢出的结构化、收入效应的间接传导效应是国内脱钩外来推动力来源，有利于国内推进绿色发展。

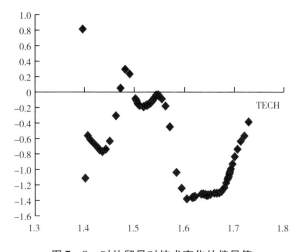

图7-9　对外贸易对技术变化的偏导值

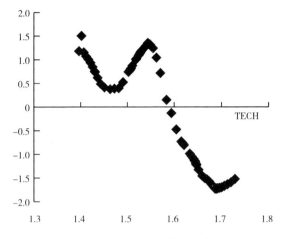

图 7 – 10　产业结构对技术变化的偏导值

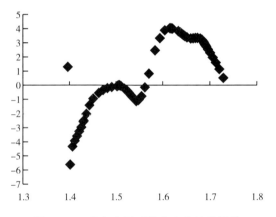

图 7 – 11　收入水平对技术变化的偏导值

　　综上所述，全球一体化程度日益深化，基于国际贸易、经济能耗系统的动态变化性和交互性，一国经济增长的能源优化模式不仅受到系统内部要素的影响，更有来自其他国家的溢出影响。在这些因素的冲击下，中国可持续的脱钩目标面临更加复杂的内外环境背景。因此，厘清外来影响才有助于缓解国内可持续发展困境。

7.5　本章小结

本章以 32 个国家或地区为样本，通过构建贸易关联权重矩阵探讨了全球范围内国家或地区经济溢出和技术溢出对中国经济增长与能源消耗脱钩的直接和传导影响，其中脉冲响应图刻画了不同国家或地区经济要素溢出的冲击下中国脱钩的长短期响应反馈及中国脱钩效应对外的直接和间接扩散影响，偏导图模拟了不同技术水平的溢出对中国脱钩效应的直接和间接影响。主要结论如下所述。

（1）贸易作为国内经济运行系统的重要内生要素，自由化的环境利好效应突出，是脱钩深化的驱动力来源要素。短期内，贸易发展不利于绿色建设，恶化了脱钩的可持续目标，我国贸易产品结构有待优化；长期而言，贸易规模的扩大有利于解决国内脱钩的有效性和潜力性问题，且贸易效应还会通过结构化、规模化等途径产生间接传导作用，刺激收入改善物质水平、优化工业结构的服务化转型等产生正向的环境效应。长远来看，积极利用国内循环推动国际循环，改变贸易产品结构和我国世界生产车间的后方位置，出口不再以低附加值的资源密集型产品为主，加快以 5G、高铁等系列的高新技术智能型产品等国际市场的开拓，推动产业结构转型、贸易产品结构优化等发挥贸易的利好环境效应。

（2）其他国家对外贸易的溢出效应和全球共同因素国际能源价格波动的风险性增加了国内脱钩稳定性的压力。不同能速组的国家或地区及重要伙伴方的国际贸易溢出的直接和间接效应存在极大区别。短期内，高速能耗国家或地区的贸易溢出效应有利于国内绿色化脱钩，中、低速能耗组却形成抑制的外来之力，且间接传导途径的阻力性强；长期来看，高、低速能耗国家或地区的贸易溢出效应是利好的，但中速组却呈现出不利影响大于有利的贸易溢出现状。那么，贸易溢出效应的复杂性增加了可持续脱钩目标实现的不确定性和风险性。共同因素能源价格变动的直接影响是阶段性及不可持续的，作用效应的复杂性使得其和脱钩效应关系变化呈现曲线变化，且直接和间接影响的不确定性及综合性带来的风险高、危害大。同时，中国脱钩系统也会发挥积极的外溢性，会对伙伴方产生直接和间接影响，这种溢出效应又会通过伙伴方的贸易往来反作用于自身。

（3）国际技术溢出对脱钩具有双向作用力，呈现显著的非线性溢出影响，不明确、风险大且传导路径复杂，不同国家或地区的影响幅度和周期差异极大。只有跨越了一定的吸收门槛，技术溢出才会产生推力作用于脱钩效应，但是这种利好效应的可持续性差且周期很短。而长期上，国际技术的溢出对其他经济要素的影响是有利的，能够通过服务结构效应及收入效应发挥积极的脱钩传导影响。国际技术溢出的脱钩影响受制于直接和间接传导要素的综合作用。

第 8 章

主要结论及政策建议

经济增长依赖能源要素，然而持续不断的化石燃料消耗却是二氧化碳等温室气体排放的主要来源。实现经济增长与能源消耗脱钩对提高能源生产率、缓解气候变化至关重要。那么，研究脱钩乃至绝对脱钩的实现性、稳定性及潜力性等问题将是未来可持续发展战略规划的重要内容和长期目标。中国能源消耗在全球各国稳居前列，解决好经济增长与能源消耗问题不但是高质量发展导向实施成效的重要标志，更是实现《巴黎协定》2030 年温控目标的关键步骤。立足中国国情，在一般经济规律基础上研究中国的实际问题，构建了基于普遍规律中研究个体特殊性，又将特殊性问题置于宏观全球背景的研究框架，是探索解决问题的潜力动能机制，也能总结经验提供参考。本书以经济增长、脱钩理论、国际经济与贸易、区域及外部性等相关理论为基础，通过对脱钩理论在经济领域的应用等相关文献的梳理和分析，突破现有研究范式，构建了考虑局部交互性、整体结构性及个体异质性等特征脱钩效应的研究框架。基于 EKC 曲线和经典增长理论模型梳理了经济增长与能源消耗脱钩的一般演化规律和理论微观机理，并从全球角度对于脱钩系变化的非线性进行了一般性检验，基于局部交互性从产业关联、区域空间关联及全球空间关联视角下拓展了脱钩效应的变化规律和关联影响的理论分析，为后期开展实证分析奠定了理论基础。首先，梳理及探讨脱钩效应的行业相关问题，以工业行业为例开展了基于产业关联视角下脱钩的关联溢出效应及其影响分析，为解决行业脱钩的稳定性提供思路；其次，基于地区脱钩效应的差异性问题，以全国各省份为具体研究对象探讨了脱钩效应的空间差异及其影响机制，为解决脱钩效应的地区问题提供参考；最后，基于整体的结构性和局部交互性，将脱钩问题的研究置于全球化背景下，通过将具有贸易关联的国家置于一个研究系统中，探讨了国内脱钩效应的国际冲击及传导影响，为制定防范外来风险的举措提供借鉴。

8.1　主要结论

针对经济增长与能源消耗脱钩效应的研究以探讨脱钩潜力性问题的解决为主，具体由下述几部分内容的研究结论组成：理论分析总结的一般规律；脱钩效应的行业和空间演化规律；脱钩系统的技术非线性作用一般性表现及规律；基于关联视角下脱钩效应的行业溢出、空间差异及其影响机制的实证分析；全球化下外来冲击及传导影响的实证分析。主要结论归纳如下所述。

（1）经济增长与能源消耗脱钩在理论上是可行的，多维度的局部交互性作用下脱钩效应及其影响会表现出显著的时空关联，技术因子对脱钩的影响表现出普遍的非单一性。

基于静态分析结论显示，经济增长与能源消耗脱钩在一定条件下具有极高的可实现性，该结论有力地反驳了杰文斯悖论；探讨脱钩效应的潜力性问题势必要考虑个体发展及其效率的综合作用、要素的替代和叠加作用及能源再生技术的作用。产业、空间层面通过要素、技术、产品及贸易等渠道产生交互关联，是脱钩效应及其变化影响的外来因素来源。这从整体性视角弥补了对于局部性问题理论分析的不足，构建了研究中国脱钩效应的实际问题的理论分析框架。且从一般性层面进行检验可知，技术影响具有门槛特征，不同技术水平下，脱钩系统影响因子的作用是有差异的。

（2）行业脱钩效应的波动性及地区的非均衡性问题突出。大部分工业行业、省级经济体的能耗增速小于经济产出增速，实现了相对脱钩，但是脱钩效应的行业非稳定性及地区差距等问题影响了累积优势的发挥，也是解决脱钩潜力性问题要突破的障碍。

第一，就脱钩效应的行业表现来看，大部分工业行业基本进入积极脱钩区间，脱钩指数基本上呈现大幅减少后又小幅上涨的周期性变化，表明了行业脱钩效应具有一定的波动性趋势。资源密集型行业脱钩效应相对显著但演化区间较为狭窄，石化部门的"能效倍增"计划、采矿部门的"绿色冶炼"对标管理模式实施成效较好；劳动密集型和资本密集行业脱钩效应的演化区间则较为宽厚，显示出更加强烈的波动趋势。其中，非金属矿物制品业、通信设备制造业、交通运输制造业内存在的大能耗及低能效等问题突出，其脱钩效应在同行业中表现相对较差；劳动密集型行业中木材加工、家具制造业的脱钩度始终处于同步类行业的底部区域，也是未来解决脱钩行业性问题要治理的重点领域。

第二，就脱钩效应的地区表现来看，全国大部分地区的脱钩效应状态良好，基本实现以积极脱钩为中心的震荡变化。然而，地区脱钩存在显著的差异性，且呈现逐渐扩大趋势。就地区内差异来看，东部地区脱钩效应差异性相对显著，西部地区的差异波动幅度较为剧烈，中部地区的脱钩差异逐渐缩小。就地区间差异来看，东部—西部脱钩效应的差距变化幅度最大，中部—西部脱钩效应的区间差距最大，中部—东部地区间的差距逐渐缩小。

第三，地区发展差异及不平衡是区间及区内脱钩效应存在差距并逐渐扩大的重要原因。脱钩效应的地区差距主要由地区间、地区内和地区间交叉重叠三个部分构成，地区间差距逐渐取代地区内成为贡献力最大的部分，而地区间交叉重叠逐渐弱化成为贡献力最小的部分。东部地区集中了大量经济发达的省份，具有推进高质量发展的经济基础；西部地区的资源匮乏、经济基础差，新产业、新动能的经济效应兑现缺乏相应的环境平台；中部地区的资源、环境负荷大，节能环保治理的先锋地仍需要保持经济增长动能。那么解决脱钩效应的地区差距性、推动脱钩普遍性和均衡性的实现必然要深入把握三大区域的经济活动及要素的差异。

梳理脱钩效应的行业和地区演化过程，总结其变化规律，然而问题的解决仍需要在此基础上进行影响机制的分析和实证研究。

（3）脱钩具有显著的行业关联直接溢出效应，且技术进步的非线性及行业异质性影响特征明显。

第一，脱钩效应显示出平稳的行业自相关性，产生直接的负向溢出，影响上下游关联行业的脱钩效应，是可持续脱钩目标在行业间此消彼长的竞争状态体现。行业脱钩效应的影响因素也具有一定程度的溢出效应，表现出内在和外在的双向作用力。固定资本要素既是内在因素也是外来要素，共同构成脱钩驱动力量之源；技能劳动者缺失和要素偏向型技术进步的矛盾，使得劳动力要素未能发挥脱钩影响效应。FDI 对脱钩产生了消极的直接和间接溢出影响，恶化行业脱钩效应，是外资污染天堂在行业层面的表现，主要与当前外资的行业差异性相关。电力消耗仅在行业内构成脱钩效应的延阻力来源，并未有行业间溢出效应。

第二，行业脱钩的技术影响效应具有显著的非线性特征，二者关系沿"N"型曲线轨迹变化，表现出驱动—抑制—驱动的波动趋势；行业脱钩的技术影响效应具有多样性，且随着行业属性差异而变化。资本密集型行业脱钩的技术效应具有两面性，较低的技术水平对脱钩形成阻力之势，较高的技术水平则呈现为助力；劳动密集型行业脱钩的技术影响效应呈现单向特点，一定水平的技术进步发挥了积极的脱钩驱动作用；资源密集型行业脱钩的技术效应具有倒"V"型特征，并且延阻力强势且持续时间长。

（4）脱钩的空间关联影响效应具有显著的差异性，非线性影响关系显示出不利的下行之势，二维分析框架下部分地区具有一定的示范追赶优势。

第一，脱钩具有显著的地区间溢出效应，且自身系统变化的惯性作用有利于脱钩发挥累积效应优势，也是减缓脱钩区域差距的助力。新型城镇化绿色化导向的改革成效良好，对脱钩发挥了积极的本地驱动作用，而技术、产业结构的本地驱动效应会因地区不同而不一致。东部地区进入了依托产业结构转型实现能效提高的下半场，产业结构转型升级是地区脱钩效应深化的主动力；中部地区仍处于技术进步发挥效用的上半场，技术是驱动地区脱钩的动力因素；其他地区产业结构和技术进步对西部地区的溢出影响显著，形成了本地区内脱钩效应的延阻之力。精准定位要基于对地区脱钩的影响因素作用差异的甄别和分析。

第二，脱钩效应与发展间呈现出显著的非线性关系，在低收入水平的下行区，随着人均收入增长脱钩指数增加、脱钩度弱化；在高收入水平的上行区，人均收入增加伴随着脱钩效应的强化。且不同空间上均证实了非线性作用特征的存在，显示出非线性关系的稳健性，并不会因为分样本或考虑空间关联而发生变化。目前，各地区均处于下行区，且人均收入的影响效应力度大、作用力强，是地区脱钩效应的主要阻力来源。

第三，大部分东部省份凸显了绿色经济规模和质量的双优特点，属于地区中的示范类区域，持续发挥结构化升级、新型城镇化建设的脱钩驱动优势，巩固环境治理成效；东部、中部地区的部分省份具有高增长和弱脱钩或低增长和高脱钩的单一优化指标，具备了积极追赶和跨越不同区域的条件。大部分西部省份划入落后类区域，和追赶、示范类型差距大，要防范其他地区结构性调整和技术进步的负向影响，其实现绿色高质量发展任重而道远。

（5）内生运行系统中贸易自由化的环境利好效应突出，但是贸易、技术溢出效应和全球共同因素的外生冲击既是动力来源也是阻力来源。

第一，经济运行系统内对外贸易因素的冲击直接影响脱钩效应，但不利影响周期短。长期而言，贸易自由化推进最终将发挥环境利好效应；通过其他经济要素的传导影响能够发挥结构优化、收入效应及累积效应，有利于解决脱钩的潜力性问题。不同能速组国家或地区的对外贸易溢出效应不同，低速组贸易溢出的负面影响保持的周期短，积极的脱钩影响作用具有时间滞后性；中速组贸易溢出的有利影响周期较短，长期而言是不利的；高速组贸易溢出的综合影响是有利的，同组内国家或地区对外开放度加深，有利于国内脱钩的深化。

第二，全球共同因素国际能源价格波动的风险性大于驱动性。能源价格的提高短期内会催发要素的替代抑制能耗增速，但是不断升高的价格将使得市场表现出对能源开发和推广的热潮，最终在寻找到替代能源后推高脱钩指数。价格变动对中国经济极大的负面影响还表现在加速了工业化结构、拉低了人均收入等，这种波动风险性会对脱钩效应产生传导影响。同样地，中国脱钩效应的外溢性对贸易伙伴国的脱钩影响是不一致的，既有绿色共建的协同合作，也有绿色竞争的冲突和矛盾。

第三，国际技术溢出对脱钩效应的影响表现出阶段差异性特征，既是阻力构成也是动力来源。跨越吸收门槛的限制，技术溢出的脱钩驱动效应明显，然而这种利好现象作用可持续性差且周期短；随着技术水平上升，溢出带来的第二波驱动效应的作用幅度远小于延阻作用的幅度。吸收能力与技术溢出适配性差是抑制其积极作用发挥的重要原因。技术水平提高产生的溢出有利于优化工业结构、提高人均收入、改善国内生活水平，间接地形成脱钩的驱动力来源。

因此，实现脱钩的可持续、追求绝对脱钩的理想状态则需梳理局部交互性和个体异质性的影响，基于实际问题从宏观、中观、微观层面探讨脱钩效应波动的差异性，厘清内在和外来的冲击效应，因材施策、因地制宜方能精准定位、合理规划。

8.2　政 策 建 议

脱钩效应的累积性优势能否发挥影响绝对脱钩长期目标的实现。因此，基于上述的研究结论，从产业、区域及国家层面为推进中国国内的稳定可持续脱钩提出建议。

8.2.1　基于产业层面的建议

梳理行业关联溢出效应及其影响，发挥优势因素的驱动作用，改善不利因素，加强行业技术研发，充分利于技术的阶段性作用特征，解决脱钩效应的行业波动性，为其稳定性和累积性构建良好的培育环境。基于产业维度的研究结论主要有如下两个政策启示及建议。

（1）培育技能劳动者，扩大人才储备，提高要素与技术的适配性。

生产要素的能源替代性被认为是降低能耗的重要方面，但是替代效应能否发挥节能效用受多种因素的综合影响。高素质的劳动者在生产和管理中传播绿色、节能环保理念。那么，培育技能型、高素质的人才，扩充人力资源储备不但能解决行业高级人才缺失的问题，更是为优化行业生产、管理结构实现全行业稳定脱钩奠定基础。其一，扩大技能型人才的存量。加大人力资本投资，政府通过人才补助的财政支持鼓励行业企业提高持证技能型人才的待遇，激励劳动者进行技能进阶，扩充人力资本储蓄池。其二，通过树立标杆企业、民间协会等渠道打通各行业的沟通隔阂，推动人才要素在行业间的交流，行业协会定期开展专项节能环保整治的培训和沟通会，提高全行业管理和经办阶层人员的绿色发展意识；标杆企业展示治理成效，为环保监督流程提供一线实践经验等，搭建行业流通桥梁，发挥行业溢出效应。其三，充分发挥资本要素和技术因子的脱钩驱动效用，突破异质性行业要素禀赋结构差异的溢出限制，重视发挥资本要素的正向影响；调试技术效应的舒适区，发挥技术的积极影响，避免偏向型技术的无效配置。

（2）鼓励企业加大技术研发投入，提升信息化程度助力绿色化脱钩。

一方面，发挥行业节能技术的利好效应，鼓励工业企业加大对清洁能源技术、可再生能源技术的研发投入。加强政府监管和资金扶持，拨付款项构建节能项目、清洁能源、可再生能源项目的申报资金池，为企业设立生态环境监控评价体系项目提供资金支持；鼓励企业建立节能指标的生态环境监控评价体系，降低能源消耗的替代和治理成本，推动工业行业能源结构转型升级，推进煤电转型。另一方面，加快计算机、信息通信制造业发展有利于相应行业的信息化转型。大型企业的信息化和节能改革依托日清指标，设立能耗增比日清数，公布阶段化的信息化指标，加大生态化和信息化的友好创新投入，树立良好的市场领导形象，获取绿色技术的溢价。中小企业的信息化则需以协同为主，依托规范化绿色技术应用的范式，逐步改革以资源投入为发展活力和动力的旧有范式，引资逐流共求生存，发挥信息化和资本化的积极驱动效应。然而，技术进步存在节能和回弹两种效应。部分工业行业引入节能技术，逐渐实现了新旧能源替代和污染治理，行业技术进步发挥的节能效应大于回弹效应，拉大了能源消耗和经济增长的差距，而部分过度信息化的行业，其技术产生的回弹效应大，增产的同时能耗增速过快。在提升信息化程度的改革过程中也需关注信息化带来的反弹力的影响。

8.2.2 基于区域层面的建议

梳理区域脱钩效应及其影响因素作用的时空差异性，寻找解决脱钩效应的区域非均衡性问题的途径，要缩小区域的差距性，改善区域绿色化建设的落后和不足，那么，基于区域维度的研究结论有下述两个政策启示及建议。

（1）加强新型城镇化的三化建设，发挥新型城镇化的脱钩驱动效应。

加强新型城镇化建设中信息化、产业服务化及人员素质化建设工作，巩固、扩大新型城镇化的绿色和可持续发展效应。技术进步在经济发展的前半程发挥了积极的节能环保优势，而三化建设、结构化作为后半场的主力正是高质量发展的关键。其一，持续推进区域协调发展，加快信息化基础设施建设。信息化等基础设施的构建及完善有利于减缓社会公共资源配置差异，消除城镇化过程中城乡二元结构差异，推进绿色发展指标和规范准则在城市圈层中的实施。信息化建设消除区域地理隔阂，形成极化发展的城市圈层，有利于发挥区域溢出。其二，加强区域合作，推进产业空间错位布局及规划。加快引导大城市产业实现服务化、智能化转型，而以制造业为主的区域则注重发挥技术、要素驱动效应，增强主导产业的节能增产技术的引入，规划布局阶梯式和有针对性的产业布局，协同合作既能保障发达城市的结构转型也能加快发展区域高能耗传统产业的升级。其三，注重城镇人口市民化的素质建设。城镇化建设中农业人口的市民化转型不但体现在基本公共服务和公共资源的共享建设工作中，还体现在稳定保障新型城镇化的农户收入增加方面。物质条件是一切的基础。脱钩效应的EKC曲线说明在推进农业人口市民化工作中要突破人均收入的拐点，加速进入上行区，发挥高收入的消费结构调整和人员绿色环保意识提升等。政府提供继续再教育和技能考核补贴，鼓励技能型农民工学历再造和非技能型农民工的技能型深造，扩大高素质和技能型劳动力储备，既促进农民收入提高也是推动绿色化脱钩深化的解决之道。

（2）甄别区域差异，因地制宜，加强区域联动。

甄别发展势差及联动机制是强化区域脱钩状态的重要切入点，因势利导，布局新模式激发经济新动能，巩固已有的环境治理成效，加强区域合作，发挥关联溢出效应扩大影响。东部和西部脱钩驱动因子中产业结构变化仍然发挥主要推动力，东部地区双优型示范省份比例大、覆盖面较广，充分发挥传统产业的经济效应为新产业的培育和发展创造适宜的经济环境，创新传统产业的信息化、数字化的发展范式，构筑东部地区的新动力引擎，推动产业高级化转型和信息化升级，减少传统能源消耗，推动积极脱钩向更深层次演化。西部地区的落后省份较多，突破传统产业资源局限，承接东部地区产业转移的同时，加强绿色节能监管体系的构建，并且侧重布局新兴产业基地，延长数字产业链，新动能体系中凸显了数字化和信息技术特色。中部地区大多数为资源型省份，分布在落后和追赶两类区域，要加强调整高能耗、高污染产业发展模式。梳理现有产业，依照贡献度和能耗度双向指标划分产业类目，分项治理，推进新旧能源替代使用，减少传统化石能源消耗，加强节能和污染治理技术基础研究的实际应用，逐步构筑新兴产业"温热带"，为承接东西部地区数字化产业预热。不同区域各有侧重，然而对于具有经济关联的不同区域而言，协同联动是治理与发展的主要途径。因此，加大区域合作，延长示范地区的产业链条，发挥积极溢出效应。

8.2.3 基于国家层面的建议

除了探索解决脱钩问题的对内对策，面对外来因素对经济运行系统的冲击影响，探索如何应对及防范外来冲击的不利影响、强化扩大有利影响，基于全球维度的研究结论下，本书提出了如下两个政策启示及建议。

（1）优化对外贸易产品结构，扩大对外开放。

对外合作是全球价值链整合的重要通道。国际贸易依托有形商品和无形要素的流动有助于实现隐含性能源消耗的区位迁移。迁入地产生许多间接的隐含能消耗，对脱钩系统的深度演化极其不利。一方面，加快调整对外贸易产品结构，扩大高新技术商品出口，加快中国制造到中国创造的高质量转型；依托信息科学技术、跨境电商等新业态发展，立足国际销售和服务网络平台，扩大服务贸易产品和技术密集等5G、高铁等优势产品的输出，转变隐含能商品生产和制造承接者的角色，减少高耗能、高污染资源型产品出口。另一方面，加速全球区域合作，充分发挥贸易自由化、对外开放的利好影响。长期而言，自由发挥的环境效应有利于绿色发展。中国推动自贸试验区建设，推行一系列对外发展的创新举措，提高对外贸易便利化水平的同时，也加大引进力度，但要预防绿色垃圾、固体废物等高污染产品的进口，充分巩固贸易自由化的脱钩效应利好作用。

（2）着力多元化合作平台的构建，提高绿色化建设的抗风险能力。

全球复杂的环境下风险系数大、经济波动影响面广，尤其是国家能源价格波动不但会影响国内经济活动及各种经济要素，同样会作用于国内生态及绿色治理领域。减少对进口能源的依赖，减缓外来冲击的风险则要从两个方面着手。一方面，要寻找替代能源，减少传统化石能源的开采和消耗，这样才能保障供应的可持续性和经济发展的健康性。那么，对内扩大自身能源供给种类，减少对外依存度，政府加大对新能源品类开发项目的资金补助投入，保障专项资金池的可持续性，为企业、研究机构、学校等应用和基础性研究机构新能源研发项目提供财政支持；设立分级别的新能源示范研发中心，发挥带头示范作用，加快推进新基建投入，为新能源推广和应用提供必要的基础保障；持续为新能源品类提供消费补贴，引导民众扩大新能源品类消费。另一方面，对外实施多元化策略。能源问题成为全球问题，在坚持对外开放合作的同时，延长能源品类贸易品加工、生产和供应的价值链长度，鼓励合作者、竞争者参与其中。专业化分工越细致，参与的合作伙伴国越多，彼此相互掣肘，形成区域命运共同体的一体化格局，也进一步增加了其他国家毁约带来的风险，多元布局减少了能源供给单一性的问题。因此，在对外开放下，势必要在更大范围的空间格局考虑绿色可持续建设，增加新能源研发投入，提高节能技术水平，多元化及区域一体化合作成为减少国际冲击对国内影响的重要方法和重点突击领域。

8.3　研究展望

以经济增长与能源消耗脱钩效应为研究主题，在一般性的理论分析基础上针对中国具体问题开展了相关研究，对内解决了行业层面和区域层面的问题，对外梳理了国际影响，在全球范围内将各国置于一个系统中，突出了局部性的外在影响，解决了宏观层面的问题。研究中强调了局部的交互性、整体的结构性和个体的异质性，既突出整体和局部，也突出内在和外在。所构建的空间和全球模型有助于体现研究样本的个体异质性和局部交互性，不但丰富了可持续发展的研究，也为解决经济—能源—环境的矛盾提供了有价值的研究结论。研究中以交叉学科为主要导向，但由于书中所涉及的理论复杂多样，以及分析中数据收集的困难及个人的精力和时间的限制等方面的问题，使得研究存在一定的不足和缺陷，未来可在如下三个方面进一步深化和完善。

（1）就产业层面而言，在充分考虑产业关联性背景下通过扩展空间模型的应用领域，实现了对产业关联及影响的描述，有效识别行业脱钩效应波动的影响和技术非线性及异质性的影响效应。而基于产业关联视角的研究只突出具有相同属性的工业行业，并且侧重于探索以工业行业全要素生产率表征的行业技术因子的贡献度和影响力。尽管工业行业在研究能源问题时具有代表性，但是在新经济时期，行业服务要素及服务行业比例扩大，先进制造业和现代服务业两业融合下，交叉行业体现出的关联性特征更明显，那么基于行业关联视角下探讨工业脱钩效应的问题也需要将服务业及其跨行业的关联性影响纳入产业层面的研究中。未来，将服务行业纳入产业研究范畴探索交叉行业关联对工业脱钩的影响是本书基于产业层面研究的深化及未来研究的新方向。同时，由于脱钩指数主要是基于中宏观指标结合计算出来的，而从中观的产业层面深入微观企业层面的研究较难，未来可以思考拓建或改良脱钩指数指标，有利于监测企业的绿色化行为，以实现可持续目标分解。

（2）就区域层面而言，基于对区域脱钩效应的问题梳理，利用空间模型探讨了空间关联性、异质性及其影响效应，为解决区域脱钩问题、缩小地区差距提供借鉴。现有研究中对脱钩效应的区域差异性问题研究是基于传统的东部、中部、西部地区划分的地理格局进行的，传统的区域分类能够体现区内特色及区间差异，异质性影响机制的梳理也符合地区特色。然而，地区脱钩效应是由经济和能源两大指标构成的，研究更侧重于考察区域间经济地理关联的影响，而传统的区域是沿着地理空间切割的，凸显了地理位置的异同，并未基于经济往来密切性的标准对区域进行划分，有可能会因此弱化经济地理关联影响的属性。未来研究中可以考虑变更区域分类标准，凸显脱钩系统的空间经济关联特色，利用新标准研究区间和区内差异，为脱钩效应的区域关联性和差异性影响研究提供更加丰富的素材。

（3）就全球层面而言，包含了差异性极大的 32 个国家或地区样本，利用 SGVAR 模型能够将有贸易往来的国家或地区纳入同一个整体系统中进行全球关联影响的研究，既能够考虑国家或地区差异性也兼顾关联性，刻画国际因素波动及溢出的影响，探讨了中国如何应对贸易溢出、国际能源价格及技术溢出的冲击。本书由于数据收集的难度，使用的样本数量有限，研究重点关注的是能源消耗量和经济增长突出的国家，缺乏许多小众的但是和样本国家有贸易往来的国家样本，同时，研究中仅将国家或地区按照能耗速度进行分类，并未按照和中国贸易往来的密切程度将其进行分类，对于强调关联属性的影响效应研究难免会顾此失彼。未来，可以考虑基于关联性的紧密度将国家或地区进行分类，不但从整体上考察不同国家或地区间的关联影响，还可以针对不同区域进行局部一体化下区域的异质性影响分析，这是对异质性研究的补充和丰富。

参 考 文 献

［1］崔百胜，朱麟．基于内生增长理论与 GVAR 模型的能源消费控制目标下经济增长与碳减排研究［J］．中国管理科学，2016（1）．

［2］代迪尔，李子豪．外商直接投资的碳排放效应——基于中国工业行业数据的研究［J］．国际经贸探索，2011（5）．

［3］龚健健，沈可挺．中国高耗能产业及其环境污染的区域分布——基于省际动态面板数据的分析［J］．数量经济技术经济研究，2011（2）．

［4］周海．可持续发展评价指标（体系）及其确定方法的探讨［J］．中国环境科学，1999，19（4）．

［5］刘志迎，李芹芹．产业链上下游链合创新联盟的博弈分析［J］．科学学与科学技术管理，2012（6）．

［6］里昂惕夫．投入产出经济学［M］．崔书香，译，北京：商务印书馆，1980．

［7］周松兰，刘栋．产业关联度分析模型及其理论综述［J］．商业研究，2005（5）．

［8］何建坤，苏明山．应对全球气候变化下的碳生产率分析［J］．中国软科学，2009（10）．

［9］李善同，何建武，许召元．油价波动与经济增长［J］．中国石油和化工经济分析，2007（11）．

［10］李效顺，曲福田，郭忠兴．城乡建设用地变化的脱钩研究［J］．中国人口·资源与环境，2008（18）．

［11］陆钟武，王鹤鸣，岳强．脱钩指数：资源消耗、废物排放与

经济增长的定量表达［J］. 资源科学，2011（33）.

［12］庞家幸，陈兴鹏，王惠榆. 甘肃省能源消耗与经济增长的关系研究及能源消耗预测［J］. 干旱区资源与环境，2014（2）.

［13］关雪凌，周敏. 城镇化进程中经济增长与能源消费的脱钩分析［J］. 经济问题探索，2015（4）.

［14］刘惠敏. 中国经济增长与能源消耗的脱钩——东部地区的时空分异研究［J］. 中国人口·资源与环境，2016（26）.

［15］车亮亮，韩雪，赵良仕，等. 中国煤炭利用效率评价及与经济增长脱钩分析［J］. 中国人口·资源与环境，2015（3）.

［16］郭承龙，周德群. 经济增长与化石能源脱钩测度分析——基于中国和韩国比较［J］. 科技管理研究，2015（17）.

［17］何则，杨宇，宋周莺，等. 中国能源消费与经济增长的相互演进态势及驱动因素［J］. 地理研究，2018（8）.

［18］邹艳芬，陆宇海. 基于空间自回归模型的中国能源利用效率区域特征分析［J］. 统计研究，2005（22）.

［19］刘亦文，张勇军，胡宗义. 能源技术空间溢出效应对省域能源消费强度差异的影响分析［J］. 软科学，2016（30）.

［20］张红，李洋，张洋. 中国经济增长对国际能源消费和碳排放的动态影响——基于33个国家GVAR模型的实证研究［J］. 清华大学学报（哲学社会科学版），2014（1）.

［21］王美昌，徐康宁. 贸易开放、经济增长与中国二氧化碳排放的动态关系——基于全球向量自回归模型的实证研究［J］. 中国人口·资源与环境，2015（25）.

［22］崔百胜，朱麟. 基于内生增长理论与GVAR模型的能源消费控制目标下经济增长与碳减排研究［J］. 中国管理科学，2016（24）.

［23］胡适耕，吴付科. 宏观经济的数理分析［M］. 北京：科学出版社，2004.

［24］杨先明，黄宁. 环境库兹涅茨曲线与增长方式转型［J］. 云

南大学学报（社会科学版），2004（3）.

[25] 王勇，俞海，张永亮，等. 中国环境质量拐点：基于 EKC 的实证判断 [J]. 中国人口·资源与环境，2016（26）.

[26] 宋马林，王舒鸿. 环境库兹涅茨曲线的中国"拐点"：基于分省数据的实证分析 [J]. 管理世界，2011（10）.

[27] 万文玉，赵雪雁，王伟军. 中国城市居民生活能源碳排放的时空格局及影响因素分析 [J]. 环境科学学报，2016（36）.

[28] 刘伟，蔡志洲. 经济增长新常态与供给侧结构性改革 [J]. 求是学刊，2016（43）.

[29] 纪明，梁东黎. 后工业化时代经济大国低经济增长率之谜：结构变迁视角 [J]. 经济管理，2011（3）.

[30] 孙广生. 全要素生产率、投入替代与地区间的能源效率 [J]. 经济研究，2012（9）.

[31] 左文鼎. 基于能源约束的内生经济增长理论研究 [J]. 经济问题，2014（3）.

[32] 蔡海霞. 能源约束下我国经济增长动因分析 [J]. 资源开发与市场，2015（31）.

[33] 托洛维斯基. 宏观经济动态学方法 [M]. 王根蓓，译. 上海：上海财经大学出版社，2002.

[34] 黄蕊，刘昌新，刘筱. 气候变化评估模型中贴现率的敏感性分析及其伦理意义 [J]. 城市与环境研究，2015（4）.

[35] 许士春，何正霞，魏晓平. 资源消耗、污染控制下经济可持续最优增长路径 [J]. 管理科学学报，2010（13）.

[36] 韩建国. 能源结构调整"软着陆"的路径探析——发展煤炭清洁利用、破解能源困局、践行能源革命 [J]. 管理世界，2016（2）.

[37] 张志，周浩. 交通基础设施的溢出效应及其产业差异——基于空间计量的比较分析 [J]. 财经研究，2012（38）.

[38] 约翰·希克斯. 经济史理论 [M]. 北京：商务印书馆，1987.

［39］黄鲁成，石媛嫄，吴菲菲，等．基于技术视角的新兴产业关联研究——以 3D 打印相关产业为例［J］．管理评论，2017（2）．

［40］赵勇，白永秀．知识溢出：一个文献综述［J］．经济研究，2009（44）．

［41］吴玉鸣，李建霞．中国省域能源消费的空间计量经济分析［J］．中国人口·资源与环境，2008（3）．

［42］张友国．碳排放视角下的区域间贸易模式：污染避难所与要素禀赋［J］．中国工业经济，2015（8）．

［43］张月玲，林锋．中国区域要素替代弹性变迁及其增长效应——基于异质劳动视角的随机前沿生产函数分析［J］．财经研究，2017（43）．

［44］姜文仙．区域经济增长溢出效应的传输途径：一个分析框架［J］．发展研究，2014（9）．

［45］盛广耀．区域经济增长的多重关联效应及其实证检验［J］．经济学家，2018（4）．

［46］贺灿飞，梁进社．中国区域经济差异的时空变化：市场化、全球化与城市化［J］．管理世界，2004（8）．

［47］何小钢，王自力．能源偏向型技术进步与绿色增长转型——基于中国 33 个行业的实证考察［J］．中国工业经济，2015（2）．

［48］路正南．产业结构调整对我国能源消费影响的实证分析［J］．数量经济技术经济研究，1999（12）．

［49］段文斌，余泳泽．全要素生产率增长有利于提升我国能源效率吗？——基于 35 个工业行业面板数据的实证研究［J］．产业经济研究，2011（4）．

［50］林伯强．能源经济学视角的科学发展观的理论探索——评《节能减排，结构调整与工业发展方式转变研究》［J］．经济研究，2012（3）．

［51］沈能．中国制造业全要素生产率地区空间差异的实证研究［J］．中国软科学，2006（6）．

［52］陈诗一．中国工业分行业统计数据估算：1980～2008［J］．

经济学（季刊），2011（3）.

［53］齐绍洲，方扬，李锴. FDI 知识溢出效应对中国能源强度的区域性影响［J］. 世界经济研究，2011（11）.

［54］李平，慕绣如. 波特假说的滞后性和最优环境规制强度分析——基于系统 GMM 及门槛效果的检验［J］. 产业经济研究，2013（4）.

［55］冯烽，叶阿忠. 回弹效应加剧了中国能源消耗总量的攀升吗？［J］. 数量经济技术经济研究，2015（8）.

［56］耿鹏，赵昕东. 基于 GVAR 模型的产业内生联系与外生冲击分析［J］. 数量经济技术经济研究，2009（12）.

［57］姜磊. 论 LM 检验的无效性与空间计量模型的选择——以中国空气质量指数社会经济影响因素为例［J］. 财经理论研究，2018（184）.

［58］潘文卿，李子奈，刘强. 中国产业间的技术溢出效应：基于 35 个工业部门的经验研究［J］. 经济研究，2011（7）.

［59］胡翠，谢世清. 中国制造业企业集聚的行业间垂直溢出效应研究［J］. 世界经济，2014（9）.

［60］丁叶. 我国 FDI 溢出效应的区域差异性研究［D］. 南昌：江西财经大学，2013.

［61］魏艳旭，孙根年，李静. 基于技术进步的中国能源消耗与经济增长：前后两个 30 年的比较［J］. 资源科学，2011（33）.

［62］刘秉镰，李清彬. 中国城市全要素生产率的动态实证分析：1990～2006——基于 DEA 模型的 Malmquist 指数方法［J］. 南开经济研究，2009（3）.

［63］余泳泽. 改革开放以来中国经济增长动力转换的时空特征［J］. 数量经济技术经济研究，2015（2）.

［64］沈能，刘凤朝. 空间溢出、门槛特征与能源效率的经济增长效应［J］. 中国人口·资源与环境，2012（5）.

［65］刘亦文，张勇军，胡宗义. 能源技术空间溢出效应对省域能源消费强度差异的影响分析［J］. 软科学，2016（195）.

［66］邱翔，李博．基于泰尔指数分解的四川城乡居民收入差距分析［J］．中国财经信息资料，2014（29）．

［67］姜磊，季民河．技术进步、产业结构、能源消费结构与中国能源效率——基于岭回归的分析［J］．当代经济管理，2011（33）．

［68］吴敬琏．中国经济改革三十年历程的制度思考［J］．新华文摘，2009（1）．

［69］李玲玲．对产业结构演进的影响——基于跨国数据的实证检验［J］．广州大学学报：社会科学版，2016（3）．

［70］吴建新，贺佳瑶，钱晶晶．中国省际能源强度的分布动态演进及其成因［J］．中国人口·资源与环境，2018（28）．

［71］韩峰，王琢卓，阳立高．生产性服务业集聚、空间技术溢出效应与经济增长［J］．产业经济研究，2014（2）．

［72］侯新烁．经济结构转变与增长实现——基于中国省份经济结构动态空间模型的分析［J］．经济评论，2017（4）．

［73］李成刚，杨兵，苗启香．技术创新与产业结构转型的地区经济增长效应——基于动态空间杜宾模型的实证分析［J］．科技进步与对策，2019（36）．

［74］方国昌，田立新，傅敏，等．新能源发展对能源强度和经济增长的影响［J］．系统工程理论与实践，2013（33）．

［75］刘贯春，刘媛媛，张军．中国省级经济体的异质性增长路径及模式转换——兼论经济增长源泉的传统分解偏差［J］．管理世界，2019（35）．

［76］张成，蔡万焕，于同申．区域经济增长与碳生产率——基于收敛及脱钩指数的分析［J］．中国工业经济，2013（5）．

［77］张春华，高铁梅，陈飞．经济时间序列频率转换方法的研究与应用［J］．统计研究，2017（2）．

［78］周银香，吕徐莹．中国碳排放的经济规模、结构及技术效应——基于33个国家GVAR模型的实证分析［J］．国际贸易问题，2017（8）．

[79] 俞剑，程冬，郑文平. 能源价格不确定性、固定资产投资与中国经济波动 [J]. 经济理论与经济管理，2017（11）.

[80] 刘卫东，仲伟周，石清. 2020 年中国能源消费总量预测——基于定基能源消费弹性系数法 [J]. 资源科学，2016，38（4）：658–664.

[81] ADMIRAAL A K，HOF A F.，et al. Costs and Benefits of Differences in the Timing of Greenhouse Gas Emission Reductions [J]. Mitigation & Adaptation Strategies for Global Change，2016，21（8）.

[82] ANSELIN L. Space and Applied Econometrics [J]. Regional Science and Urban Economics，1992（22）.

[83] ANSELIN L.，REY S. J. Perspectives on Spatial Data Analysis [J]. Advances in Spatial Science，2010（35）.

[84] ANTONIA D A，EGAMB F，et al. Economic Growth，Energy Intensity and the Energy Mix [J]. Energy Economics，2019（81）.

[85] ANTWEILER W. Electoral Economics：Maximizing Local Representation under Proportionality [J]. Economics Letters，2019（182）.

[86] ARROW K J. The Economic Implication of Learning by Doing [J]. Review of Economic Studies，1962（29）.

[87] BAI C Q.，ZHOU L.，XIA ML.，et al. Analysis of the Spatial Association Network Structure of China's Transportation Carbon Emissions and Its Driving Factors [J]. Environmental Management，2020.

[88] BEHRENS A，KOVANDA J. The Material Basis of the Global Economy：Worldwide Patterns of Natural Resource Extraction and Their Implications for Sustainable Resource Use Policies [J]. Ecological Economics，2007（64）.

[89] BERNDT E R，JORGENSON D W. How Energy and Its Cost Enter the Productivity Equation [J]. Spectrum IEEE，1978（10）.

[90] BURKE P J，CSEREKLYEI Z. Understanding the Energy-GDP Elasticity：A Sectoral Approach [J]. Energy Economics，2016.

[91] CARTER A P. The Economics of Technological Change [J]. Sci-

entific American, 1966 (214).

[92] CHOVANCOVA J, VAVREK R. Decoupling Analysis of Energy Consumption and Economic Growth of V4 Countries [J]. Problemy Ekorozwoju, 2019 (14).

[93] CHUDIK A., PESARAN M. H. Theory and Practice of GVAR Modelling [J]. Journal of Economic Surveys, 2014 (30).

[94] CLIFF A, ORD K. Testing for Spatial Auto-correlation Among Regression Residuals [J]. Geographical Analysis, 2010 (4).

[95] COHEN G, JALLES J, LOUNGANI P. The Long-Run Decoupling of Emissions and Output: Evidence from the Largest Emitters [J]. Energy Policy, 2018 (118).

[96] COLE M A, ELLIOT R J, ZHANG J. Growth, Foreign Direct Investment and the Environment: Evidence from Chinese Cities [J]. Journal of Regional Science, 2011 (51).

[97] COMBES P P, MAYER T, THISSE J. Economic Geography: The Integration of Regions and Nations [M]. Princeton: Princeton University Press, 2008.

[98] CSEREKLYEI Z, STERN D I. Global Energy Use: Decoupling or Convergence? [J]. CCEP Working Papers, 2015 (51).

[99] DAGUM C. Inequality Measures between Income Distributions with Application [J]. Economics, 1997 (22).

[100] DALY H E. Toward some Operational Principles of Sustainable Development [J]. Ecological Economics, 1990 (1).

[101] DAVID G. Energy and Economic Growth: Grounding Our Understanding in Physical Reality [J]. Energy Policy, 2008 (12).

[102] EDWARD B. Sustainable Development: An Economic Perspective [J]. International Encyclopedia of the Social & Behavioral Sciences (Second Edition), 2015 (5).

[103] EKINS P. The Economic Growth Engine: How Energy and Work Drive Material Prosperity [J]. International Journal of Sustainable Engineering, 2009 (3).

[104] ELHORST J P. Dynamic Spatial Panels: Models, Methods and Inferences [J]. Journal of Geographical Systems, 2012 (14).

[105] ELHORST P., ZANDBERG E., HAAN J. D. The Impact of Interaction Effects among Neighbouring Countries on Financial Liberalization and Reform: A Dynamic Spatial Panel Data Approach [J]. Spatial Economic Analysis, 2013 (8).

[106] ERIC K B. Dematerialization, Decoupling, and Productivity Change [J]. Ecological Economics, 2018 (150).

[107] FISCHER M. Analyzing Sustainability Transitions as a Shift between Socio-metabolic Regimes [J]. Environmental Innovation & Societal Transitions, 2011 (1).

[108] FLORAX R J, FOLMER H, REY S J. Specification Searches in Spatial Econometrics: The Relevance of Hendry's Methodology [J]. Regional Science and Urban Economics, 2003 (5).

[109] FREITAS L, KANEKO S. Decomposing the Decoupling of CO_2 Emissions and Economic Growth in Brazil [J]. Ecological Economics, 2011 (70).

[110] GOKARAKONA S, SHRESTHA S. Decoupling in India's Building Construction Sector: Trends, Technologies and Policies [J]. Building Research & Information, 2019 (47).

[111] GREENE W H. Econometric Analysis [M]. 北京: 清华大学出版社, 2001.

[112] HANSEN B E. Threshold Effects in Non-Dynamic Panels: Estimation, Testing, and Inference [J]. Journal of Econometrics, 1999 (93).

[113] HAO Y, ZHANG T, JING L. Would the Decoupling of Electricity Occur Along with Economic Growth? Empirical Evidence from the Panel Da-

ta Analysis for 100 Chinese cities [J]. Energy, 2019 (180).

[114] HERRING H, ROY R. Sustainable Services, Electronic Education and the Rebound Effect [J]. Environmental Impact Assessment Review, 2002 (22).

[115] HONG J, GU J, HE R, et al. Unfolding the Spatial Spillover Effects of Urbanization on Interregional Energy Connectivity: Evidence from Province-Level Data [J]. Energy, 2020 (196).

[116] HUEBLER M, KELLER A. Energy Savings via FDI? Empirical Evidence from Developing Countries [J]. Environment and Development Economics, 2010 (15).

[117] JIANG R, LI R. Decomposition and Decoupling Analysis of Life-Cycle Carbon Emission in China's Building Sector [J]. Sustainability, 2017 (9).

[118] JONATHAN E, DAVID G. What Goes Up: Recent Trends In China's Energy Consumption [J]. Energy Policy, 2000 (28).

[119] KAHRL F, ROLAND D. Energy and Exports in China [J]. China Economic Review, 2008 (19).

[120] KALLIS G, KOSTAKIS V. Research on Degrowth [J]. Annual Review of Environment & Resources, 2018 (43).

[121] KERSCHNER C. Economic De-Growth vs Steady-State Economy [J]. Journal of Cleaner Production, 2010 (18).

[122] KIM H S. An Evaluation of Robust Controls for Passive Building Thermal Mass and Mechanical Thermal Energy Storage Under Uncertainty [J]. Applied Energy, 2013 (111).

[123] KIM J, HEO E. Asymmetric Substitutability between Energy and Capital: Evidence from the Manufacturing Sectors in 10 OECD Countries [J]. Energy Economics, 2013 (40).

[124] KRUGMAN P. A Model of Innovation, Technology Transfer, and the World Distribution of Income [J]. Journal of Political Economy, 1979 (87).

[125] KULIONIS V, WOOD R. Explaining Decoupling in High Income Countries: A Structural Decomposition Analysis of the Change in Energy Footprint from 1970 to 2009 [J]. Energy, 2020 (194).

[126] LAN J, MALIK A, LENZEN M, MCBAIN D. A Structural Decomposition Analysis of Global Energy Footprints [J]. Applied Energy, 2016 (163).

[127] LEE L F, YU J H. QML Estimation of Spatial Dynamic Panel Data Models with Time Varying Spatial Weights Matrices [J]. Spatial Economic Analysis, 2012 (7).

[128] LESAGE J P, PACE R K. Introduction to Spatial Econometrics [M]. London: CRC Press, 2009.

[129] LESAGE J. P. , PACE R. K. Spatial Econometric Models [M]. Handbook of Applied Spatial Analysis. Springer, Berlin, Heidelberg, 2010.

[130] LIN B Q, WANG M. Possibilities of Decoupling for China's Energy Consumption from Economic Growth: A Temporal-Spatial Analysis [J]. Energy, 2019 (185).

[131] LIN S J, ROGERS R, et al. Decoupling Effects among Energy Use, Economic Growth and CO_2 Emission from the Transportation Sector [J]. Wit Trans Ecol Environ, 2007 (105).

[132] LUCAS R E. On the Mechanics of Economic Development [J]. Quantitative Macroeconomics Working Papers, 1989 (1).

[133] MA C, STERN D I. China's Changing Energy Intensity Trend: A Decomposition Analysis [J]. Energy Economics, 2008 (30).

[134] MCGLADE C, EKINS P. The Geographical Distribution of Fossil Fuels Unused When Limiting Global Warming to 2℃ [J]. Nature, 2015 (513).

[135] MARSHALL A. Principles of Economics 1th Edition [M]. London: Macmillan, 1890.

［136］ MAZZANTI M，ZOBOLI R. Waste Generation，Waste Disposal and Policy Effectiveness ［J］. Resources Conservation & Recycling，2008 （52）.

［137］ MENG M，FU Y，WANG X. Decoupling，Decomposition and Forecasting Analysis of China's Fossil Energy Consumption from Industrial Output ［J］. Journal of Cleaner Production，2018 （177）.

［138］ MI Z F，ZHANG Y，GUAN D. Consumption-based Emission Accounting for Chinese Cities ［J］. Applied Energy，2016 （184）.

［139］ MOREAU V，FRANCOIS V. Decoupling Energy Use and Economic Growth：Counter Evidence from Structural Effects and Embodied Energy in Trade ［J］. Applied Energy，2018 （215）.

［140］ MOREAU V，NEVES C，VUILLE F. Is Decoupling a Red Herring? The Role of Structural Effects and Energy Policies in Europe ［J］. Energy Policy，2019 （128）.

［141］ MUANGTHAI I，LEWIS C，LIN S J. Decoupling Effects and Decomposition Analysis of CO_2 Emissions from Thailand's Thermal Power Sector ［J］. Aerosol & Air Quality Research，2014 （14）.

［142］ MYRDAL G. Economic Theory and Under-development Regions ［M］. London：Gerarld Duckworth，1957.

［143］ NORDHAUS W D. A Review of the Stern Review on the Economics of Climate Change ［J］. Journal of Economic Literature，2007 （45）.

［144］ Organization for Economic Co-operation and Development. Indicators to Measure Decoupling of Environmental Pressures from Economic Growth ［R］. Paris：OECD，2002.

［145］ OUYANG J l.，LONG E S.，HOKAO K. Rebound Effect in Chinese Household Energy Efficiency and Solution for Mitigating It ［J］. Energy，2010，35 （12）.

［146］ PALM V，WOOD R，BERGLUND M. Environmental Pressures

from Swedish Consumption—A Hybrid Multi-regional Input-output Approach [J]. Journal of Cleaner Production, 2019 (228).

[147] PENEDER M. Structural Change and Aggregate Growth [J]. Structural Change & Economic Dynamics, 2003 (1).

[148] PERKINS R, NEUMAYER E. Do Recipient Country Characteristics Affect International Spillovers of CO_2-efficiency via Trade and Foreign Direct Investment? [J]. Climatic Change, 2012 (112).

[149] PIGOU A C. The Economis of Welfare [M]. London: Macmilan, 1920.

[150] POLIMENI J M., Polimeni R I. Jevons' Paradox and the Myth of Technological Liberation [J]. Ecological Complexity, 2006 (3).

[151] POPP D. Induced Innovation and Energy Price [J]. American Economic Review, 2002 (92).

[152] QIANG W, et al. Is Decoupling Economic Growth from Fuel Consumption Possible in Developing Countries? —A Comparison of China and India [J]. Journal of Cleaner Production, 2019 (229).

[153] ROJAS J C, HASANBEIGI A, et al. Energy Efficiency in the Mexican Iron and Steel Industry from an International Perspective [J]. Journal of Cleaner Production, 2017 (158).

[154] ROMAN R, CANSINO J M, BOTIA C. How Far Is Colombia from Decoupling? Two-level Decomposition Analysis of Energy Consumption Changes [J]. Energy, 2018 (148).

[155] ROMER P M. Crazy Explanations for the Productivity Slowdown [J]. Nber Macroeconomics Annual, 1987 (2).

[156] ROMER P M. Endogenous Technological Change [J]. Journal of Political Economy, 1990, 98 (5).

[157] SADORSKY P. Do Urbanization and Industrialization Affect Energy Intensity in Developing Countries? [J]. Energy Economics, 2013 (37).

[158] SARKODIE S A, STREZOV V. Effect of Foreign Direct Investments, Economic Development and Energy Consumption on Greenhouse Gas Emissions in Developing Countries [J]. Science of the Total Environment, 2019 (646).

[159] SANYE M, SECCHI S, CORRADO A. Assessing the Decoupling of Economic Growth from Environmental Impacts in the European Union: A Consumption-Based Approach [J]. Journal of Cleaner Production, 2019 (236).

[160] SCHYMURA M, VOIGT S. What Drives Changes in Carbon Emissions? An Index Decomposition Approach for 40 Countries [J]. Zew Discussion Papers, 2014.

[161] SELDEN T M, SONG D. Environmental Quality and Development: Is There a Kuznets Curve for Air Pollution Emissions? [J]. Journal of Environmental Economics & Management, 1994 (27).

[162] SHAHBAZ M, KHAN S, TAHIR M I. The Dynamic Links between Energy Consumption, Economic Growth, Financial Development and Trade in China: Fresh Evidence from Multivariate Framework Analysis [J]. Energy Economics, 2013 (40).

[163] SOLOW R A. Contribution to the Theory of Economic Growth [J]. Quarterly Journal of Economics, 1956 (70).

[164] SORRELL S. Jevons' Paradox Revisited: The Evidence for Backfire from Improved Energy Efficiency [J]. Energy Policy, 2009 (37).

[165] STEINBERGER J K, KRAUSMANN F, GETZNER M. Development and Dematerialization: An International Study [J]. PLoS ONE, 2013 (8).

[166] STERN D I, CLEVELAND C J. Energy and Economic Growth [J]. Rensselaer Working Papers in Economics, 2004 (1).

[167] STERN P C, ARONSON E. Energy Use: The Human Dimension [M]. New York: W. H Freeman Press, 1984.

[168] STERN P C. Toward a Coherent Theory of Environmentally Significant Behavior [J]. Journal of Social Issues, 2000 (7).

[169] STEVE S, MARKKU L. Decoupling of Road Freight Energy Use from Economic Growth in the United Kingdom [J]. Energy Policy, 2012 (41).

[170] SU L, JIN S. Profile Quasi-maximum Likelihood Estimation of Partially Linear Spatial Autoregressive Models [J]. Journal of Econometrics, 2010 (157).

[171] SUN J W, MERISTO T. Measurement of Dematerialization/Materialization: A Case Analysis of Energy Saving and De-carbonization in OECD Countries [J]. Technological Forecasting & Social Change, 1999 (60).

[172] SUN X Q, AN H Z. Indirect Energy Flow between Industrial Sectors in China: A Complex Network Approach [J]. Energy, 2016 (94).

[173] SZIGETI C, TOTH G, SZABO D R. Decoupling-Shifts in Ecological Footprint Intensity of Nations in the Last Decade [J]. Ecological Indicators, 2017 (72).

[174] TAPIO P. Towards a Theory of Decoupling: Degrees of Decoupling in the EU and the case of Road Traffic in Finland between 1970 and 2001 [J]. Transport Policy, 2005 (12).

[175] TOBLER W R. A Computer Movie Simulating Urban Growth in the Detroit Region [J]. Economic Geography, 1970 (46).

[176] UN. Transforming Our World: The 2030 Agenda for Sustainable Development [R]. New York: United Nations, 2015.

[177] UNCCS. Climate Action and Support Trends [R]. Germany: United Nations Climate Change Secretariat, 2019.

[178] UNEP (United Nations Environment Programme). Natural Resource Use and Environmental Impacts from Economic Growth, A Report of the Working Group on Decoupling to the International Resource Panel [R]. 2011.

[179] VEHMAS J, LUUKKANEN J, KAIVOOJA J. Linking Analyses

and Environmental Kuznets Curves for Aggregated Material Flows in the EU [J]. Journal of Cleaner Production, 2007 (17).

[180] VENABLES A J. Equilibrium Locations of Vertically Linked Industries [J]. International Economic Review, 1996 (37).

[181] WAED J D. Is Decoupling GDP Growth from Environmental Impact Possible? [J]. Plos One, 2016 (11).

[182] WANG H M, ZHAO S. Measuring the Decoupling Progress in Developed and Developing Countries: Proceedings of the 8th International Conference on Management and Computer Science (ICMCS 2018) [C]. Paris: Atalantic Press, 2018b.

[183] WANG Q, HANG Y, SU B, et al. Contributions to Sector-level Carbon Intensity Change: An Integrated Decomposition Analysis [J]. Energy Economy, 2018 (70).

[184] WANG Q, JIANG R. Decoupling Analysis of Economic Growth from Water Use in City: A Case Study of Beijing Shanghai and Guangzhou of China [J]. Sustainable Cities Society, 2018 (41).

[185] WANG Q, SU M. The Effects of Urbanization and Industrialization on Decoupling Economic Growth from Carbon Emission—A Case Study of China [J]. Sustainable Cities and Society, 2019 (51).

[186] WEI W D, CAI W Q. Decoupling Relationship between Energy Consumption and Economic Growth in China's Provinces from the Perspective of Resource Security [J]. Energy Policy, 2020 (68).

[187] WEIZSACKER E, LOVINS A. Factor Four Doubling Wealth-Halving Resource Use [M]. London: Earthscan Press, 1997.

[188] WILLIAMS M, LAUMAS P. The Relation between Energy and Non-energy Inputs in India's Manufactures Industries [J]. The Journal of Industrial Economics, 1981 (2).

[189] WILLIAMSON E. The Economic Institutional Economics of Capi-

talism［M］. New York：Free Press，1985.

　　［190］WILLIS K. Theories and Practices of Development ［M］. London：Routledge，2011.

　　［191］WOOD R，STADLER K. Growth in Environmental Footprints and Environmental Impacts Embodied in Trade，Resource Efficiency Indicators from EXIOBASE3 ［J］. Journal of Industrial Ecology，2018（22）.

　　［192］WU Y，ZHUQ，ZHU B. Comparisons of Decoupling Trends of Global Economic Growth and Energy Consumption between Developed and Developing Countries ［J］. Energy Policy，2018（116）.

　　［193］XU C，ZHAO W Q，et al. Pollution Haven or Halo? The Role of the Energy Transition in the Impact of FDI on SO_2 Emissions ［J］. Science of the Total Environment，2020（10）.

　　［194］YONG G K. Trend Analysis on ICT Venture Capital Investments ［J］. Proceedings of Symposium of the Korean Institute of Communications & Information Sciences，2012（12）.

　　［195］YOUNG A A. Increasing Returns and Economic Progress ［J］. Economic Journal，1928（152）.

　　［196］ZHANG L H. The Increasing District Heating Energy Consumption of the Building Sector in China：Decomposition and Decoupling Analysis ［J］. Journal of Cleaner Production，2020（271）.

　　［197］ZHANG M，BAI C. Exploring the Influencing Factors and Decoupling State of Residential Energy Consumption in Shandong ［J］. Journal of Cleaner Production，2018（194）.